应用型人才培养规划教材·经济管理系列

金融学基础

Basic Finance

艾永芳◎主　编

孔　涛◎副主编

U0359989

清华大学出版社

北京

内 容 简 介

本教材共分为十章，主要包括金融概述、货币、金融机构、货币市场、资本市场、外汇市场、金融衍生工具市场、国际金融、互联网金融和大数据与金融监管。

本教材既适合应用型本科院校和高职院校金融类专业教学使用，也适合各类层次学历教育和短期培训机构选用，同时也适合广大对金融学科感兴趣的自学者作为入门参考用书。

图书在版编目（CIP）数据

金融学基础/艾永芳主编. —北京：清华大学出版社，2020.3（2021.8 重印）
应用型人才培养规划教材·经济管理系列
ISBN 978-7-302-54588-0

Ⅰ. ①金…　Ⅱ. ①艾…　Ⅲ. ①金融学–高等学校–教材　Ⅳ. ①F830

中国版本图书馆 CIP 数据核字（2020）第 002627 号

责任编辑：杜春杰
封面设计：刘　超
版式设计：文森时代
责任校对：马军令
责任印制：沈　露

出版发行：清华大学出版社
　　　　　网　　址：http://www.tup.com.cn，http://www.wqbook.com
　　　　　地　　址：北京清华大学学研大厦 A 座　　　　邮　　编：100084
　　　　　社 总 机：010-62770175　　　　　　　　　邮　　购：010-62786544
　　　　　投稿与读者服务：010-62776969，c-service@tup.tsinghua.edu.cn
　　　　　质量反馈：010-62772015，zhiliang@tup.tsinghua.edu.cn
印 装 者：三河市龙大印装有限公司
经　　销：全国新华书店
开　　本：185mm×260mm　　印　　张：12.25　　字　　数：307 千字
版　　次：2020 年 3 月第 1 版　　　　　　　印　　次：2021 年 8 月第 2 次印刷
定　　价：49.80 元

产品编号：086173-01

前　言

　　当今社会，上到国家的宏观经济政策，下至居民百姓的投资理财，都离不开金融市场、金融机构和金融产品。特别是随着"互联网+"时代的到来，金融产品更加多样化，金融形式更加多元化，金融已成为现代经济运行的核心。了解和熟悉金融的基本理论、基础知识，清楚当今经济形式变化已成为每一位金融学习者的迫切需要。本教材正是在这种大背景下编写而成的。

　　本教材在借鉴和吸收国内外金融学的基本理论和最新研究成果的基础上，紧密结合我国金融业的发展和金融学课程教学的实际，从介绍金融的基础概念、基本理论入手，结合了当前金融业界的最新实践成果、最新案例分析，力求体现以下特色。

　　1. 引入互联网金融、大数据与金融监管这两个当下的热点话题作为本教材的创新点，弥补了市面上现有金融学基础类教材中的缺漏。

　　2. 随着我国市场经济的深化，金融市场对资金的调配作用日趋显著。本教材将金融市场部分进行展开，分为货币市场、资本市场、外汇市场和金融衍生工具市场四个章节进行详细阐述，以弥补市面上现有金融学基础类教材鲜有将这部分展开的遗憾。

　　3. 每章设有知识目标、能力目标、任务提出、任务分析、知识巩固、案例讨论等栏目，引用当下最新时讯作为案例，既丰富了教材的形式、内容与知识体系，也为教师教学提供了首尾呼应、层层递进的可操作性教学方法，同时有利于学生更好地掌握知识内容。

　　本教材由大连外国语大学艾永芳担任主编，辽宁轻工职业学院孔涛担任副主编，具体编写分工为：第一章和第十章由孔涛负责编写，第二章至第九章由艾永芳负责编写。

　　本教材适合金融类专业教学使用，也适合各类层次学历教育和短期培训机构选用，同时也适合广大对金融学科感兴趣的自学者作为入门教材使用。

　　本教材在编写过程中参考了大量的文献资料，借鉴和吸收了国内外众多学者的研究成果，在此对他们的辛勤工作深表敬意。由于写作时间和编者水平有限，书中还可能存在诸多缺点和不足，敬请各位专家学者和广大读者朋友批评指正。

编　者

2019 年 9 月 16 日

目 录

金融概述

知识目标：

➢ 了解金融的含义；

➢ 了解金融学科的发展；

➢ 掌握金融的地位。

能力目标：

➢ 能够理解金融对经济的作用；

➢ 能够解析金融的产生；

➢ 能够认知我国金融的发展。

任务提出：

微信引领零售金融服务的变革

微信支付是集成在微信客户端的支付功能，用户可以通过手机快速完成支付流程。微信支付以绑定银行卡的快捷支付为基础，向用户提供安全、快捷、高效的支付服务。

微信支付已实现刷卡支付、扫码支付、公众号支付、App 支付等功能，并提供企业红包、代金券、立减优惠等营销新工具，满足用户及商户的不同支付场景。

微信已经毫无争议地成为零售金融中继柜台、网页、手机 App 后的第四个支付平台，而它的出现已经足以引领一场零售金融服务的变革。

任务分析：

你认为，微信、支付宝等新型互联网金融支付方式的出现，对传统金融行业有哪些冲击和影响？

第一节　金融与金融学

一、金融的含义

金融的含义一般被简要地概括为货币资金的流动与融通，即货币的发行与回笼，存款的吸收与支付，贷款的发放与回收，金银、外汇的买卖，有价证券的发行与转让，保险与信托，国内、国际的货币结算等一切与货币、信用相关的经济活动。

在现代经济中，金融是指社会经济生活中的货币流通和信用活动，以及与其直接相联系的一切经济关系的总和。它涉及货币供给，银行与非银行信用，以证券交易为操作特征的投资、商业保险，以及其他所有以类似形式进行运作的交易行为。金融作为一个经济范畴，内容已涉及金融工具、金融机构、金融市场等一切与货币信用相关的经济关系和活动。

二、金融对经济的作用

在经济发展和社会福利水平不断提高的过程中，金融扮演着非常重要的角色。对于货币和由货币而产生的金融活动在现代经济运行中所起的作用，再怎样强调都不算过分。如果没有货币及金融，在整个经济运行中，无论是生产与消费，还是销售与购买，或者是借款与贷款，这些在世界每个角落都会出现的经济活动都将无法顺利进行。

（一）金融对经济发展的促进作用

1. 降低了交易成本

货币的产生，大大降低了物物交换中因需求和时间双重巧合难以实现而产生的用于评估商品品质、掌握商品信息的单位交易成本，便利了交换，从而实现了市场范围扩大和专业化程度提高。随着经济货币化程度的提高、单位交易成本和信息成本的下降，金融对经济发展的促进作用更为显著。

2. 促进储蓄和投资的增长

经济发展需要大量资金推进，而储蓄是提供资金的重要来源之一，特别是在经济从不发达走向发达的过程中，储蓄率的高低起着决定性的作用。几乎所有国家在发展过程中都伴随着储蓄率的上升，其中最有代表性的是日本，日本在 20 世纪 50 年代到 70 年代的高速发展时期，储蓄率曾达到 40%的水平。

在促进储蓄率上升的因素中，金融是最重要的一个因素：一方面，把分散的储蓄者用于投资或存储的资金集中起来需要大量信息和投资渠道，发挥规模经济的优势，而流动性金融市场能增强金融工具的多样性和流动性，满足持有多样化证券组合的需要；另一方面，动员储蓄牵涉大量筹资企业与拥有剩余资金的诸多投资者，金融中介能以最低的交易成本和信息成本最大量地动员储蓄，有效避免信息不对称的弊端。

3. 优化资源配置，提高资本效率

首先，金融能降低长期投资的流动性风险。高收益的投资项目需要长期的资金占用，为此储蓄者必须承担因资金长期被占用而产生的资金流动性风险，以致其不愿意长期投资。而资本市场交易、各种金融工具的创新，金融中介的往来存款业务，以及针对外部冲击对流动性投资和非流动性投资进行的动态均衡组合中，金融具有降低和分散流动性风险的能力。

其次，金融的存在能大大节约信息成本。金融中介具有较个体储蓄投资者更强的获取和处理众多企业、管理者和经济环境方面信息的能力和专业评估技术，这使得它为其成员提供投资信息服务的成本比个体储蓄投资者通过个人努力获取信息的成本要低得多。

再次，金融体系能降低监督成本，改进对资金使用者的监督。资金所有者在投资时需要核实项目质量和项目回报，这需要支付一定的费用，从而提高了投资成本；同时资金使用者夸大投资收益、掩盖经营问题的内在倾向又会使监督成本加大。为此，金融能借助其专业技能和中介地位来代理资金所有者对资金使用者的监督，提高监督的有效性。

最后，金融业为社会提供大量的就业机会，加速科技成果向现实生产力的转化，并促进经济全球一体化的发展，这些都不同程度地为经济发展做出了贡献。

（二）金融对经济发展的阻滞作用

1. 使金融风险客观存在

在经济生活中，只要存在不确定性，风险就存在。金融业是高负债经营的产业，自有资金所占比重小，资金来源主要依靠将其对零散储户的流动性负债转化为对借款人的非流动性债权来实现。但这有两个前提条件：一是储蓄者对金融机构有信心；二是金融机构对借款人的筛选和监督高效准确。

由于这两个条件难以确定，因此金融风险客观存在：一方面，由于市场信息不对称性和市场经济主体对客观认识的有限性，即使银行经营稳健，储户能认识到全体不挤兑更利于集体利益，但在面临"囚徒困境"时，储户仍可能为降低预期风险而参与挤兑；另一方面，由于市场经济主体存在机会主义倾向，金融机构管理者趋于采用高风险、高收益的投机策略，以致金融资产质量下降。同时，贷款者也可能采用不正当手段（如欺骗、违背合约以及钻制度的空子）对资金进行不合理占用，致使金融机构对借款人的监督有限。

2. 使金融风险具有很强的传染性

首先，金融机构作为储蓄和投资的信用中介组织，它的经营失策必将导致众多储蓄者和投资者蒙受损失。

其次，银行创造存款货币扩张信用的功能也令金融风险具有数倍扩散的效应。

再次，银行同业支付清算系统把所有银行关联在一起，任何一家银行的支付困难都可能酿成全系统的流动性风险。

最后，信息不对称会使某一金融机构的困难被误认为是全金融业的危机，从而引发恐慌。金融的这些特殊性令其风险相对其他行业而言具有速度快、辐射广的特点，使局部性金融困难能快速演变成全局性金融动荡甚至经济危机。

3. 加剧了金融危机的破坏性

全球经济金融一体化、国际金融市场的迅猛发展以及科技进步使各地区金融资源融合和互动的规模加大、速度加快，一国或一地区的金融风险能很快地传播到别国或别的地区。与此同时，信用存在的有借有还、借新还旧、贷款还息等特点以及银行垄断或政府干预等外在因素又很容易将金融风险掩盖，使其得不到及时解决并日益严重。等到这种金融风险渐进累积到一定程度后爆发时，就已演变成金融危机，并加剧对经济和社会的破坏。

1997 年亚洲金融危机来势之猛，使马来西亚的人均国民财富水平倒退十年，使泰国的国民财富损失近一半。这场危机还使 1998 年全球经济增长率降低一个百分点，意味着比前一年下降 1/3，而危机的成因就在于长期累积的金融风险的最终爆发。

因此，金融对经济发展的影响是双重的，它既能极大地支持经济发展，又能使客观存在的金融风险演变成金融危机，加大破坏经济发展的可能性和严重性。合理地发展金融能促进经济发展，更利于化解金融风险，预防和抑制其对经济发展的阻滞作用。特别是对于发展中国家来说，要赶超发达国家，充分正确地用好金融这一杠杆、稳健发展金融尤为重要。

三、金融学及其学科构成

（一）金融学的概念

金融学（Finance）是社会科学中的一个新兴的分支，是对当代金融理论和实践活动具有规律性认识的总和。它是在当代经济、政治及科技环境下，以各种金融活动、金融关系、金融体系、金融运行及与其相关的经济活动、经济规律和业务实务为研究对象的学科。具体来看，金融学是以融通货币资金的经济活动为研究对象的学科。金融领域的一切理论、政策、制度、组织机构、业务技术等都属于金融学的研究范畴。

（二）金融学科的构成

金融学科的内容极其丰富，从研究对象来看，主要有以下几个方面。

1. 金融基础理论

金融基础理论的研究分为微观和宏观两方面，涉及金融微观分析层面的内容包括价值评估、风险管理、资产组合、资产定价等，有关金融宏观分析层面的内容主要有货币需求与货币供给，货币均衡与市场均衡，利率、汇率形成机制，通货膨胀或通货紧缩及金融危机，货币政策与财政政策等宏观经济政策的配合，国际金融制度安排与国际宏观政策的协调，等等。

2. 金融体制和金融政策方针

金融体制和金融政策方针的研究内容包括不同经济体制下的金融体制、金融发展战略、金融机构体系的建立，中央银行和商业银行的关系，不同时期货币、信用和金融政策的制定与实施，金融监管和金融法制建设等。

研究金融体制理论的目的是如何在发展中国家建立一套高效的金融体制，以期能长期促进发展中国家的经济发展。一般而言，构建高效的金融体制应该从以下 3 个方面着手。

（1）移植成熟市场经济国家以市场为主导的金融体制的规则体系，并加强对这些规则的实施。

（2）金融对内开放，以促进自由竞争。自由竞争是促进金融发展的必经之路。

（3）金融对外开放，以化解国内垄断势力和既得利益集团对金融发展的阻挠。

3. 金融业务技术

金融业务技术的研究内容主要包括货币、银行各项业务技术的改革和创新，业务技术和管理经验的介绍和推广，金融会计、统计、支付清算系统等业务技术与网络技术的开发和创新，金融监管技术的研究，数量经济与计量模型的理论研究，等等。

4. 金融史

金融史的研究内容主要包括不同历史时期的货币、信用和金融的状况，金融理论的历史演变，金融技术和管理经验的历史演进，等等。

第二节　金融的产生和发展

一、金融的产生

私有制出现以后，社会分工不断发展，大量剩余产品不断出现。私有制和社会分工使得劳动者各自占有不同的劳动产品，剩余产品的出现则使交换成为可能。

随着商品生产和交换的发展，商品流通出现了矛盾——"一手交钱，一手交货"的方式由于受到客观条件的限制经常出现困难。例如，一些商品生产者出售商品时，购买者却可能因自己的商品尚未卖出而无法购买。

于是，赊销（即延期支付）的方式应运而生。赊销意味着卖方对买方未来付款承诺的信任，意味着商品的让渡及其价值实现发生了时间上的分离。这样，买卖双方除了商品交换关系之外，又形成了一种债权债务关系，即信用关系。

当赊销到期、支付货款时，货币不再发挥其流通手段的职能，而只是充当支付手段，这种支付是价值的单方面转移。正是货币作为支付手段的职能，使得商品能够在早已让渡之后独立地完成价值的实现，从而确保了信用的兑现。赊销的整个过程实质上就是一种区别于实物交易和现金交易的交易形式，即信用交易。

后来，信用交易逐渐超出了商品买卖的范围。作为支付手段的货币本身也加入了交易过程，出现了借贷活动。从此，货币的运动和信用关系连接在一起，并由此形成了新的范畴——金融。

二、金融的发展

（一）金融在我国的发展

货币、信用及其相关活动在我国起源很早。在近代，中国银号、钱庄常有"融通"之说，其意义与金融相近，但正式用"金融"一词是在我国近代银行业（1897 年 5 月 27 日，中国通商银行成立，标志着中国近代银行业的开端）兴起以后，民国元年（1912 年）曾有"自去秋以来，金融机关一切停滞"之语。那时，"金融"一词的含义仍不明确，也没有在社会上广泛使用。1915 年编写的《辞源》中收有"金融"这一词条，解释为"今谓金钱之融通曰金融，旧称银根。各种银行、票号、钱庄曰金融机关"。当时"金融"还是个新鲜的名词。1920 年，北洋政府发行"整顿金融公债"用以抵御当时中国银行、交通银行停止兑换的风潮，之后"金融"一词就与银行业务活动结合在一起，形成一个与"财政"相区别的概念，被广泛地运用。

要界定"金融"的概念，首先涉及的问题是由汉字"金"和"融"组成的"金融"与英语"Finance"的词义的区别与选择问题。黄达教授和曾康森教授分别对两者的词义和关系做了详细、权威的讨论，其基本结论如下。

汉语的"金融"有宽、窄两个口径：宽口径泛指银行、保险、证券、信托及相关活动；窄口径则把"金融"界定在资本市场运作和金融资产供给与价格形成的领域。

而英语中的"Finance"则有宽、中、窄三个口径：宽口径是指一切与钱有关的活动，不仅包含汉语的"金融"，还包含"政府财政""公司财务""个人理财"等与汉语"金融"词义泾渭分明的概念；窄口径则专指资本市场，尤其是股票市场；中口径是指银行、证券公司、保险公司、储蓄协会、住宅贷款协会，以及经纪人等中介服务。可见汉语"金融"的宽、窄口径分别相当于"Finance"的中、窄口径，而宽口径的"Finance"相当于我国"政府财政""公司财务""个人理财"和"金融"的总称。

（二）金融在西方的发展

在西方，金融从物质生产部门中分离出来并初步形成独立的产业是在 17 世纪时，它的发展以物质生产的规模和水平为基础。在金融业发展的初期，它还不是一个独立的产业。传统金融产业过渡到现代金融产业大约经历了两个世纪，在此期间，"金融"这一概念也在逐步进化演变。

在西方，很难找到一个词来确切表达"货币资金的融通"这一概念，通常把 Finance 翻译为"金融"。Finance 的本意是"货币资财及其管理"，由于货币、银行和金融活动的起源和发展变化是由个人、企业和政府的理财和融资需要引起的，所以，Finance 在不同的地方有不同的含义。

个人理财（Personal Finance）指个人的储蓄、存款投资于各种证券，购买人寿保险单，利用分期付款购买住房和耐用消费品以及其他消费贷款等；企业理财在现代股份公司产生和发展起来之后，成为公司理财（Corporation Finance），包括公司如何筹资、利用银行贷款、发行公司债券和股票、分配盈利和积累发展资金等；政府理财即财政（Public Finance），是指各级政府征集税收、财政开支、发行公债和国库券等，这些个人的、企业的、政府的理财活动以及它们的收支活动等需要货币、银行和金融来实现。由于"货币资财及其管理"具有不同的主体（个人、企业和政府），我国一般翻译为"政府金融""企业金融"和"个人金融"，所以，有时把 Finance 翻译为"金融"，有时又把 Finance 翻译为"财政"。

（三）金融的构成要素

在金融的发展过程中，最早出现的是货币和货币收付活动。随着商品货币关系的进一步发展，各种形式的信用活动相继产生，并出现了各种形式的金融机构，金融市场不断发展完善，金融工具不断创新和丰富。现代金融已扩展成一个由多种要素构成而又相互作用的庞大系统。现代金融体系的构成要素如下。

1. 由货币制度所规范的货币流通

货币是金融体系的血液，货币流通是金融活动的基本形式，贯穿于整个金融体系之中。货币流通是商品流通的实现形式和表现形式，如果不存在现实货币作为交易媒介和支付手段，没有规范货币流通的制度保证，金融活动就难以进行，金融体系就难以存在，市场经济就不能有效运行。货币流通有现金流通和非现金流通两种方式。现金流通是以收付现钞的方式形成的货币收支。非现金流通是指存款货币的流通，主要是金融机构的转账结算。在现代经济交易中，非现金流通的占比通常超过 90%，它是货币流通的主要形式。

2. 金融机构

金融机构是金融活动的中介，它是经营货币或货币资本的企业，在金融活动中充当信用中介和媒介，并提供多种金融服务。金融机构是一个种类繁多的群体，通常可以分为银行和非银行金融机构两大类。银行包括中央银行和银行企业两类，非银行金融机构包括证券公司、保险公司、信托投资公司等。

3. 金融市场

金融市场是开展金融活动的场所，它是按特定规则形成的金融市场要素相互联系所构成的整体，是金融工具发行和交易的场所。金融市场也是一个庞大的系统，通常可以分为货币市场、资本市场、外汇市场、衍生性金融工具市场等。这些市场的最重要参与者是金融机构，而利率、股票指数、汇率等构成金融市场价格。

4. 金融工具

金融工具是金融市场上交易的对象，也称为金融产品或金融商品，是信用关系的书面证明、债权债务的契约文书等。它代表着一种未来收益的索取权，通常以凭证、收据或其他法律文件表示，由货币的贷放而产生。金融工具种类很多，通常有商业票据、银行票据、债券、股票、银行券、存款单、保险单，以及期货、期权等金融衍生工具。人们通过这些票据、证券等金融工具的买卖、转让、抵押来实现资金的融通。金融工具也被称为金融的客体。

5. 金融制度和调控机制

金融业在现代市场经济中处于核心地位，但它同时又是一个高风险行业，这种特殊性决定了国家必须对金融领域及其运行进行管理和调节。国家对金融运行的管理由一系列制度构成，包括货币制度、信用制度、利率制度、汇率制度、金融机构制度、金融市场制度、支付清算制度和金融监管制度等。金融制度同时也是维系金融市场秩序的基本准则，是金融市场进行资源优化配置的基本保证。在一定程度上，金融制度可以使金融市场活动变得有序、高效。同时，国家通过中央银行来制定和实施货币金融政策，对经济进行宏观调控，以实现社会经济稳定发展的目标。

（四）当代金融业的发展趋势

近几十年，尤其是 20 世纪 90 年代以来，金融业从体制、管理到业务、监管等各方面都发生了巨大而深刻的变化，有人称之为金融改革，也有人把它称为金融革命，还有人称其为金融创新。在某种程度上可以说，金融业的变革一直未曾中断过，当代金融业的发展趋势概括来说主要有以下几个方面。

1. 金融机构注重混业经营，直接融资比重上升，且融资趋于证券化

分业经营在某种程度上人为地分割了金融市场，使得银行、证券公司、保险公司、信托公司等金融机构在业务上不能互补，也导致社会公众的长期资产、短期资产和负债难以适时转化，阻碍了金融业更快、更好地向前发展。

随着金融业市场化程度的提高、风险防范能力的增强、法律制度的日益完善和经营管理水平的提高，混业经营成为大势所趋。同时，融资结构也开始发生变化，直接融资比重开始上升。直接融资具有许多间接融资所没有的优点：一是不需要增加货币供应量，融资的成本较低；二是直接融资避免了融资风险过多地集中在银行等金融机构，更好地分散了金融体系的风险；三是直接融资有利于优化资源配置，提高金融体系对经济的服务效率。一些国家不仅长期资金依赖于发行有价证券来融通，甚至连短期资金融通也靠有价证券买卖等直接融资方式来进行，且证券化趋势越来越明显。

2. 金融体系多元化，金融工具多样化

伴随着经济的快速发展，金融体系逐步完善，且向着多元化趋势迈进，不仅有各种银行（如中央银行、商业银行、投资银行、专业银行、综合银行等），而且有很多的非银行金融机构（如证券公司、保险公司、基金公司、财务公司、信托公司、租赁公司等）。

近年来产生了一些新型的金融机构，如有的国家或地区成立了以计算机网络为基础的网上银行，还有的国家或地区创立了专门为家庭服务的家庭银行。另外，还出现了超越国家或地区界限的跨国银行，强强结合的联盟银行，集银行、保险、租赁、信托和商贸于一体的超大型复合金融机构。

同时，一些所谓的金融超级商店或金融百货大厦像超级市场一样，其金融商品品种繁多，能满足多种客户需求。同时，金融机构为了在激烈的竞争中取得有利地位，不断创造出了全新

的金融工具，如离岸金融、金融远期、股指期货、股指期权、货币互换、利率互换等。有的金融机构推出了大额可转让定期存单、旅行支票、存贷结合的信用卡等金融商品，有的金融机构研发出了贷款转证券、存款转证券、债转股等可转换的金融新产品，还有的金融机构创造出了存款与保险单之间、股票与债券之间、基金与证券之间各种融合式的新的金融工具。

3. 信息化水平不断提高，金融全球化和自由化趋势明显

随着通信和网络技术的飞速发展，金融机构纷纷开始把由通信网络、计算机、信息和人这四个要素组成的国家信息基础设施（National Information Infrastructure，NII）作为主体的金融服务和产品进行创新，建成具备智能交换功能的，可提供金融经营、管理服务的，以计算机为主的金融电子信息化系统工程。

由此出现了网络银行、信用卡、银行的自动柜员机（ATM）、零售店终端机（POS）、自动打印交割信息机等新型产品或服务。这些服务已突破了服务领域与服务时间的限制，把信息技术、网络技术和金融业紧密结合了起来，使金融业能更快、更准确地把握信息，更好地适应复杂变化的环境，更迅速地融入世界金融市场。

金融全球化主要表现为以下 3 个方面。

（1）金融市场的全球化。金融市场随着计算机及光纤通信的发展，将全世界连在一起，出现了离岸金融市场，如中国香港、新加坡、巴哈马等国际性金融市场。

（2）金融业务的全球化。金融业务已超越了国界，各种金融机构在全球范围内调配资金，经营多种业务。

（3）金融机构的全球化。具体表现为银行的跨国兼并、重组和收购，超大型跨国金融集团、强强联合的跨国联盟金融机构的出现。

与此同时，金融自由化浪潮开始席卷全球。金融自由化主要体现在以下 4 个方面。

（1）价格自由化，即取消对存贷款利率汇率的限制，使其按金融市场的行情自由浮动。

（2）资本流动自由化，即放宽或解除对外国资本进入本国市场的限制或管制，让资本能够自由地流动。

（3）金融业务自由化，即银行、证券、信托、保险等金融机构可以打破按照传统领域划分的银行业、证券业、信托业、保险业等行业分工，允许相互进入对方业务领域内经营，甚至还可以跨越到非金融领域，实现业务多元化。

（4）金融市场自由化，即金融机构不但能进入国内金融市场，而且还可以进入国际金融市场。

4. 金融服务更加全面，且中间业务呈扩大化趋势

在经济全球化的潮流下，金融业之间的竞争变得异常激烈。各种金融机构必须提供全面的、优质的服务，才能增强竞争力，更好地适应外部环境和形势的变化。另外，金融服务全面化也是拓展新的利润增长点、获取更多利润的需要。因此，提供全面的金融服务就成了金融业发展的一种潮流，不仅提供传统的存、贷、汇服务，还提供代交水电费、代发工资、代客理财、信息咨询、银行担保（如担保函）、证券承销、票据发行等多种服务。

同时，中间业务又呈扩大化趋势，金融机构推出了各种各样的中间业务，如异地托收承付、信用卡、信托存贷款、信托投融资、委托存贷款、代理承销债券和股票、金融租赁业务、代理收付款、代理清偿债务、代理资产保管、信息咨询、财产评估、保险代理、资金托管、基金代销等。

5. 金融创新的脚步加快，金融监管更加灵活

出于回避风险、提高金融业竞争力的考虑，金融机构广泛采用新技术，不断形成新市场，极力推出金融新工具，经常提供新服务，而所有这些都可以称为金融创新。金融创新对经济发展和世界金融业的发展有着深刻的影响，它使金融机构传统的分工格局被打破，彼此业务相互渗透、相互交叉，使投融资方式发生了重大变化，突破了金融活动的国界限制，形成了金融业全新的局面。

随着经济的进一步发展，金融创新更加丰富多彩，主要表现在以下几个方面。

（1）制度层面的金融创新，包括货币制度、内部控制制度、监管制度等多种制度创新。

（2）业务层面的金融创新，包括金融技术、金融市场、金融商品、服务种类等多方面的创新。

（3）组织结构层面的金融创新，包括金融业结构、金融机构及其组织形式等方面的创新。

在金融改革和创新的浪潮中，为了有效地防范和化解金融风险、维护金融秩序、提高金融效率，各国都加强并进一步完善了金融监管，使之更加灵活有效，其趋势主要表现在以下几个方面。

（1）金融监管更灵活，主要是指监管方法（具体有定期监管与不定期监管，现场监管与非现场监管，外部监管与内部监管，全面监管与重点监管，事前监管、事中监管与事后监管等）的灵活性。

（2）金融监管更加全面，从金融机构的设立、运作至退出市场时的破产清算，都要合理有效地进行监管。

（3）金融监管的国际化，即为了维护国际金融市场的正常秩序、提高其运作和服务效率，各国开始联手进行金融监管。

第三节　金融的地位与影响

一、金融是现代经济的血脉

随着社会经济的不断发展，金融在经济中的作用越来越重要。传统的货币经济以商品市场的运行为中心，经济活动以"实物流"为主导，即围绕商品的生产、分配、交换、消费四个环节展开，以商品价格作为主要调节机制，引导和组合生产资源。而在现代的金融经济中，"资金流"居于主导地位，资源配置越来越金融化，金融的稳定发展与安全直接决定着一国经济的稳定增长乃至社会的安定。

在市场经济时代，金融已经渗透到社会经济生活的方方面面，在市场经济中发挥着越来越重要的作用。可以说，凡是有关货币资金的筹集、运用、融通及管理的活动，都是金融活动，如货币资金的收支和借贷、有价证券的发行与流通、外汇的买卖等。

从货币资金运动过程来看，金融包括货币资金的筹集、发放、流通与管理；从货币资金运动主体来看，其中包括财政、金融机构、企事业单位、居民个人的资金运动；从货币资金的融资渠道来看，其中包括资金的直接融通与间接融通、国内融通与国外融通；从货币资金的管理

来看,其中包括货币资金的宏观调控与微观管理等,这些方面相互联系、相互制约、相互交叉、相互渗透,融合成整个社会的资金运动。总之,金融是社会资金运动的总枢纽,是国民经济的重要调节器,是发展经济的重要杠杆。

邓小平同志曾经指出,金融很重要,是现代经济的核心。金融搞好了,一着棋活,满盘皆活。这一观点深刻地揭示了金融在现代经济生活中的重要地位和作用,尤其是随着我国对外开放的不断扩大和社会主义市场经济体制的发展完善,金融活动日益广泛地渗透到社会经济生活的各个方面,金融在经济中的调节作用越来越重要。保证金融安全、高效、稳健地运行,关系着国民经济的持续、快速、健康发展,关系着人民群众的切身利益和社会稳定。在经济全球化趋势加速发展的大背景下,在发展社会主义市场经济条件下,我们应当比以往任何时候都更加重视金融工作,更加重视金融的改革和发展。

二、金融在国民经济中的功能和影响

(一)实现资金再配置,筹集融通资金

金融配置资源是在不改变所有权条件下实现的,即通过改变对资源的实际占有权和使用权,实现所有权和使用权相分离,从而改变对资源格局的分配,以实现社会资源的重新组合,达到对社会资源充分、合理、高效运用的目的。金融的资金再配置作用主要体现在以下两个方面。

1. 金融能有效地筹集社会闲散资金,促进储蓄向投资转化

金融通过吸收存款、发行证券、发放保险单等多种方式筹集巨额资金,再通过贷款和投资等形式投入生产部门,有力地促进了社会经济的发展。

2. 金融能实现资金的部门转移,促成利润率平均化

通过金融信用交易,资金从各行各业聚集成巨额资金,再按利益原则投放到国民经济各部门,实现资金在部门间的自由流动和重新配置,并促成社会各部门利润率的平均化。我国企业的资金来源除了自筹资金外,还可以通过财政无偿筹集和金融市场有偿筹集两种渠道获得。随着社会主义市场经济的发展,金融市场已成为我国企业筹集资金的主要渠道。

在实现资金再配置职能的同时,金融系统还通过各种信用工具的价格杠杆作用,引导社会资金合理流动,流入符合国家产业政策且质量有保证、市场广阔的经济部门;与此同时,金融机构还可以通过强化资金运用的安全性、流动性管理,促使工商企业努力提高企业经营管理效益,强化新产品开发和市场开拓,以节约资金,加速资金周转,提高资金的使用效率。

(二)提供金融服务,创造和扩大社会信用

金融系统的一个传统功能是为个人、家庭、企业、政府等在购买商品和服务时,提供有效的支付清算方面的服务。各类金融机构借助于商业票据、支票、信用卡、网上支付系统等多种金融工具,使各种经济交易中的货币支付得以安全、快捷地完成,这样不仅提高了资金的使用效率,同时也节省了经济发展的社会成本。

此外,金融机构通过业务创新为社会提供汇兑、承兑、代理、咨询等服务,大大便利了人们的生活。金融机构在提供金融服务的同时,还发挥着创造货币的功能。商业银行通过存款提现和发放贷款增加了流通中的货币供应量,同时在转账结算中,贷出款项又存入银行,派生出

更多的存款，引起货币供应总量的扩大。

（三）调节社会总供求，促进国民经济稳定健康发展

在市场经济条件下，金融已经成为调节国民经济的杠杆。由于金融活动渗透到社会再生产的全过程，与各行业、各地区、各单位的经济活动息息相关，因此，它可以灵敏、及时、全面地反映社会经济活动的状况，提供各种信息，为微观经济活动和宏观经济决策提供重要依据。

同时，借助于价格、税收、信贷、利率、汇率等经济杠杆，通过金融政策的放松或紧缩，金融可以调节社会资金的供求关系，从而调控社会总供给和总需求的关系，而且还可以调整经济结构。金融调控的主要目标是要保证社会总供求的平衡，稳定货币和价格，平衡国际收支，维持国民经济持续、稳定、协调发展。

（四）防范和降低经济风险，进行金融监管

各经济主体在金融活动中存在着各种各样的风险，常会受到意想不到的损失，甚至危及国家和社会的稳定与安全，金融机构体系和金融市场提供了风险管理的渠道，金融的创新和发展为风险管理提供了更多、更有效的产品和工具。

同时，国家通过制定和实施金融政策，规定货币、信用、银行、证券、保险等各种制度，对金融业和金融市场进行调控和监管，保证了经济和金融的安全与稳定。

（五）加强国际经济交流与合作

在经济全球化和经济自由化高度发达的今天，金融与经济更加密不可分，金融业也出现了金融全球化、金融自由化的发展趋势。各国各地区的经济紧密联系在一起，一国经济的发展无法离开他国经济，其政府、企业和个人都可以到国际市场上去投资和融资，从而促进了世界各国的经济交流。

同时，为了协调国际经济发展和应付国际金融风险，各国之间必须加强协调和合作，协调彼此的利益关系，共同打击洗钱等跨国犯罪行为，促进经济的共同发展。

三、我国经济发展中的金融

中华人民共和国成立以来，金融的发展大致上可以分为两个时期，即计划经济时期和改革开放时期。我国金融发展虽然历经曲折坎坷，但是探索、建立和完善社会主义市场经济体制的实践脚步从未停止，这不仅有力地支持了我国经济的快速健康发展，而且逐步形成了门类比较齐全、功能比较完备的现代金融体系，为创建和完善我国金融理论提供了丰富的实践财富。

改革开放以来，随着国民经济的发展，我国的金融体系建设取得了很大的进展：实现了金融机构的多样化；建立了中央银行体制；初步建立了直接调控与间接调控相结合的宏观金融调控机制；发展了多种金融工具和多种信用形式；金融市场也有了较大发展；金融监管体系基本形成；金融开放程度越来越高。

随着金融在国民经济总体运行中的地位和作用越来越重要，金融部门已成为国民经济的核心产业部门。金融部门融通资金的状况和资金营运的效益，极大地影响了整个国民经济的运行格局。2008 年以来，我国基本建立起与社会主义市场经济相适应的金融体系，并在以下方面取得了重大成就：加强和改善金融宏观调控，促进国民经济持续平稳较快发展；着力推进金融市场创新与发展，满足日益增长的多样化投融资需求；深入推进大型商业银行股份制改革，全

力维护金融稳定；进一步推进人民币汇率形成机制改革，实行有管理的浮动汇率制度；主动开展国际金融交流与合作，不断提升我国在国际金融事务中的话语权等。

2008 年国际金融危机发生以后，虽然全球经济正在缓慢复苏，但金融危机影响的严重性和经济复苏的曲折性都超出了人们的预期。这次国际金融危机为我国提供了很多宝贵的经验教训和启示。其中最重要的就是，必须要正确认识和处理经济与金融的关系，自觉按照经济与金融规律办事。

首先，金融的发展必须与经济相适应。经济决定金融，经济的规模、结构和质量从根本上决定了金融的规模、结构和质量，金融必须以服务实体经济发展为立身之本。同时，金融对经济具有能动作用，这种作用既体现在金融发展滞后会阻碍经济的发展，也体现在金融如果脱离实体经济过度超前发展，最终只能导致虚假繁荣和经济泡沫。

其次，必须坚守防止系统性风险的底线。风险是金融的本质属性，在此意义上，金融风险只能管控，无法消除。但系统性风险往往是金融风险从量变到质变的结果，是经济金融安全的天敌。因此，应注意防微杜渐，防范个别风险或局部风险演变成系统性风险，在金融全球化条件下也要预防金融风险在国际上的传播。

最后，金融发展离不开良好的金融生态。金融业赖以生存和发展的环境构成金融生态，它涵盖了政治、经济、文化和法制等诸多因素。只强调金融服务实体经济的功能，一味地攫取和使用金融资源，而忽视甚至破坏金融生态，金融业的可持续发展就无从谈起，更谈不上为实体经济服务。因此应尊重金融业自身发展的规律，完善社会信用，为金融发展创造良好的环境和条件。

知识巩固：

1. 金融的含义是什么？
2. 简述金融的地位。
3. 金融对经济的作用有哪些？
4. 金融是如何产生的？

案例讨论：

中国银行携智慧金融服务亮相智博会

2019 年 8 月 25 日，中国国际智能产业博览会（以下简称智博会）在重庆国际博览中心开幕，如图 1-1 所示。800 多家企业汇聚山城，共享智能科技带来的改变。

图 1-1　智博会内景

智博会上，中国银行以"数字中银——智启场景、慧融生态"为主题，设置了"数字中银"

"智通全球""智慧金融""智行冬奥""智联5G"五大场馆，向人们展示了该行借助大数据、云平台、人工智能等数字手段构建智慧金融新生态，服务智慧城市建设的最新成绩。

在"智慧金融"场馆，中国银行推出了"智政务""智交通""智医疗""智教育""智生活"五大金融场景，集中体现了中国银行"数字中银——智启场景、慧融生态"的主题。

"智政务"场景展出了中国银行国际贸易"单一窗口"、对公客户在线预约开户、中银票e贴、在线单证、电子汇总征税保函、航运在线通、对公智能开户一体机等十余项优化营商环境的金融服务。该场景打通了境内境外、本币外币、线上线下的通道，为传统银行业务插上了移动互联的翅膀，以智能化、线上化、场景化的服务实现了对客服务的升级换代，为企业提高经营效率提供了便利。

在搭建成轻轨车厢的"智交通"场景中，中国银行作为重庆首家支持轨道交通扫码购票的银行，在现场布置了扫码购票机，市民可以直接扫码购票，获得高效便捷的出行体验。

在"智医疗"场景中，市民会感觉自己真的来到了医院。中国银行重庆市分行深度参与重庆市"智慧城市"建设，先后与新桥医院等7家医院开展银医项目建设，向院内窗口、自助机、互联网等多个服务渠道提供统一序号的预约诊疗挂号服务。在该场景里，人们可以通过中国银行手机银行线上体验区，通过交互动画来了解智慧医疗，模拟挂号、看病、缴费等场景。

"智教育"场景展示了中国银行运用"互联网+金融+教育"融合理念，为学校构建的涵盖教育、科研、校园支付、身份认证、就业等全链路的校园科技应用系统。同时，"智教育"场景还推出了出国金融小讲堂，展示了中国银行便捷周到的一站式跨境金融服务。

"智生活"场景集中展示了近年来中国银行推出的手机银行、中银慧投、E融汇等智慧金融产品。

本次智博会上，中国银行展出了银行业首家5G生活馆。在生活馆里，人们可以通过VR看车，可以一站式办理信用卡分期购车，打造"全景看车+金融服务"新生态，也可以进行中银"漫"生活自助拍照互动体验，即AR互动拍照，以中国银行元素、重庆景点和重庆历史为封面背景，打卡留念。

此外，市民还能体验机器人交互，和中国银行理财小顾问"小爱"和"小智"进行趣味互动，切实感受智能金融生活。

在"智行冬奥"场馆，中国银行设置了VR滑雪、"冬奥领奖台"自助拍照、冬奥纪念贵金属、3D全息等多种科技交互技术，供市民体验。

未来，中国银行将继续坚持"科技引领、创新驱动、转型求实、变革图强、深入推进"的发展战略，以建设新时代全球一流银行为己任。

资料来源：中国投资咨询网 https://www.ocn.com.cn/shangye/201908/qzjem25161345.shtml

讨论题：

你认为，"互联网+金融"时代的到来将给人们的生活带来怎样的改变？通过查找资料进行小组讨论，并给出自己的观点。

第二章

货币

知识目标：

➤ 了解货币制度的演变；

➤ 掌握货币的职能；

➤ 掌握货币制度的内容。

能力目标：

➤ 能够理解货币形成的过程；

➤ 能够解析货币制度的内涵；

➤ 能够认知我国的货币制度。

任务提出：

盒马鲜生是阿里巴巴对线下超市进行完全重构后产生的新零售业态。它是超市，是餐饮店，也是菜市场，但这些描述似乎又都不准确。消费者可以到店购买，也可以在盒马 App 下单，门店附近 3000 米范围内，可以实现 30 分钟快速送货上门。

盒马鲜生除了可以在店直接加工、品尝美食以外，最大的特点是颠覆了由收银员人工结账的传统支付方式，全部实现电子方式自助结账，不接受现金、银行卡等支付方式，如图 2-1 所示。

图 2-1　盒马鲜生电子方式自助结账

任务分析：
你认为，未来电子支付手段会取代纸币吗？

第一节　货币的起源与演变

一、货币的起源

　　货币起源于商品，是商品生产和商品交换发展到一定程度的产物。从社会发展来看，当生产力极度低下，人们的劳动成果只能维持生存而无剩余时，是不存在商品交换的。随着生产力的发展，尤其是社会分工的出现，生产效率得到提高，出现了剩余产品和私有制，为劳动产品的交换提供了条件，被交换的产品就成为商品。因此，商品具有两个条件：一是商品是劳动产品，不通过劳动而从自然界随时取得的东西（如阳光、空气等）不是商品；二是只有当劳动产品用来交换时才作为商品。商品交换一般会遵循两个原则：一是用来交换的劳动产品各自具有不同的使用价值；二是相交换的两种产品必须具有相等的价值，即在生产这两种商品时所消耗的人力劳动是相等的，这就是等价交换原则。

　　在货币出现之前，商品的交换以物物交换的形式进行，如用石斧和绵羊相交换，这样的交换效率十分低下，因为有剩余石斧的农户必须找到一个需要石斧而又正好拥有多余绵羊的农户，交换活动才能完成。此外，不同的商品交换还必须有不同的交换比率。在商品交换的品种稀少、数量较少时，物物交换的形式尚可存在。然而随着商品种类的日渐丰富，商品交换的规模越来越大，交换的频率越来越高，物物交换已不能满足商品经济的发展。因此，逐渐从商品世界分离出一种商品，固定地作为商品交换的媒介，即一切商品均可以与之交换，而它又可以用来交换其他一切商品，起着"一般等价物"的作用，这就是货币。在人类历史上，牲畜、贝壳、石头等都充当过这种货币商品。后来由于金银体积小而价值大，质地均匀，便于分割，长期被人们作为制作货币的材料。因此，马克思说，金银天然不是货币，但货币天然是金银。

　　马克思认为，货币起源于商品，是商品生产和商品交换发展的产物，是商品经济内在矛盾发展的必然结果，是商品矛盾运动中价值形式发展的自然产物。随着商品经济的发展，商品的价值形式经历了由低级到高级的发展过程，即由简单的、偶然的价值形式，经过扩大的价值形式、一般的价值形式，最后才达到货币形式。

　　在原始社会后期阶段，在公社的共同体内部虽然不存在交换，但在公社之间出现了产品的交换。由于当时生产力水平低下，可供交换的剩余产品不多，这种交换是非常偶然的现象。随着这些偶然的交换行为的出现，价值也就偶然地表现出来，即一种物品的价值偶然地被另一种物品表现出来。例如，1只绵羊和2把石斧相交换，绵羊的价值就偶然地由2把石斧表现出来。马克思把这个阶段的价值表现形式称为简单的或偶然的价值形式，用公式表示为

1只绵羊 ＝2把石斧

　　随着社会生产力的进一步发展，产生了人类历史上的第一次社会大分工，畜牧业从农业中分离出来。随着社会分工的深入和私有制的产生，用于交换的物品越来越多，产品交换成为一种较为经常的现象。这时的交换表现为一种物品不再偶然地同另一种物品相交换，而是经常地

同许多种物品相交换。相应地，一种物品的价值就不再是偶然地由另一种物品表现出来，而是经常地由许多与之相交换的物品表现出来，有多少种物品与之相交换，就会相应地产生多少种价值表现形式。例如，1 只绵羊可以与 2 把石斧、1 辆马车、1 袋玉米等多种物品进行交换，其价值就由石斧、马车、玉米等多种物品表现出来。马克思将这种价值表现形式称为扩大的或总和的价值形式。用公式表示为

$$1 \text{ 只绵羊} = \left\{ \begin{array}{l} 2 \text{ 把石斧} \\ 1 \text{ 辆马车} \\ 1 \text{ 袋玉米} \end{array} \right.$$

在简单价值形式阶段，是两种物品偶然发生交换；在扩大价值形式阶段，是许多种物品经常发生交换，但这两种价值形式都属于直接的物物交换。随着交换物品种类的日益增多，直接的物物交换变得越来越困难。因为物物交换要求交换双方不仅要同时需要对方的物品，而且在交换的量上也要取得一致，否则交换就无法完成，这就迫使参加交换的人在市场上不得不反复寻找，采取迂回的方式来达到自己的目的。当越来越多的物品频繁地参与到交换的过程中时，人们逐渐发现某种物品参与交换的次数比其他物品多，其使用价值广泛被人们所需要，于是人们就先将自己的物品交换成这种物品，再以它与自己所需要的其他物品相交换，这种物品逐渐就变成实现其他物品交换的媒介，成为所有其他物品价值的表现材料，从而交换也由直接的物物交换转变为有交换媒介的间接交换，不再是一种物品的价值经常地表现在其他许多种物品上，而是许多种物品的价值经常地由一种物品来表现。例如，2 把石斧、1 辆马车，1 袋玉米等多种物品，都可以与 1 只绵羊相交换，石斧、马车、玉米等多种物品的价值都由 1 只绵羊表现出来。这个表现所有物品价值的媒介就是一般等价物，马克思将这种商品的价值形式称为一般价值形式。用公式表示为

$$\left. \begin{array}{l} 2 \text{ 把石斧} \\ 1 \text{ 辆马车} \\ 1 \text{ 袋玉米} \end{array} \right\} = 1 \text{ 只绵羊}$$

在一般价值形式下，一般等价物并没有完全固定地由某一种商品来充当。例如，在一个时期，一般等价物可以用布来充当，而在另一个时期，又可能由兽皮来充当；在一个地区，可以由海贝作为一般等价物，而在另一个地区，又可能以农具作为一般等价物。一般等价物的不固定，阻碍了商品交换的进一步扩大和发展。因此，随着商品交换的发展，从交替地起一般等价物作用的几种商品中逐渐分离出一种商品，经常地起一般等价物的作用，这种比较固定地充当一般等价物的商品就是货币。所有商品的价值都由货币表现的价值形式被马克思称为货币形式。

从马克思对货币起源的理论分析中，我们可以看到，货币是在商品交换过程中自发产生的，是商品矛盾运动中价值形式发展的自然产物。

二、货币的演变

自货币产生以来，随着商品交换和商品经济的发展，货币的形式也在不断地演变和发展。从古至今，货币形态的发展大致经历了实物货币、金属货币、信用货币及电子货币四个阶段。

（一）实物货币

实物货币是人类历史上最古老的一种货币形态，它具有商品和货币的双重性质。历史上有许多物品充当过交易媒介，起到过一般等价物的作用，如粮食、农具、牲畜、布匹、木材、毛皮、贝壳、龟壳等，各地、各国根据自己的自然条件和传统习惯而有不同的选择。我国充当货币时间较长、影响较大的是贝壳，这也是为什么我国很多关于财富的汉字带有"贝"字的原因。

（二）金属货币

随着商品交换的发展，实物货币逐步显现出其缺点，如体积笨重、价值小、数量多、携带运输极不方便；不能分割为较小的单位；各种实物材料不统一；容易腐烂、磨损等，这些缺点有碍商品交换的发展。于是，随着经济的发展，实物货币就逐渐被金属货币所替代，如战国时期的货币，如图2-2、图2-3所示。

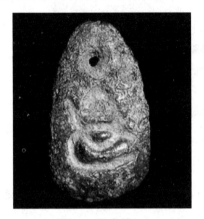

图2-2 蚁鼻钱

图2-3 刀币

金属货币的演化沿着两个方向进行：第一，随着经济规模的不断扩大，金属货币经历了由贱金属到贵金属的演变，世界各国货币发展的历史证明，随着商品交换的发展，作为货币材料的铜、铁等贱金属逐步让位于金、银等贵金属，这是一个普遍的规律。在足值货币时代，贵金属还不是生产过程所必需的原材料，充当货币商品也不影响经济的发展。第二，金属货币经历了从称量货币到铸币的演变。金属货币最初是以块状流通的，交易时要称其重量、估其成色，这时的货币称为称量货币。当流通范围超越了本地区以后，人们便产生了需要权威性机构证明金属货币重量及成色的要求，这时，由国家统一铸造的具有一定形状、重量和成色的金属铸币应运而生。

金属货币也有其难以克服的缺陷，金属货币的数量受金属的储藏和开采量的先天制约。随着生产力水平快速提高，商品交易规模迅速扩大，金属货币越来越满足不了商品交易的需求，同时由于金属货币在进行大额交易时不便携带，也影响了它的使用。

（三）信用货币

信用货币是由国家法律规定的、强制流通、不以任何贵金属为基础的独立发挥货币职能的货币。目前，世界各国发行的货币、基本都属于信用货币。信用货币的自身价值低于其作为货币所购买的那种商品的价值，即不足值。在长期的交换过程中，人们开始使用代用货币，即纸制的用以代替金属货币流通的货币符号,包括政府和银行所发行的纸币符号。政府凭借其权力发行的叫纸币,银行通过信用渠道发行的叫银行券。历史上,这两种代用货币与金属货币同时流通,其本身的价值低于其货币价值,在流通中是以金属货币代表的资格出现的,克服了金属货币流通不足的问题,如图2-4所示。

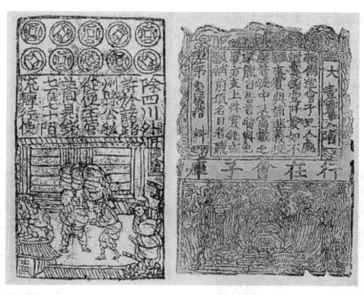

图 2-4 最早使用的纸币——交子

信用货币的主要形式包括以下 3 种。

(1)辅币。辅币是指主币单位以下的小额通货,其主要功能是作为零星小额交易的媒介手段。

(2)现金或纸币。现金或纸币是目前各国计价结算的基本通货,由各国政府垄断发行,其自身的价值低于其货币价值,属于货币符号。

(3)存款货币。存款货币是能够发挥货币作用的可签发支票存款。

(四)电子货币

近几十年来,随着计算机技术与互联网的发展,货币形态也受到了巨大的影响,人们越来越多地使用带有微型芯片的各种"卡"来进行支付或进行网上支付,这就是电子货币,如图 2-5 所示。电子货币是信用货币与电脑、现代通信技术相结合的一种最新货币形态,它通过电子计算机运用电磁信号对信用货币实施储存、转账、购买和支付等行为,如银行发行的各种银行卡、微信、支付宝等。电子货币明显比纸币、支票更快捷、方便、安全。有人把电子货币称为继金属铸币、纸币之后的第三代货币,而实质上电子货币是新型的信用货币形式,是高科技信用货币。总之,在历史的发展进程中,货币的形式发生了若干次变化,即货币形式经历了从一般商品到贵金属,再到纸币或无形的存款货币、电子货币的发展过程,体现了随着生产力的发展,人们对更方便、更快捷、成本更低廉的交易媒介的需要。随着经济和社会的发展,未来的货币形式还会出现动态的发展。电子货币作为现代经济高度发展和金融业技术创新的结果,是货币支付手段职能不断演化的表现,从而在某种意义上代表了货币发展的未来。

图 2-5 常用的电子支付方式

第二节 货币的本质与职能

一、货币的本质

马克思在对价值形态的发展进行研究后，揭示了货币的本质，把货币定义为：货币是从商品世界中分离出来的、固定充当一般等价物的商品，并能反映一定的社会关系。那么，货币的本质究竟是什么呢？

1. 货币是商品

货币与商品世界的其他商品一样，都是人类劳动的产物，是价值和使用价值的统一体。

2. 货币是一般等价物

货币是商品，但却不是普通的、一般的商品，它是从商品世界分离出来的、与其他一切商品相对立的特殊商品。

3. 货币是固定充当一般等价物的商品

货币是一个国家（或民族）市场范围内长期发挥一般等价物作用的商品。

4. 货币是对生产关系的反映

货币既反映产品由不同所有者所生产和占有，又反映通过等价交换实现人与人之间社会生产关系的转换。

二、货币的职能

在商品交换中，货币作为一般等价物的作用是通过货币的职能表现出来的。在商品比较发达的社会里，货币具有以下职能。

（一）价值尺度

在表现商品价值、衡量商品价值量的大小时，货币执行价值尺度的职能。货币之所以能够具有价值尺度职能，是因为货币是商品内在价值的表现形式。货币执行价值尺度职能时可以是观念上的货币，并不需要有真实的货币。

商品的价值通过一定数量的货币表现出来就是商品的价格。价格的变化，依存于商品的价值和货币的价值的变化。商品的价格与商品的价值成正比，而与货币的价值成反比。

为了便于比较各种商品的价格，必须以法律形式规定一定的货币金属重量作为货币单位，这个包含一定金属重量的货币单位就称为"价格标准"。价格标准最初与货币金属重量的名称相一致，如过去的"两"，现在的"元""角""分"。价值尺度与价格标准相互依存，价值尺度依赖价格标准发挥职能，价格标准是货币发挥价值尺度的技术规定。

（二）流通手段

价值尺度与流通手段是货币的两个最基本的职能。当货币充当商品交换中的媒介物时，就是在执行着流通手段的职能。货币在执行流通手段的职能时具有两个特点：一是必须是现实的货币，而不能是观念上的货币；二是作为商品交换的媒介物——货币在商品买卖中转瞬即逝。交换者出售商品取得货币是为了再去购买自己所需要的商品，因而对货币本身的价值并不十分关心，他们关心的是能不能以货币购买到等价值的商品，这样就产生了以价值符号代替具有内在价值的金属货币流通的可能性，纸币正是基于这种可能性而进入市场流通的。

（三）储藏手段

当货币由于各种原因停止流通，被持有者当作独立的价值形态和社会财富的绝对化身而保存起来时，货币就开始，发挥储藏手段职能。最初，生产者把自己的剩余产品交换成货币，一旦需要，可用货币购买所需商品，这比保存食物方便得多。后来，随着商品经济的发展，储藏货币成了顺利进行再生产的必要条件。因为要保证再生产的顺利进行，就必须不断补充生产资料，所以生产者就要掌握一定量的货币，以备急需。这种处于歇息状态的货币，就是货币发挥储藏手段职能的一种形式。

（四）支付手段

当货币作为价值的独立形态进行单方面转移时，就是在执行支付手段职能。如货币用于清偿债务，支付税金、租金、工资等所执行的职能，即为支付手段职能。

由于商品经济的不断发展，商品生产和商品交换在时空上出现了差异，于是就产生了赊购赊销，这种赊账买卖的商品信用是货币支付手段的起源。货币支付手段职能促进了生产和流通的发展，解决了商品生产出来后不能及时售出的困难，但也扩大了商品经济的矛盾，各经济主体间形成了债权、债务关系，产生了债务链，危机的影响范围扩大。

（五）世界货币

货币超越国界，在世界市场上发挥一般等价物作用时，就是在执行世界货币职能。由于金银货币本身的内在价值，世界货币曾经长时间由金银充当。后由于纸币在流通中的普及，一些有雄厚经济实力基础的国家的纸币也开始发挥着世界货币的作用，如美元、日元、英镑等。世界货币职能是伴随着国际贸易的产生而产生的，其具体作用表现为：一是作为国际支付手段，用于平衡国际收支差额；二是作为国际购买手段；三是作为社会财富的代表，由一国转移到另一国，如支付战争赔款、对外援助等。随着网络的全球化，国际支付逐渐转变为电子信息储存的变化，即由电子货币进行支付。

第三节 货币的层次与制度

一、货币的层次

货币层次的划分不是从来都有的，部分发达国家从 20 世纪 60 年代才开始划分货币层次。货币层次划分的目的主要是为了便于中央银行控制货币供给。货币层次划分主要依据的是各种货币的流动性。流动性是指某种货币或金融资产在不受损失或少受损失的条件下，转化为现实的流通手段和支付手段的能力。在划分标准的问题上，各国经济学者具有不同的见解和说法，各国有各自的划分标准，即便同一个国家，在不同时期的货币层次划分方法也可能有所差别，但不论如何，基本的思路都是按照货币的流动性来划分。

货币一般情况下可分为以下 5 个层次。

（1）M_0=现金；

（2）M_1=现金+活期存款；

（3）M_2=M_1+准货币+可转让存单；

（4）M_3=M_2+CD（可转让大额定期存单）+长于隔夜的限期回购协议和欧洲美元等；

（5）L=M_3+非银行公众持有的储蓄券+短期国库券+商业票据+银行承兑票据。

其中，L 是美国联邦储备委员会使用的一个货币口径。

结合我国的实际情况，中国人民银行将我国货币供应量划分为以下 4 个层次。

（1）M_0=流通中的现金；

（2）M_1=M_0+企业活期存款+机关团体部队存款+农村存款+个人持有的信用卡类存款；

（3）M_2=M_1+城乡居民储蓄存款+企业存款中具有定期性质的存款+外币存款+信托类存款+证券公司客户保证金；

（4）M_3=M_2+金融债券+商业票据+大额可转让存单。

国际货币基金组织的货币划分层次如下。

（1）M_0=流通银行体系外的现金通货；

（2）M_1=M_0+商业银行活期存款+邮政汇划资金+国库接受的私人活期存款；

（3）M_2=M_1+储蓄存款+定期存款+政府短期债券。

其中，M_1 即通常所说的狭义货币，流动性强；M_2 即广义货币；M_2 与 M_1 的差额是准货币，流动性较弱；M_3 是为适应金融创新的要求设立的，目前尚未进行测算。

以上只是一般情况，具体到每个国家是不完全相同的。例如，有些国家只是很简单地将货币划分为 M_1（狭义货币量）和 M_2（广义货币量），但某些大经济体，如美国、欧盟和日本等，对货币的划分就复杂很多。

二、货币制度的内涵

历史上，世界各国在货币方面制定过各种法令，这些法令反映了不同国家在不同程度上，从不同的角度对货币所进行的控制，其意图是建立能够符合自己国家的政策目标，且可操纵的货币制度。因此可见，货币制度就是一个国家、一个国际组织或区域组织以法律形式对相应范围内货币流通的结构、体系与组织形式的规定。

货币是在商品交换过程中自发形成的，是商品内在矛盾发展的必然结果，是价值形式发展的产物。货币制度也指国际货币体系，即国家间货币流通的组织形式。各国为了解决在国际贸易、国际结算中的国际支付手段、国际储备资产等国际货币问题，对于涉及国际货币流通的各方面内容，包括货币的兑换与汇率制定、国际收支调节、国际结算制度、国际储备体系、国际货币关系、国际金融市场等，在国际范围内或自发地，或经过协商谈判后调节确定了一整套系统的原则、规制、办法、机构，从而形成国际货币体系。最初的国际货币体系——国际金本位货币制度于 19 世纪 70 年代至 20 世纪初因适应当时国际经济关系的需要和各国国内货币制度的现实情况自发形成，到第一次世界大战后，特别是 20 世纪 30 年代世界性经济危机后，该体系逐渐瓦解，分裂为若干货币集团。第二次世界大战后，在西方国家中形成了以美元为中心的国际货币体系，20 世纪 70 年代后，该体系由于美元地位的削弱而逐渐瓦解，之后，改革并建立起一整套新的、合理的国际货币制度成为举世瞩目的问题。

三、货币制度的构成要素

1. 规定货币材料

规定货币材料（以下简称币材）是整个货币制度的基础，确定不同的币材，就会构成不同的货币本位制度。例如，确定以白银作为币材，就形成银本位制；确定以黄金作为币材，就形成金本位制；确定以白银和黄金同时作为币材，就形成金银复本位制。

一个国家的币材选择，虽然由政府来规定，但这种选择最终要受本国生产力发展水平及经济条件的制约。历史上，各国币材的选择都先后经历了由白银过渡到金银并用，再过渡到黄金的过程，现在各国基本上都是纸质货币。

2. 规定货币单位

规定货币单位包括规定货币单位的名称和规定每一货币单位所含金属的重量与成色，即所代表的价值量。最初，货币单位的名称就是金属的重量单位，如中国的两、铢，英国的磅等。根据 1816 年 5 月的金币本位法案规定，1 英镑含成色 11/12 的黄金 123.274 47 格令（合 7.97克）。后来货币单位名称与货币金属的重量脱离，有了特定的名称，如元、法郎、卢布、盾等。

3. 规定各种通货的铸造、发行和流通程序

（1）货币币种的确定。本位币是一国流通中的基本通货，是用货币金属按规定的规格经国家造币厂铸造的铸币。本位币的基本特质是名义价值和实际价值基本一致，其最小规格是 1个货币单位。辅币是本币本单位以下的小额通货，主要供小额周转使用。辅币与本位币有固定的兑换比例，辅币按照其名义价值而不是实际价值流通。

（2）货币铸造的确定。金属货币的铸造有自由铸造和不可自由铸造之分。自由铸造是指公民按法律规定，有权把货币金属送到国家造币局铸造成货币，也可以随意要求把货币熔化成金属块。不可自由铸造是指公民未经允许不可铸造货币。本位币可以自由铸造、自由熔化。铸造辅币一般用不易磨损的铜、镍、铝等贱金属铸造，其铸造由政府垄断。

（3）货币支付能力的确定。本位币具有无限法偿能力，即法律规定的，不论每次支付的

数额有多大，无论属于何种性质的支付，交易双方均不得拒绝接受。辅币只有有限法偿能力，即在一次支付行为中，超过一定的金额，收款人有权拒收，但在法定限额内，拒收则不受法律保护。

4. 规定货币发行准备制度

货币发行准备制度，是指在货币发行时须以某种金属或某几种形式的资产作为其发行货币的准备。

货币发行准备制度是为约束货币发行规模和维护货币信用而制定的，要求货币发行者在发行货币时必须以某种金属或资产作为发行准备。在金属货币制度下，货币发行以法律规定的贵金属作为发行准备，在现代信用货币制度下，各国货币发行准备制度的内容比较复杂，一般包括现金准备和证券准备两大类：现金准备包括黄金准备、外汇准备等具有极强流动性的资产准备；证券准备包括国家债券准备、短期商业票据准备等有价证券准备。

货币的准备金有作为国内金属货币流通的准备金、作为支付存款和兑现银行券的准备金。

在金属货币制度下，货币发行以法律规定的贵金属（金或银）作为准备。在现代信用货币制度下，货币发行的准备制度已经与贵金属脱钩，有以资产作为准备的，也有以物资作为准备或与其他国家的货币直接挂钩作为准备的方式。

四、货币制度的发展

人类历史上的货币制度经历了由金属货币制度到纸币制度的演变。金属货币制度实施了几个世纪，一直到 20 世纪 30 年代才被纸币制度替代。货币制度的演变如图 2-6 所示。

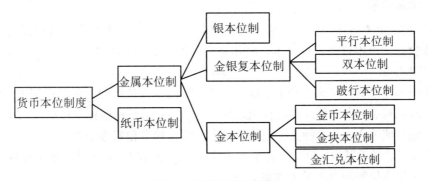

图 2-6　货币制度的演变

（一）银本位制

银本位制是以白银作为本位货币的货币制度。其主要内容是：以白银作为本位币币材；银币的名义价值和所含银的价值相等，属于足值货币；银币可以自由铸造；银币具有无限法偿的能力，可以自由输出和输入。

银本位制是历史上最早形成的货币制度，而且持续的时间也比较长，从 6 世纪到 19 世纪，银本位制在许多国家盛行。19 世纪中后期，由于生产力的发展，一方面，商品的交易规模越来越大，白银相对价值小而体积大，逐渐满足不了日益扩大的大宗商品交易的需要；另一方面，白银产量不断增加使白银价格长期趋于跌势，银币价格不稳定，不利于商品交易的计价流通。19 世纪末，各国先后放弃了单一的银本位制，而采用了金银同时流通的复本位制。

（二）金银复本位制

金银复本位制是指金和银同时作为本位货币的货币制度。其主要内容是：以金和银两种金属作为本位币币材；金和银两种本位币都可以自由铸造；金币和银币都具有无限法偿的能力；黄金和白银都可以自由输出和输入，两种本位币可以自由兑换。

金银复本位制先后经历了三种形式，包括平行本位制、双本位制和跛行本位制。

平行本位制是指金币和银币按其各自实际价值流通，国家不规定两种货币的法定比价，而完全由市场决定其兑换比价的货币制度。在这种货币制度下，金银价值的差异使同一种商品同时会有两种价格，即金币表示的价格和银币表示的价格。由于金银市场比价经常变动，使得用不同货币表示的商品价格也随之发生变化，从而使商品计价流通非常混乱，给商品流通带来许多困难。为克服这一缺点，许多国家将平行本位制改为双本位制。

双本位制是指国家以法律形式规定金银两种货币的固定比价，要求金银两种货币按法定比率流通和交换。该制度虽然弥补了金币和银币的兑换比率经常发生变化的缺陷，但也带来了新的问题，即导致市场上出现"劣币驱逐良币"的现象。所谓"劣币驱逐良币"，又称为"格雷欣法则"，是指两种实际价值不同而名义价值相同的货币同时流通时，实际价值较高的货币（良币）必然被人们收藏、熔化而退出流通，而实际价值较低的货币（劣币）充斥市场。

跛行本位制是指国家法律规定金币和银币同为本位货币，并规定其兑换的法定比价，但政府同时又规定金币可以自由铸造，而银币不能自由铸造的货币制度。由于银币实行政府限制铸造，等于把银币的地位降低，使其起到辅币的作用。这种制度实际上已不是典型的金银复本位制，而是由金银复本位制向金本位制过渡的一种货币制度。

（三）金本位制

20 世纪初，世界各国广泛实行金本位制。金本位制是以黄金作为本位币币材的一种货币制度，具体包括金币本位制、金块本位制和金汇兑本位制三种形式。

1. 金币本位制

金币本位制是最典型的金本位制，是以金铸币作为本位货币的一种货币制度，其基本特征是金币可以自由铸造、自由熔化，具有无限法偿的能力；辅币和银行券可以自由兑换金币；黄金可以自由输出或输入。上述特征决定了金币本位制是独具稳定性的货币制度。第一次世界大战后，由于黄金储量的减少，再加上各资本主义国家黄金存量极不平衡，逐渐出现了变相的金本位制，即金块本位制和金汇兑本位制。

2. 金块本位制

金块本位制是指以金块为准备发行货币流通的货币制度。其主要特征是金币不流通，由银行券代替金币流通，规定银行券的含金量，银行券可兑换为金块，但一般兑换起点很高。货币单位规定有含金量，不能自由兑换，兑换黄金有苛刻条件。金块本位制减少了对黄金的需求，但未从根本上解决黄金短缺与商品经济发展的矛盾。

3. 金汇兑本位制

金汇兑本位制规定银行券不能直接兑换黄金，银行券只能与外汇兑换，然后用外汇去兑换黄金。其内容是规定银行券含金量，但不铸造金币，也不直接兑换黄金，确定本国货币单位与另一个国家（该国家实行金币本位制或金块本位制，且经济发达）的货币单位的固定比价。实行金汇兑本位制国家在所依附国的金融中心储存黄金和外汇，通过无限制买卖维持本国币值稳定。

（四）纸币本位制

纸币本位制是以纸币为本位货币且纸币不能兑换黄金的货币制度。这是当今世界普遍实行的一种货币制度，其主要特征是：纸币由国家授权中央银行垄断发行，具有无限法偿的能力；货币发行量一般根据国内经济需要来决定，通过信用程序投入流通领域，并由中央银行进行调节；信用货币与黄金彻底脱钩，货币的价值取决于其购买力。

纸币本位制克服了金本位制的不足，以其特有的灵活性和弹性适应着经济发展的需要，但同时也对国家干预经济、调节和管理货币流通提出更高的要求。货币当局要能随时针对市场的变化情况，根据客观需要对货币供给量的伸缩做出适时、适度的调整，以保证币值的稳定，促进经济发展。

纸币本位制是实行社会经济发展的必然结果，其克服了金属货币制度下币材受供给的制约和经常存在的通货紧缩的问题，能够满足社会经济发展和大宗商品交易对媒介手段追加的需要。同时，相较于金属货币，纸币携带方便，且流通的费用和风险都降低了，交易的效率得到了提高。

第四节　我国的货币制度

一、人民币制度

（一）人民币制度的建立

1948 年，随着人民解放战争的顺利进行，分散的各解放区迅速连成一片，为适应形势的发展，亟须一种统一的货币替代原来种类庞杂、折算不便的各解放区货币。为此，1948 年 12 月 1 日，在河北省石家庄市成立中国人民银行，同日开始发行统一的人民币，开始了中国新型的人民币制度。同时，按一定比价逐步收回了各根据地分散发行的货币，限定日期收兑了国民党政府发行的各种货币，使人民币成为我国境内统一流通的货币。人民币的统一发行与流通标志着我国人民币货币制度的建立。1949 年年初，中国人民银行总行迁到北平（今北京），各省、自治区和各市相继成立中国人民银行分行，至 1951 年年底，人民币成为中国唯一的合法货币，在除中国台湾、西藏自治区（西藏自治区自 1957 年 7 月 15 日起正式流通使用人民币）以外的全国范围流通。之后，国家又颁布了许多法令条例，规定人民币是我国境内唯一合法的通货，禁止金银、外币流通，打击各种投机活动，使人民币货币制度得到了巩固，实现了当时提出的建立起人民的、统一的、独立自主的新货币制度——人民币制度的目标。

（二）人民币制度的性质

人民币制度是信用货币制度，它具有信用货币制度的一切特征。但是由于新中国成立以来实行高度集中的计划体制，货币的发行与财政经常联系在一起，财政出现赤字就向中央银行透支，若中央银行无资金来源，则被迫发行货币，因此，货币发行成了弥补财政赤字的手段。而后，于 1995 年 3 月 18 日第八届全国人民代表大会第三次会议通过，根据 2003 年 12 月 27 日第十届全国人民代表大会常务委员会第六次会议修正的《中华人民共和国中国人民银行法》中明确规定，禁止财政向中国人民银行透支。从此货币的发行摆脱了财政干扰，而真正根据经济发展需要通过银行信用渠道进入流通，人民币制度成为真正的信用货币制度。

（三）人民币制度的内容

（1）人民币是我国唯一的法定货币。以人民币支付我国境内的一切公共债务和私人债务，任何单位和个人不得拒收。为了保证人民币的唯一合法地位，国家规定：严禁金银计价流通，严禁外币计价流通，严禁伪造、变造人民币，严禁任何单位和个人印制、发售代币票券代表人民币在市场上流通。

（2）人民币的单位为元，人民币的辅币单位为角、分。1元等于10角，1角等于10分，人民币的符号为"￥"。

（3）人民币是由中国人民银行统一印制、发行的钞票，采取的是不兑现的银行券形式。人民币没有法定含金量，不能兑换黄金，也不与任何外币确定正式联系。人民币的发行实行高度集中统一的原则，中国人民银行是唯一的发行机关，在中国人民银行内部，发行权集中于总行。为了管理货币发行，中国人民银行设立了人民币发行库，在其分支机构设立分支库，分支库调拨人民币发行基金必须按照上级库的调拨命令办理。

（4）国家对货币流通的不同情况规定了不同的管理制度。国家针对现金流通规定了其使用范围：现金主要用于工资、劳务支付，服务于消费品分配；而国有企事业单位、机关部队团体和集体经济单位相互之间的货币支付，小额的可以使用现金，大额的必须用银行转账。国家针对非现金流通（存款货币流通）主要规定了银行办理转账结算的原则和具体办法。

（5）我国建立的金银储备和外汇储备是国际支付的准备金，主要不作为货币发行的准备或保证，但对稳定国内货币流通也能发挥作用。这两项储备由中国人民银行集中掌管，储备情况定期公布。

二、"一国两制"条件下的区域性货币制度

1997年7月1日与1999年12月20日，中国相继对香港地区、澳门地区恢复行使主权，但按照现行法规，在香港与澳门两个特别行政区内，港币和澳门币仍分别是区内唯一流通货币。这就意味着，在包括香港、澳门特别行政区在内的中华人民共和国范围内，存在着多种货币，同时，按照我国现行的外汇管理规定，港币、澳门币仍属于外汇，在港、澳地区之外的中国境内是不能直接流通的。

（一）中国香港的货币制度

香港特别行政区的法定货币是港币，港币缩写为HKD，是不兑现的信用纸币，具有无限法偿能力，港币由汇丰银行、中国银行（香港）负责发行。港币的发行需要有100%的外汇储备支持，发钞银行必须按1美元兑7.8港元的固定汇率向香港金融管理局交付等值的美元换取无息负债证明书，作为发钞的法定储备。在100%的储备支持下，香港金融管理局保证港币对储备货币（美元）的完全兑换。港币的基本单位是元，采取十进制，1元可兑换10角，纸币的面额有6种，分别为10元、20元、50元、100元、500元和1000元，而硬币的面值则有7种，分别为1角、2角、5角、1元、2元、5元和10元。

（二）中国澳门的货币制度

澳门特别行政区的法定货币是澳门币，澳门币缩写为MOP，是不兑现的信用纸币，具有无限法偿能力。澳门币有两家发钞银行：大西洋银行与中国银行（澳门）。澳门币的发行需要

有 100%的外汇储备支持，发钞银行必须按 1 港币兑 1.03 澳门币的固定汇率，向澳门金融管理局交付等值的港元换取无息负债证明书，作为发钞的法定储备。在 100%的储备支持下，澳门金融管理局保证澳门币对储备货币（港币）的完全兑换，澳门币与港币的联系汇率也因此确立，由于港币与美元挂钩，所以澳门币与美元间接挂钩。

澳门币的基本单位是元，纸币面额有 6 种，分别为 10 元、20 元、50 元、100 元、500 元和 1 000 元；硬币有 7 种，分别为 1 毫、2 毫、5 毫、1 元、2 元、5 元和 10 元。在澳门售卖的货品和所提供的服务收费一律以澳门币计算，但也使用港币或其他流通货币，兑换率按市场浮动汇率确定。

知识巩固：

1. 简述货币的起源。
2. 货币的本质是什么？职能有哪些？
3. 简述货币制度的内容。
4. 简述金本位制的主要内容。

案例讨论：

中华人民共和国第五套人民币

我国货币历史悠久，种类丰富，人民币在我国货币文化历史中占有重要地位。

中华人民共和国货币自发行以来，已发行五套人民币，形成纸币、金属币、普通纪念币与贵金属纪念币等多品种、多系列的货币体系。

为适应经济发展和市场货币流通的要求，1999 年 10 月 1 日，在中华人民共和国建国 50 周年之际，中国人民银行陆续发行第五套人民币（1999 年版）。第五套人民币共有 1 元、5 元、10 元、20 元、50 元、100 元 6 种面额，其中 1 元有纸币、硬币两种。

第五套人民币继承了中国印制技术的传统经验，借鉴了国外钞票设计的先进技术，在防伪性能和适应货币处理现代化方面有了较大提高。各面额货币正面均采用毛泽东主席建国初期的头像，底衬采用了中国著名花卉图案，背面主景图案通过选用有代表性的寓有民族特色的图案，充分表现了中国悠久的历史和壮丽的山河，弘扬了中国伟大的民族文化。第五套人民币取消了第四套人民币里的 1 角、2 角、5 角和 2 元纸币，恢复了 20 元纸币。

第五套人民币采取"一次公布，分次发行"的方式。1999 年 10 月 1 日，首先发行了 100元纸币、1 元和 1 角硬币；2000 年 10 月 16 日发行了 20 元纸币；2001 年 9 月 1 日，发行了 50元、10 元纸币；2002 年 11 月 18 日，发行了 5 元纸币、5 角硬币；2004 年 7 月 30 日，发行了 1 元纸币。

为提高第五套人民币的印刷工艺和防伪技术水平，经国务院批准，中国人民银行于 2005年 8 月 31 日发行了第五套人民币 2005 年版 100 元、50 元、20 元、10 元、5 元纸币和不锈钢材质 1 角硬币，2015 年 11 月 12 日又发行了新版 100 元人民币。

资料来源：360 百科 baike.so.com/doc/3343944-3521312.html

讨论题：

我国的人民币在经济生活中起到了哪些作用？通过查找资料进行小组讨论，并给出自己的观点。

第三章

金融机构

知识目标：

➤ 了解我国金融机构体系的构成；

➤ 掌握中央银行的产生与职能；

➤ 掌握商业银行的主要业务。

能力目标：

➤ 能够理解中央银行的监管；

➤ 能够理解商业银行的经营管理原则；

➤ 能够认知政策性银行。

任务提出：

2018 年 4 月 8 日上午，国务院副总理刘鹤，现任中国人民银行党委书记、副行长，中国银行保险监督管理委员会主席、党委书记郭树清，央行行长易纲以及中国银行保险监督管理委员会相关领导及工作人员在原银监会北门举行了新标牌启动仪式（见图 3-1）。

"15 岁"的中国银行业监督管理委员会（简称"银监会"）和"20 岁"的中国保险监督管理委员会（简称"保监会"）正式告别历史舞台，北京金融街鑫茂大厦的南北楼牵手而行，这也意味着中国金融的统筹协调监管将进入一个全新的阶段。

图 3-1　中国银行保险监督管理委员会标牌

资料来源：新浪财经 http://finance.sina.com.cn/money/bank/bank_yhfg/2018-04-09/doc-ifyvtmxe2496801.shtml

图片来源：新华视点

任务分析:

你认为,"银监会"和"保监会"合并对我国金融机构监管具有哪些重要意义?

第一节 金融机构体系概述

金融机构是指专门从事货币资金融通活动的中介组织,泛指从事金融业务、协调金融关系、维护金融体系正常运行的机构,它为社会经济发展和再生产的顺利进行提供金融服务,是国民经济体系的重要组成部分。

金融机构体系是指金融机构的组成及其相互联系的统一整体。与市场经济制度相适应,现代市场经济国家一般都拥有一个规模庞大、分工精细、种类繁多的金融机构体系,包括银行性金融机构与非银行性金融机构两大类,其中银行性金融机构居支配地位。

金融体系的分工与组成是在不断变化的,长期以来,在大多数国家的金融机构体系中,银行性金融机构与非银行性金融机构有较明确的业务分工,如美国、英国等在20世纪30年代后采用的分业经营模式,以长短期信用业务分离为特点。20世纪80年代以来,金融机构的分业经营模式逐渐被打破,各种金融机构的业务不断交叉,原有的差异日趋缩小,综合性经营与多元化发展的趋势日益明显。

银行性金融机构按照其在经济中的功能可划分为中央银行、政策性银行和商业银行三种类型,它们所构成的银行体系通常被称为现代银行制度。中央银行是一国的金融管理机构,被称为"国家的银行""发行的银行""银行的银行";政策性银行是集中经营指定范围业务并提供专门性金融服务的银行;商业银行是办理各种存款、贷款和汇兑业务的银行,且是唯一能接受活期存款的银行。

非银行性金融机构是整个金融体系中重要的组成部分,其发展状况是衡量一国金融体系是否成熟的重要标志之一。非银行性金融机构不以吸收存款作为其主要资金来源,它以某种特殊方式吸收资金,并以某种特殊方式运用其资金,且从中获取利润,这类金融机构包括保险公司、证券公司、信托公司、融资租赁公司等。

在市场经济条件下,各国金融体系大多数是以中央银行为核心来进行组织管理的,因而形成了以中央银行为核心、商业银行为主体、各类银行和非银行性金融机构并存的金融机构体系。

第二节 中央银行

一、中央银行的产生与发展

中央银行是由国家赋予其制定和执行货币政策,对国民经济进行宏观调控和管理监督的特殊的金融机构,在一国中负责制定和实施货币政策、管理经营活动,并代表政府协调对外金融关系。在现代金融体系中,各国的中央银行或相当于中央银行的机构均处于核心地位,目前除极少数特殊情况外,世界各国均设立了中央银行。

中央银行是在西方国家银行业发展过程中，从商业银行中独立出来的一种银行。从 1656 年瑞典银行设立到 1913 年美国联邦储备体系建立，中央银行制度的基本建立大约经历了 260 年的时间。一个世纪以前，全世界只有 18 个中央银行，其中 16 个在欧洲，另外两个分别在日本和印度尼西亚，而现在共有中央银行 172 个，几乎所有的国家或地区都有中央银行或类似中央银行的金融机构。中央银行是各国金融机构体系的中心和主导环节，对内，它代表国家对整个金融体系实行领导和管理，维护金融体系的安全运行，实施宏观金融调控，是统制全国货币金融的最高机构；对外，它是一国货币主权的象征。

二、中央银行的职能

（一）中央银行是"发行的银行"

中央银行作为"发行的银行"，是指中央银行垄断货币的发行权，是国家唯一的货币发行机构。由于中央银行独占货币发行权，它才具有了和其他银行的根本区别，并且为稳定一国货币币值提供了保证。早期的中央银行获得货币发行权，主要是为了统一银行券的发行，便于货币作为商品交易媒介的流通。现在的中央银行，通过货币发行权可以调节货币供应量、稳定币值、促进经济发展。

（二）中央银行是"银行的银行"

中央银行只与商业银行和其他金融机构发生业务往来，为金融机构提供支持、服务，并对金融业的健康发展具有一定的监管责任，具体体现在中央银行的特殊金融机构性质，办理"存""放""汇"仍是中央银行的主要业务内容，但业务对象不是一般企业和个人，而是商业银行与其他金融机构。中央银行作为金融管理的机构，"银行的银行"职能具体表现在集中管理商业银行的存款准备金、充当商业银行的最终贷款人、作为全国票据的清算中心、监督和管理相关金融机构四个方面。

（三）中央银行是"国家的银行"

中央银行作为政府宏观经济管理部门之一，在实施监控和制定政策时具有一定的相对独立性，其"国家的银行"职能主要表现在以下几个方面：经理国库；代理国家债券的发行；向国家给予信贷支持；保管外汇和黄金准备；制定和执行货币政策；制定并监督执行有关金融管理法规。

（四）参与世界经济金融活动

中央银行为政府提供各种金融服务的同时，还要代表国家处理对外金融关系，代表政府参加国际金融组织，出席各种国际会议，从事国际金融活动以及代表政府签订国际金融协定。在国内外经济金融活动中，中央银行充当政府的顾问，提供经济、金融情报和决策建议。

三、中央银行在中国的发展

中央银行在中国出现较晚，最先具有中央银行形态的是 1904 年清政府成立的户部银行，而中华人民共和国的中央银行则是 1948 年 12 月 1 日成立于河北省石家庄市的中国人民银行，它是在合并原解放区的华北银行、北海银行和西北农民银行的基础上成立的。成立初期的主要任务是运用经济、行政、法律手段稳定金融物价。1983 年以前，中国人民银行身兼中央银行和专业银行两项职能，附属于财政部门，充当财政出纳的角色，其职能没有得到充分发挥。1983 年，国家设立中国工商银行接管中国人民银行的专业银行业务。从此，中国人民银行专门行使中央银行职能，有了明确的货币政策目标及宏观金融调节手段，宏观调控方式逐渐由直接控制向间接控制转换。1995 年《中华人民共和国中国人民银行法》的颁布，标志着我国中央银行制度的发展进入了一个新的阶段。至此，中国人民银行作为中央银行以法律形式被确定下来。

随着社会主义市场经济体制的不断完善，中国人民银行作为中央银行在宏观调控体系中的作用更加突出。根据 2003 年 12 月 27 日第十届全国人民代表大会常务委员会第六次会议修正后的《中华人民共和国中国人民银行法》规定，中国人民银行的主要职责包括以下内容。

（1）发布与履行其职责有关的命令和规章；

（2）依法制定和执行货币政策；

（3）发行人民币，管理人民币流通；

（4）监督管理银行间同业拆借市场和银行间债券市场；

（5）实施外汇管理，监督管理银行间外汇市场；

（6）监督管理黄金市场；

（7）持有、管理、经营国家外汇储备、黄金储备；

（8）经理国库；

（9）维护支付、清算系统的正常运行；

（10）指导、部署金融业反洗钱工作，负责反洗钱的资金监测；

（11）负责金融业的统计、调查、分析和预测；

（12）作为国家的中央银行，从事有关的国际金融活动；

（13）国务院规定的其他职责。

四、中央银行的金融监管

金融监管体制是指金融监管的职责和权利分开的方式以及与之相配的组织制度。由于各国的发展历史、经济、政治状况、法律法规不同等原因，各国的金融监管体制也不尽相同。大体上，可以将世界各国金融监管体制划分为集中监管体制和分业监管体制。

集中监管体制是指金融机构的监管职责由一个机构来承担，一般这个机构是中央银行。目前实行集中监管体制的国家有澳大利亚、瑞典、瑞士等。20 世纪 90 年代末，英国、日本等国的金融监管体制逐步转变为集中监管模式。

分业监管体制是指根据金融业务范围不同，由不同的机构分别实施对应监管的体制，一般由多个金融监管机构共同承担监管责任。分业监管体制具有分工明确、不同监管机构之间存在竞争性、监管效率高等优点。同时由于监管机构多，也存在监管成本较高、机构协调困难、容易出现重复交叉监管或监管真空问题等缺陷。目前实行分业监管体制的国家包括美国和中国。

中国的金融监管机构包括中国证券监督管理委员会（简称"证监会"）、中国银行保险监督管理委员会（简称"银保监会"），它们分别对不同金融机构进行监管。

1992 年 10 月，国务院证券委员会（简称"国务院证券委"）和"证监会"宣告成立，这标志着中国证券市场统一监管体制开始形成。"国务院证券委"是国家对证券市场进行统一宏观管理的主管机构。中国"证监会"是"国务院证券委"的监管执行机构，依照法律法规对证券市场进行监管。1998 年 4 月，根据国务院机构改革方案，决定将"国务院证券委"与中国"证监会"合并组成国务院直属正部级事业单位。经过这些改革，中国"证监会"的职能明显加强，集中统一的全国证券监管体制基本形成。

中国"保监会"成立于 1998 年 11 月 18 日，是国务院直属正部级事业单位，根据国务院授权履行行政管理职能，依照法律、法规统一监督管理全国保险市场，维护保险业的合法、稳健运行。"保监会"的成立标志着中国金融分业监管体制的形成，自此，中国人民银行、中国"证监会"、中国"保监会"三大机构共同实施金融监管，借鉴了国外的金融监管体系，顺应了中国金融市场的发展趋势。"保监会"的设立从根本上是为了实现金融宏观调控与金融微观监管的分离，是金融监管与调控的对象——金融业、金融市场日益复杂化、专业化、技术化的必然要求，确立了中国人民银行宏观监管和"保监会"微观监管的新型保险业监管体系。

2003 年，"银监会"的成立标志着我国"一行四会"（中国人民银行、证监会、保监会、银监会、国家电力监管委员会）分业监管的金融格局的正式确立，对于增强银行、证券、保险三大市场的竞争能力，更大范围地防范金融风险起到非常重要的作用。中国"银监会"成立以来确立的新的监管理念是管法人、管风险、管内控、提高透明度。

2018 年 4 月 8 日，"银监会"与"保监会"进行了整合，中国银行保险监督管理委员会正式挂牌，其主要职责是依照法律法规统一监督管理银行业和保险业，保障银行业和保险业合法、稳健运行，防范和化解金融风险，保护金融消费者的合法权益，维护金融稳定。

第三节　政策性银行

政策性银行是指由政府创立，以贯彻政府的经济政策为目标，在特定领域开展金融业务的，不以营利为目的的专业性金融机构。实行政策性金融与商业性金融相分离政策，组建政策性银行，承担严格界定的政策性业务，同时实现专业银行商业化，发展商业银行，大力发展商业金融服务以适应市场经济的需要，是我国金融体制改革的重要内容。

政策性银行不以营利为目的，专门贯彻、配合政府社会经济政策或意图，在特定的业务领域内，直接或间接地从事政策性融资活动，充当政府发展经济、促进社会进步、进行宏观经济管理的工具。

根据党的十四届三中全会精神和《国务院关于金融体制改革的决定》及其相关文件，我国于 1994 年相继建立了国家开发银行、中国农业发展银行、中国进出口银行三家政策性银行，均直属国务院领导。

国家开发银行（以下简称为国开行）成立于 1994 年 3 月 17 日，是直属国务院领导的政策性银行，2008 年 12 月改制为国家开发银行股份有限公司。2015 年 3 月，国务院明确国开行定位为开发性金融机构。国家开发银行的主要任务是为国家基础设施、基础产业和支柱产业提供长期资金支持，引导社会资金投向，缓解经济发展瓶颈制约。电力、公路、铁路、石油石化、煤炭、邮电通信、农林水利、公共基础设施等是国家开发银行的主要业务领域和贷款支持重点。国开行是全球最大的开发性金融机构，中国最大的对外投融资合作银行、中长期信贷银行和债券银行，2019 年，在美国《财富》杂志世界企业 500 强中排名第 67 位。国开行在中国内地设有 37 家一级分行和 3 家二级分行，此外还设有中国香港分行和开罗、莫斯科、里约热内卢、加拉加斯、伦敦、万象 6 家代表处，全行员工近 9 000 人，旗下拥有国开金融、国开证券、国银租赁和中非基金等子公司。

中国农业发展银行是于 1994 年 11 月 8 日成立的国有农业政策性银行，直属国务院领导。中国农业发展银行的主要任务是：按照国家的法律法规和方针政策，以国家信用为基础，筹集农业政策性信贷资金，承担国家规定的农业政策性金融业务和经批准开办的涉农商业性金融业务，代理财政性支农资金的拨付，为农业和农村经济发展服务。中国农业发展银行在业务上接受中国人民银行和中国银行保险监督管理委员会的指导和监督。

中国进出口银行成立于 1994 年 7 月 1 日，是直属国务院领导的、政府全资拥有的国家政策性银行。中国进出口银行是我国外经贸支持体系的重要力量和金融体系的重要组成部分，是我国机电产品、成套设备和高新技术产品出口和对外承包工程及各类境外投资的政策性融资主渠道、外国政府贷款的主要转贷行和中国政府援外优惠贷款的承贷行，为促进我国开放型经济的发展发挥着重要的作用。中国进出口银行的主要职责是贯彻执行国家产业政策、外经贸政策、金融政策和外交政策，为扩大我国机电产品、成套设备和高新技术产品出口，推动比较有优势的企业开展对外承包工程和境外投资，促进对外关系发展和国际经贸合作，提供政策性金融支持。截至 2018 年年末，中国进出口银行在国内设有 33 家营业性分支机构和代表处；在海外设有巴黎分行、东南非代表处、圣彼得堡代表处和西北非代表处。

第四节 商业银行

一、商业银行的概念和特征

（一）商业银行的概念

商业银行是一个以营利为目的，以多种金融负债方式筹集资金，以金融资产为经营对象，具有信用创造功能的金融机构。《中华人民共和国商业银行法》（以下简称商业银行法）第二条规定，商业银行是指依照商业银行法和《中华人民共和国公司法》设立的吸收公众存款、发放贷款、办理结算等业务的企业法人。商业银行依照其章程规定的业务范围自主经营、自负盈亏，以银行的全部财产独立承担民事责任。

商业银行是市场经济的产物，它是为适应市场经济发展和社会化大生产需要而形成的一种金融组织。商业银行经过几百年的发展演变，现在已经成为世界各国经济活动中最主要的资金集散机构，其对经济活动的影响力居于各国各类银行性与非银行性金融机构之首。

（二）商业银行的特征

1. 商业银行是以营利为目的的企业

商业银行具有企业的一般特征，即必须具备业务经营所需的自有资本，并达到管理部门所规定的最低资本要求，必须照章纳税，实行自主经营，自担风险，自负盈亏，自我约束，以获取利润为经营目的和发展动力。

2. 商业银行是一种特殊的企业

商业银行是特殊的企业——金融企业。商业银行的经营对象不是普通商品,而是货币资金。商业银行业务活动的范围不是生产流通领域,而是货币信用领域。商业银行不是直接从事商品生产和流通的企业,而是为从事商品生产和流通的企业提供金融服务的企业。

3. 商业银行是一种特殊的金融企业

商业银行是一种特殊的金融企业,它既有别于国家的中央银行,又有别于政策性银行和其他非银行性金融机构。首先在经营性质和经营目标上,商业银行与中央银行和政策性银行不同。商业银行以营利为目的,在经营过程中讲究营利性、安全性和流动性原则,不受政府行政干预。商业银行的业务范围广泛,功能齐全,综合性强,尤其是商业银行能够经营活期存款业务,它可以借助于支票及转账结算制度创造存款货币,使其具有信用创造的功能。

二、商业银行的职能

商业银行在现代经济活动中有信用中介、支付中介、信用创造、金融服务和调节经济的职能,并通过这些职能在国民经济活动中发挥着重要作用。商业银行的业务活动对全社会的货币供给有重要影响,是国家实施宏观经济政策的重要基础。

(一) 信用中介职能

信用中介职能是商业银行最基本、最能反映其经营活动特征的职能。这一职能的实质是通过银行的负债业务,把社会上的各种闲散货币集中到银行里来,再通过资产业务把它投向各经济部门。商业银行是作为货币资本的贷出者与借入者的中介人或代表来实现资本的融通的,并从吸收资金的成本与发放贷款利息收入、投资收益的差额中获取利益收入,形成银行利润。

(二) 支付中介职能

支付中介职能是指商业银行借助支票这种信用流通工具,通过客户活期存款账户的资金转移为客户办理货币结算、货币收付、货币兑换和存款转移等业务活动。商业银行发挥支付中介职能主要有两个作用:一是节约流通费用;二是降低银行的筹资成本,扩大银行的资金来源。支付中介职能是商业银行的传统职能,借助于这一职能,商业银行成了工商企业、政府、家庭的货币保管人、出纳人和支付代理人,这使商业银行成为社会经济活动的出纳中心和支付中心,并成为整个社会信用链的枢纽。

(三) 信用创造职能

商业银行是能够吸收各种存款的银行,并用其所吸收的各种存款发放贷款,在支票流通和转账结算的基础上,贷款又转化为存款,在这种存款不提取现金或不完全提现的基础上,就增加了商业银行的资金来源,最后在整个银行体系中形成数倍于原始存款的派生存款,形成了信用创造功能。商业银行发挥信用创造职能的作用主要在于通过创造存款货币等流通工具和支付手段,节省现金使用,减少社会流通费用,满足社会经济发展对流通手段和支付手段的需要。

(四) 金融服务职能

金融服务职能是指商业银行凭借其在国民经济中联系面广、消息灵通等优势,利用其在发挥信用中介职能和支付中介职能的过程中所获得的大量信息,借助电子计算机等先进手段和工具，为客户提供财务咨询、融资代理、信托租赁、代收代付等各种金融服务。通过金融服务职能，商业银行既提高了信息与信息技术的利用价值，又加强了银行与社会的联系，扩大了银行的市场份额，同时也获得了不少费用收入，提高了银行的盈利水平。

（五）调节经济职能

商业银行的调节经济职能表现为：在国家宏观经济政策的影响下，商业银行通过信贷政策的实施，利率、信贷规模及资金投向的调节，实现了调节经济结构、投资消费比、产业结构等目的，为国家经济稳定发挥重要作用。

商业银行因其广泛的职能，使其对整个社会经济活动的影响十分显著。在整个金融体系乃至国民经济中，商业银行位居特殊而重要的地位，随着市场经济的发展和全球经济的一体化发展，现在的商业银行已经凸显出了职能多元化的发展趋势。

三、商业银行的业务

商业银行的经营范围非常广泛，其主要业务可以分为负债业务、资产业务和中间业务三大类。负债业务和资产业务是商业银行的信用业务，中间业务是资产业务和负债业务的派生业务，是银行经营活动的重要内容，也是极具发展潜力的业务。

（一）负债业务

负债业务是商业银行筹集资金借以形成资金来源的业务，是商业银行资产业务和其他业务的基础。

1. 银行资本

银行的总资产减去总负债之后的余额，就是银行资本。它代表了商业银行股东的所有者权益，当它等于零或者为负值时，银行便资不抵债，只能宣告破产。因此，银行资本代表着商业银行所能承担的最大资产损失。

银行资本有以下 3 项功能。

（1）营业功能。商业银行设立之初，首先必须拥有一定数量的资本金，资本金是商业银行开展业务、生存和发展的基本前提。

（2）保护功能。保护功能是指商业银行资本金在一定程度上可以使客户资金免受损失，从而在一定程度上保证银行的安全。

（3）管理功能。管理功能是指商业银行外部监管机构通过系列资本指标加强对商业银行的监督管理，以及商业银行自身加强资本金管理以满足银行管理当局规定的最低资本金要求。

《巴塞尔协议》把银行资本分为两级，即核心资本和附属资本。

（1）核心资本。核心资本是由银行的自有资金构成的可由银行永久性占有的资本，主要包括以下两项。

① 股本。股本有普通股和永久非累积优先股之分。股本实际上是银行的创办资金，即实收资本。

② 公开储备。公开储备是指银行提取的或以其他盈余方式在资产负债表上明确反映的储备。如资本盈余、留存盈余和营业盈余等项目。

（2）附属资本。附属资本是由银行可长期占用的资金形成的资本，主要有以下几项。

① 未公开储备，又称为隐蔽储备，是指虽未公开但已反映在利润表上并为银行监管机构所接受的储备。

② 重估储备，是对银行自身资产的重估，以使其更接近市值。

③ 普通准备金，是为防备未来可能出现的一切亏损面设立的。

④ 混合资本工具，是指带有一定股本性质又有一定债务性质的一些资本工具，如可转换债券。

⑤ 长期附属债务，是指期限较长的资本债券和信用债券。

2. 吸收存款

吸收存款是商业银行最重要的负债业务。银行的自有资本总是有限的，如果没有存款，银行的经营将受到极大限制，也不可能获得较高的收益。传统分类将存款概括为活期存款、定期存款和储蓄存款三大类。

（1）活期存款。活期存款是一种不需要事先通知，凭支票便可以随时提取或支付的存款，因而也称为支票存款。活期存款主要是为满足客户支取方便、灵活运用的需要，同时也是客户取得银行贷款和服务的重要条件。活期存款的特点是存户可以随时存取，流动性强。由于活期存款存取频繁，银行提供服务所费成本较高，因而，目前世界上多数国家的商业银行对活期存款一般不支付利息或以较低的利率支付利息。

（2）定期存款。定期存款是存户预先约定期限，到期前一般不能提取的存款，是商业银行获得稳定资金来源的重要手段。定期存款的特点是稳定性强、流动性弱。定期存款的利率与存款期限的长短有密切的关系，一般存款期限越长，利率越高。定期存款多采用定期存款单的形式，也有采用存折形式的。传统的定期存款单是不能转让的，20世纪60年代以后，由于金融业的激烈竞争，商业银行为了更广泛地吸收存款，推出了可转让的定期存单——可转让大额定期存单，这种存单是由商业银行或其他储蓄存款机构发行的、面额较大的具有固定期限的可转让定期存款凭证。可转让大额定期存单最早产生于美国，其期限通常为1年或者更短。由于金额较大，可转让大额定期存单主要为机构投资者所购买。

（3）储蓄存款。储蓄存款是城乡居民个人将其货币收入的结余存入银行而形成的存款。储蓄存款分为活期储蓄存款和定期储蓄存款两种。

近年来，随着西方国家银行业务的不断创新，存款形式越来越多，出现了模糊上述三个类别之间界线的新型存款账户，如可转让支付命令账户、自动转账服务账户、货币市场存款账户等。

可转让支付命令账户（Negotiable Order of Witharawal Account，简称为NOW）最早于1972年由美国马萨诸塞州互助储蓄银行发行。美国不准储蓄账户使用支票，而活期存款又不能付利息。NOW账户是储蓄账户，可以付息，但又与一般储蓄账户不同，该账户持有者可开出有支票作用的可转让支付命令，这就使储蓄账户的所有者也能享受到支票结算的便利。

自动转账服务账户（Automatic Transfer Service Account，简称为ATS）于1978年出现，该账户允许银行在客户需要支付时将资金从其储蓄账户转入支票账户。支票账户无须保留余额，直到存款人需要资金、签发支票时，资金才会从储蓄账户转入支票账户，这样，存款人一方面获得了储蓄账户的利息，另一方面又获得了活期存款账户才有的支票转账的便利。

货币市场存款账户（Money Market Deposit Accounts，简称为MMDAs）是产生于1982年的一种创新金融工具。和前述两种支票存款不同，商业银行不必为货币市场存款账户保留法定准备金。开立这种账户，可以获取较高利息，还可以使用支票。这一账户的存款者可以定期收到一份结算单，记载有所有利息、存款余额、提款和转账支付的数额等信息。

3. 银行借款

各类非存款性借入款也是商业银行负债业务的重要构成部分。银行用借款的方式筹集资金，主要有以下几种途径。

（1）中央银行借款。中央银行是"银行的银行"，是银行的"最后贷款人"。当商业银行资金不足时，可以向中央银行借款。中央银行对商业银行提供贷款时多采用两种形式，即再贴现和抵押贷款。再贴现是把本行办理贴现业务所买进的未到期票据再转卖给中央银行，抵押贷款是用本行持有的有价证券作为抵押品向中央银行取得借款。

（2）银行同业拆借。银行同业拆借是指商业银行之间以及商业银行与其他金融机构之间相互提供的短期资金融通。在这种拆借业务中，借入资金的银行主要是用以解决本身临时资金周转的需要，期限较短，多为1～7个营业日。同业拆借一般通过各商业银行在中央银行的存款准备金账户完成，拆入银行与拆出银行之间用电话或电传方式，通过专门的短期资金公司或经纪人来安排进行操作。

（3）国际货币市场借款。近年来，各国商业银行在国际货币市场，尤其是欧洲货币市场上广泛地通过发行大额定期存单、出售商业票据、银行承兑票据及发行债券等方式筹集资金，以此扩大国内的贷款和投资规模。欧洲货币市场自形成之日起，就对世界各国商业银行产生了很大的吸引力。主要原因在于，欧洲货币市场是一个完全自由、开放、富有竞争力的市场，该市场资金调度灵活、手续简便、管制宽松，同时该市场不受存款准备金和存款利率最高额的限制，因而其存款利率相对较高，贷款利率相对较低，所以具有交易量大、成本低、利润高等特点。

（4）结算过程中的临时资金占用。结算过程中的临时资金占用是指商业银行在办理中间业务及同业往来过程中临时占用的他人资金。以汇兑业务为例，从客户把一笔款项交给汇出银行起，到汇入银行把该款项付给指定的收款人止，中间总会有一定的间隔时间，在这段时间内，该款项汇款人和收款人均不能支配此笔款项，而为银行所占用。尽管随着银行管理水平和服务效率的提高，特别是计算机运用于资金清算调拨，使银行占用客户或同业资金的周期不断缩短，占用机会也相对减少，但由于商业银行业务种类不断增加，银行同业往来更加密切，因而占用资金仍然是商业银行可供运用的资金来源。

（5）回购协议。回购协议是指商业银行在出售证券等金融资产时签订协议，约定在一定期限后按约定价格购回所卖证券，以获得即时可用资金的交易方式。回购协议大多以政府债券做担保，在相互高度信任的机构间进行，并且期限一般很短。利用回购协议进行资金融通，不需要提缴存款储备金，从而不仅提高了实际资金利用率，而且将这些低成本资金用于收益较高的投资，会给银行带来更高的收益。目前回购协议不仅成为商业银行负债管理的得力工具之一，而且也成为中央银行公开市场操作的重要工具。

（二）资产业务

商业银行的资产业务是指商业银行对通过负债业务所集聚起来的资金加以运用的业务，是其取得收益的主要途径。商业银行的资产业务主要有现金资产、贷款、贴现和证券投资。

1. 现金资产

现金资产也称第一准备，是满足银行流动性需要的第一道防线。现金资产是银行资产中最具流动性的部分，是银行的非营利性资产。现金资产包括库存现金、在中央银行的存款、存放同业资金和托收未达款。

（1）库存现金。库存现金是银行金库中的现钞和硬币，主要用于应付日常业务支付的需要（如客户以现金形式提取存款等）。因为库存现金属于不生利的资产，所以银行一般只保持必需的数额。库存现金太多，影响银行收益，增加银行费用；库存现金太少，则不能应付客户提取现金的需求，甚至造成挤提存款，增加银行风险。

（2）在中央银行的存款。在中央银行的存款是指商业银行的法定存款准备金和超额准备金。法定存款准备金是商业银行按法定存款准备金比率，把吸收的存款缴存中央银行的部分。规定缴存存款准备金的目的主要有两个：一是保证商业银行有足够的资金应付客户的存款提现，保证存款人的利益和维护银行业的稳定；二是作为中央银行进行宏观金融调控的一种重要政策工具。超额准备金是商业银行的总准备金减去法定存款准备金的差额。由于法定存款准备金一般不能动用，商业银行能动用的只有超额准备金部分。通常超额准备金的多少决定了商业银行能够再度进行贷款和投资规模的大小。商业银行保留超额准备金的目的，主要是用于银行之间票据交换差额的清算，应付不可预料的现金提存和等待有利的贷款与投资机会。

（3）存放同业资金。存放同业资金是指银行为了自身清算业务的便利，在其他银行经常保持部分存款余额。

（4）托收未达款。托收未达款是指银行应收的清算款项，具体来讲，是商业银行收到以其他商业银行为付款人的票据，已向票据交换所提出清算或已向其他商业银行提出收账，但尚未正式计入存放同业或计入在中央银行存款账户中的款项。这部分款项在收妥前不能抵用，但收妥后，或增加存放同业的存款余额，或增加该银行在中央银行准备金账户上的存款余额，成为可以动用的款项，因此与现金的作用差不多。

2. 贷款

一方面，贷款的规模大小和运用情况如何直接决定着银行利润的大小；另一方面，贷款的规模和结构对银行的安全性、流动性具有关键性的意义。商业银行贷款业务种类很多，可按不同的标准进行划分。

（1）按贷款期限划分，商业银行贷款可分为短期贷款和中长期贷款。短期贷款是指各种固定资金贷款期限在 1 年以内的贷款，如季节性贷款、临时性贷款。中长期贷款主要是指各种固定资金贷款、开发性贷款。

（2）按贷款的保障程度划分，商业银行贷款可分为抵押贷款、担保贷款和信用贷款。

① 抵押贷款。抵押贷款是指借款人以一定的有价值的商品物质和有价证券作为抵押保证的贷款。抵押品包括商品或商品凭证，如提单、仓单、不动产和动产以及各种有价证券等。如果借款人不按期偿还贷款，银行可以出售抵押品。

② 担保贷款。担保贷款是指由借贷双方以外的有相应经济实力的第三方为担保人发放的贷款。这种贷款无须提供抵押品，银行凭借客户与担保人的双重信誉发放贷款。如果借款人不能按期偿还贷款，由担保人承担偿还责任。

③ 信用贷款。信用贷款是指银行完全凭借客户的信誉，无须提供抵押品而发放的贷款，这种贷款通常是向大企业和与银行关系密切的客户提供的。由于这些客户往往资信良好、资本实力雄厚、获利能力强，商业银行对其发放信用贷款时，往往提供优惠利率。

（3）按贷款对象划分，商业银行贷款可分为工商企业贷款、农业贷款、不动产贷款和消费者贷款。

① 工商企业贷款。工商企业贷款是指商业银行对工商企业发放的贷款。这种贷款一般在商业银行贷款总额中所占比重最大，其适用范围很广泛，从工商企业生产和流通中补充流动资金需求，到机器设备等固定资产投资需求都有可能涉及。

② 农业贷款。农业贷款是指商业银行发放给农业企业、个体农户和农村个体工商户的贷款。短期农业贷款主要用于资助农民的季节性开支，如购买种子、化肥、农药、饲料等。中长期农业贷款主要用于改良土壤、修建水利设施、购置各种机器设备等。从整个商业银行体系来看，农业贷款的比重是比较小的。发放农业贷款的机构主要是专门从事农业贷款的专业银行和一些政府金融机构。

③ 不动产贷款。不动产贷款是以土地、房屋等不动产作为抵押品而发放的贷款。这类贷款主要用于土地开发、住宅公寓建设、大型设施购置等方面。不动产贷款的特点是期限长（通常为 10 年，最长可达 30 年），风险较大，但收益高。

④ 消费者贷款。消费者贷款是指商业银行向个人提供的用于购买消费品和支付其他各种费用的贷款。消费者贷款按用途可以分为住宅贷款、汽车贷款、助学贷款、度假旅游贷款等。根据偿还方式的不同，消费者贷款还可以分为一次性偿还、分期付款与循环贷款。

（4）按风险程度划分，商业银行贷款可以分为五类，即正常类贷款、关注类贷款、次级类贷款、可疑类贷款和损失类贷款，后三者称为不良贷款。这五类贷款的主要特征如表 3-1 所示。

表 3-1 商业银行贷款五级分类及其主要特征

类　别	主　要　特　征
正常类贷款	贷款能够还本付息，银行对借款人最终偿还贷款有充分的把握，企业各方面正常，不存在任何影响贷款还本付息及时、全额偿还的消极因素，没有任何理由怀疑贷款会遭受损失，贷款的损失概率为零
关注类贷款	借款人偿还贷款本息仍属正常，但是发生了一些可能影响贷款本息偿还的不利因素，如果这些因素继续存在下去，则有可能影响到贷款本息的偿还，贷款损失概率不会超过 5%
次级类贷款	贷款的缺陷已经十分明显，借款人依靠其正常经营收入已经无法偿还贷款本息，而不得不通过重新融资或以拆东墙、补西墙的办法来偿还贷款。例如，通过出售、变卖资产或对外融资乃至执行担保、抵押等办法来偿还贷款，贷款损失概率为 30%～50%
可疑类贷款	可疑类贷款具有次级类贷款的所有特征，只是程度更加严重，即贷款肯定要发生损失了。如果是有担保、抵押的贷款，即使执行担保、抵押，贷款本息也注定要发生损失，只是因为存在借款人重组、兼并、合并、抵押物处理和未决诉讼等待定原因，损失金额还不能确定，贷款损失概率为 50%～70%
损失类贷款	损失类贷款是指无论采取什么措施、履行什么程序，贷款都注定要发生损失，或者虽然能够收回极少部分，但其价值已经没有意义和必要在账面上保留下去了，对于该类贷款，在执行必要的程序后，应立即予以冲销，即贷款损失概率在 95%～100%

贷款风险的五级分类法将贷款的质量、风险，借款人的生产经营及财务状况、经营环境、抵押品、信用记录等多种因素紧密联系起来，能客观地评价借款人清偿能力的高低和贷款的风

险程度，并据以评定贷款等级，具有较强的综合性、技术性和专业性。其最大的特点在于，能使商业银行通过贷款的风险分类，及时发现借款人存在的问题，并在贷款风险出现之前就进行监测与控制，而不仅仅是在事后对贷款风险和质量进行统计。贷款风险五级分类法是一种非常有利于商业银行进行信贷管理、自我防范、化解风险的办法。

3. 贴现

贴现是银行买进未到期票据的业务。贴现业务的做法是：银行应客户的要求，买进未到期的票据，银行从买进日起至到期日止，计算票据的贴现利息，从票面金额中扣除贴现利息以后，将票面余额付给持票人，银行在票据到期时，持票向票据载明的付款人索取票面金额的款项。

4. 证券投资

证券投资是指商业银行以其资金在金融市场上进行证券买卖。证券投资是商业银行重要的资产业务，也是其利润的主要来源之一。商业银行进行证券投资的目的主要有两个：一是增加资产的流动性，即充当第二准备。第二准备是满足商业银行流动性需要的第二道防线，当商业银行的资产不能满足流动性需要时，可抛售短期证券。二是增加银行收益。目前，商业银行投资的证券主要有国库券、中长期国债、地方政府债券、政府机构债券和公司债券等。

（三）中间业务

中间业务是指银行无须动用自己的资金，依托业务、技术、机构、信誉和人才等优势，以中间人的身份代理客户承办收付和其他委托事项，提供各种金融服务并据以收取手续费的业务。银行经营中间业务无须占用自己的资金，它是在银行的资产负债信用业务的基础上产生的，并可以促使银行信用业务的发展和扩大。中间业务包括结算业务、代理业务、信托业务、租赁业务、银行卡业务和信息咨询服务。

（1）结算业务。结算业务是银行接受客户的委托，根据各种收付凭证，为客户办理各种货币收付。它是在商业银行的存款负债业务基础上产生的一种业务。客户到银行存款（尤其是活期存款）除了安全保值的目的外，很大程度上是为了利用银行在转账结算方面的便利。结算业务主要有以下几种。

① 汇兑业务。汇兑业务是银行接受客户委托把款项支付给异地收款人的业务。凡是企业、单位和个人的各种款项结算，均可采用汇兑结算方式。根据承汇行通知承兑行付款的方式不同，汇兑业务分为票汇、信汇和电汇三种。承汇行开出汇票，由客户寄给异地收款人，再由持票人向承兑行取款，称为票汇。承汇行以邮信方式寄送支付委托书通知承兑行付款，称为信汇。承汇行以电报或电传方式通知承兑行付款，称为电汇。

② 信用证业务。信用证是银行应客户的要求和指示，向受益人开立的具有一定金额、在一定期限内凭规定的单据在指定地点付款的书面保证文件。信用证结算方式就是付款人根据贸易合同，请求当地银行开立以收款人为受益人的信用证，银行经审核同意并收取一定保证金后即开具信用证，收款人收到信用证后履行合同，开证银行收到有关单据后向收款人付款，付款人再向开证银行付款的结算方式。银行经办信用证业务除了可以从中收取手续费外，还可以占用一部分客户资金。

③ 托收结算。托收结算是由债权人或销货人向银行提出委托收款申请，由银行通知债务人或购货人所在地的本行分支机构或有代理行关系的他行代收款项，当委托银行收到被委托行托收款项的通知后，即将托收款项付给委托人。根据委托人是否提交委托收款的依据，托收业

务有跟单托收和光票托收之分。光票托收是指委托人开立的汇票不附带货运单据，跟单托收是指委托人将附有货运单据的汇票送交托收银行代收款项的托收方式。

④ 支票结算。支票结算是由付款人根据其在银行的存款和透支限额开出支票，交给收款人，再由收款人持票向银行提取现金或办理转账的结算方式，属同城结算方式之一。支票可以分为现金支票和转账支票两种。现金支票可以提取现金，也可以办理转账；转账支票只能通过银行办理款项划拨，不能提取现金。

（2）代理业务。代理业务是商业银行接受客户委托，以代理人的身份代理委托人指定的经济事务的业务。代理业务主要有代理收付款业务、代保管业务、代客买卖业务等。

① 代理收付款业务。代理收付款是商业银行利用自身的结算便利，以委托人的名义代办各种指定款项的收付业务。

② 代保管业务。代保管业务又分为保管箱业务和代客保管业务。前者是银行利用自身安全可靠的信誉和条件，设置各种规格的保险专柜供客户租用以保管贵重物品的业务。后者是指委托人将贵重物品、证券文件等交给商业银行代为保管，并不自租保管箱。

③ 代客买卖业务。代客买卖业务是商业银行接受客户委托，代替客户买卖有价证券、贵金属和外汇的业务。在银行的代客买卖业务中，最重要的是代理发行有价证券的业务。银行在开办这项业务时，可按一定比例从发行总额中得到一笔相当可观的收益。

（3）信托业务。信托是商业银行受委托人的委托，为指定的受益人转移利益，并依照契约的规定，代为管理、经营或处理财产和事务的一种业务。信托业务一般涉及三方面当事人，即委托人、受托人和受益人，他们之间在法律上的关系称为信托关系。信托关系是一种包括委托人、受托人和受益人在内的多边关系。在这个关系中，委托人提出委托行为，请求受托人代为管理或处理其财产，并将由此得到的利益转移给受益人。受益人是享受财产利益的人，如果没有受益人，信托行为就无效。委托人可以同时是受益人，但在任何情况下，受托人本人均不得同时是受益人。在信托关系中，受托人为受益人管理和处理信托财产，受托人不能占有信托财产所产生的收益和本金，也不承担管理和处理信托财产所发生的亏损。为了保证受益人的利益，各国法律对信托财产运用都有限制范围，不负责任地运用信托财产而发生亏损时，受托人要负赔偿责任。当然，受托人在管理和处理信托财产业务时，应依法取得劳务报酬，即信托报酬。商业银行的信托业务一般由银行的信托部办理，因为受托资产并非是银行资产，银行在该业务中只是收取手续费，所以信托部与银行在营业场所、人事配置以及会计账务等方面是完全分开的。

（4）租赁业务。租赁是指由所有权和使用权的分离而形成的一种借贷关系，即由财产所有者（出租人）按契约规定，将财产的使用权暂时转让给承租人，承租人按期交纳一定的租金给出租人的经济行为。现代租赁于20世纪50年代形成于美国，并在欧洲、日本等国家和地区得到了迅速发展。除了传统的经营性租赁外，又产生了融资性租赁（金融租赁）。目前，世界上许多公司已将利用租赁来筹资视为一种重要的融资手段。商业银行租赁业务是资金形态与商品形态相结合的信用形式，它把"融资"和"融物"结合为一体，在向企业出租设备的同时，也解决了企业的资金需求。银行租赁业务与银行借贷业务不同的是，借贷借出的是货币资金的使用权，租赁借出的是有形资产的使用权，二者的实质是一样的，但具体形态不同。

（5）银行卡业务。银行卡是由银行发行供客户办理存取款业务的新型金融服务工具的总称。它包括信用卡、支票卡、记账卡和智能卡等。目前使用最多的是信用卡。信用卡是由银行签发的，证明持有人信誉良好，可以在约定的商店或场所进行记账消费的信用凭证。目前国际上最大的两个信用卡集团，一个是以美洲银行为主，有 200 多个国家和地区参加的维萨集团发行的维萨卡，另一个是由美国联合银行信用卡协会组成的万事达集团发行的万事达卡。

（6）信息咨询服务。商业银行自身机构多，在信息获取方面具有得天独厚的条件。银行通过对资金流量的记录和分析，对市场商情变化有着灵活的反映，再加上商业银行先进的计算机设备和齐备的人才，使得银行成为一个名副其实的信息库。现代市场经济是信息经济，任何一个企业要想在激烈的竞争中取得主动权，必须借助灵敏的信息网络。西方各大商业银行都设立了专门的机构，为企业提供必要的市场信息、投资决策、财务分析、技术培训等咨询服务业务，以满足企业需求，同时，银行在大力发展信息咨询服务业务中，也给自身带来了丰厚的利润。

四、商业银行的分类

目前我国的商业银行分为国有商业银行、股份制商业银行和其他商业银行。

（一）国有商业银行

国有商业银行是指由国家（财政部、中央汇金公司）直接管控的大型商业银行，在我国商业银行中占有主导地位。具体包括中国工商银行、中国农业银行、中国银行、中国建设银行、交通银行、中国邮政储蓄银行。

中国工商银行（Industrial and Commercial Bank of China，简称 ICBC、工行）成立于 1984 年 1 月 1 日，总行位于北京复兴门内大街 55 号，是中央管理的大型国有银行，也是中国四大银行之一。中国工商银行拥有中国最大的客户群，是中国最大的商业银行之一，也是世界五百强企业之一。

中国农业银行（Agricultural Bank of China，简称 ABC、农行）成立于 1951 年，总行位于北京建国门内大街 69 号，是中央管理的大型国有银行，也是中国四大银行之一。

中国银行（Bank of China，简称 BOC、中行）于 1912 年 2 月 5 日经孙中山先生批准正式成立，总行位于北京复兴门内大街 1 号，是中央管理的大型国有银行，也是中国四大银行之一。

中国建设银行（China Construction Bank，简称 CCB、建行）成立于 1954 年 10 月 1 日，总行位于北京金融大街 25 号，是中央管理的大型国有银行，也是中国四大银行之一。最初行名为中国人民建设银行，1996 年 3 月 26 日更名为中国建设银行。

交通银行（Bank of Communications，简称 BOCOM、交行）始建于 1908 年，是中国近代以来延续历史最悠久的银行之一，也是近代中国的发钞行之一。1986 年，国务院批准重新组建交通银行。1987 年 4 月 1 日，重新组建后的交通银行正式对外营业，成为中国第一家全国性的国有股份制商业银行。

中国邮政储蓄银行（Postal Savings Bank of China，简称 PSBC、邮储银行）于 2007 年 3 月 20 日正式挂牌成立，是中国第五大银行，它是在改革邮政储蓄管理体制的基础上组建的国有商业银行。中国邮政储蓄银行承继原国家邮政局、中国邮政集团公司经营的邮政金融业务及因此而形成的资产和负债，并将继续从事原经营范围和业务许可文件批准、核准的业务。

（二）股份制商业银行

股份制商业银行是指两个或两个以上的利益主体,以集股经营的方式自愿结合的一种按照市场化经营、以营利为目的的金融企业。

股份制商业银行已经成为我国商业银行体系中一支富有活力的生力军,成为银行业乃至国民经济发展不可缺少的重要组成部分。在我国,现有 12 家全国性股份制商业银行:招商银行、浦发银行、中信银行、中国光大银行、华夏银行、中国民生银行、广发银行、兴业银行、平安银行、浙商银行、恒丰银行、渤海银行。

招商银行成立于 1987 年 4 月 8 日,是中国第一家完全由企业法人持股的股份制商业银行,总部设在深圳。由香港招商局集团有限公司创办,并以 18.03% 的持股比例任最大股东。自成立以来,招商银行先后进行了四次增资扩股,并于 2002 年 3 月成功地发行了 15 亿普通股,同年 4 月 9 日在上海证券交易所挂牌上市（股票代码:600036）,是国内第一家采用国际会计标准的上市公司。

上海浦东发展银行股份有限公司（以下简称浦发银行）是 1992 年 8 月 28 日经中国人民银行批准设立、1993 年 1 月 9 日开业、1999 年在上海证券交易所挂牌上市（股票代码:600000）的股份制商业银行,总行设在上海。秉承"笃守诚信、创造卓越"的经营理念,浦发银行积极探索金融创新,资产规模持续扩大,经营实力不断增强,已成为具有核心竞争优势的现代金融服务企业。浦发银行的主要股东为上海国际集团和中国移动。

中信银行原称中信实业银行,创立于 1987 年,2005 年年底改为现名。中信银行是我国的全国性商业银行之一,总部位于北京。2007 年 4 月 27 日,中信银行在上海证券交易所上市。中信银行总资产逾 12 000 亿港元,共有 16 000 多名员工及 540 余家分支机构,为我国第七大银行,也是香港中资金融股的"六行三保"之一。中信银行的主要股东为中信集团、西班牙对外银行。

1992 年 5 月 22 日,邓小平视察首钢总公司,其后,党中央国务院批复成立华夏银行。1992 年 10 月 18 日,华夏银行正式成立。同年 12 月 22 日,华夏银行举办开业庆典,时任国务院总理李鹏亲自剪彩。1995 年经中国人民银行批准,华夏银行开始进行股份制改造,改制变更为华夏银行股份有限公司（简称华夏银行）。2003 年 9 月,华夏银行公开发行股票,并在上海证券交易所挂牌上市交易（股票代码:600015）,成为全国第五家上市银行。

中国光大银行成立于 1992 年 8 月,1997 年 1 月完成股份制改造,成为国内第一家国有控股并有国际金融组织参股的全国性股份制商业银行。中国光大银行在全国 25 个省、自治区、直辖市的 60 个经济中心城市拥有分支机构 600 多家。在英国《银行家》杂志 2017 年发布的"全球 1 000 家大银行排行榜"中,中国光大银行位居第 49 位。中国光大银行的主要股东为中央汇金、光大集团。

中国民生银行于 1996 年 1 月 12 日在北京正式成立,是我国首家主要由非公有制企业入股的全国性股份制商业银行,同时又是严格按照我国《公司法》和《商业银行法》建立的规范的股份制金融企业。多种经济成分在中国金融业的涉足和现代企业制度的规范,使中国民生银行有别于国有银行和其他商业银行,为国内外经济界、金融界所关注。中国民生银行成立以来,不断地拓展业务,扩大规模,效益逐年递增,并保持了良好的资产质量。2000 年 12 月 19 日,中国民生银行 A 股股票（代码:600016）在上海证券交易所挂牌上市。2005 年 10 月 26 日,中国民生银行成功完成股权分置改革,成为国内首家完成股权分置改革的商业银行,为中国资本市场股权分置改革提供了成功范例。

兴业银行,原名福建兴业银行,是总部位于中国福建省福州市的一家全国性股份制商业银行;是经国务院、中国人民银行批准成立的首批股份制商业银行之一,2007 年 2 月 5 日正式在上海证券交易所挂牌上市,注册资本为 190.52 亿元。

1988 年 9 月,经国务院和中国人民银行批准,广东发展银行作为中国金融体制改革的试点银行在美丽的珠江之畔成立,是国内最早组建的股份制商业银行之一。2011 年 4 月 8 日,经监管机构和相关政府部门批复同意,广东发展银行将原注册名称"广东发展银行股份有限公司"更改为"广发银行股份有限公司",简称"广发银行";英文名称变更为"China Guangfa Bank"。广发银行的主要股东是中国人寿、花旗银行。

1987 年,深圳当地 6 家信用社联合改制,成立深圳发展银行股份有限公司,同年 5 月 10 日以自由认购形式首次向社会公开发售人民币普通股,并于 1987 年 12 月 22 日正式宣告成立,是国内第一家上市的银行。2012 年 1 月 19 日,深圳发展银行发布公告称,深圳发展银行和平安银行董事会审议通过两行合并方案,深圳发展银行吸收合并平安银行,并更名为"平安银行股份有限公司"。2012 年 8 月 2 日,深圳发展银行正式更名为平安银行。平安银行的主要股东是中国平安保险集团股份有限公司。

浙商银行股份有限公司(简称浙商银行),注册资本 115.07 亿元,总部设在杭州。2004 年 8 月 18 日浙商银行正式开业。浙商银行的前身为"浙江商业银行",浙江商业银行是一家于 1993 年在宁波成立的中外合资银行,2004 年 6 月 30 日,经中国银监会批准,重组、更名、迁址,改制为浙商银行。浙商银行有股东 22 家,监管资本 270 亿元,其中 21 家是民营企业,民营资本占 85.71%。浙商银行的主要股东是浙江省财务开发公司。

渤海银行股份有限公司(简称"渤海银行")是 1996 年以来获中国政府批准设立的第一家全国性股份制商业银行,也是第一家在银行标志设立阶段就引入境外投资者战略的中资商业银行,还是第一家总行设在天津市的全国性股份制商业银行。2005 年 12 月 31 日,渤海银行股份有限公司在天津举行了隆重的成立大会暨揭牌仪式。2006 年 2 月 16 日,渤海银行正式对外营业。渤海银行的主要股东为天津泰达投资控股有限公司、渣打银行。

恒丰银行股份有限公司的前身烟台住房储蓄银行于 1987 年 10 月 29 日获批,并于同年 12 月 1 日正式营业。2003 年,烟台住房储蓄银行正式改制为恒丰银行股份有限公司,成为全国性股份制商业银行。

(三)城市商业银行

城市商业银行是中国银行业的重要组成和特殊群体,其前身是 20 世纪 80 年代设立的城市信用社,当时的业务定位是:为中小企业提供金融支持,为地方经济搭桥铺路。

从 20 世纪 80 年代初到 20 世纪 90 年代,全国各地的城市信用社发展到了 5 000 多家。然而,随着中国金融事业的发展,城市信用社在发展过程中逐渐暴露出许多风险管理方面的问题。很多城市信用社也逐步转变为城市商业银行,为地方经济及地方居民提供金融服务。

20 世纪 90 年代中期,中央以城市信用社为基础,开始组建城市商业银行。城市商业银行是在中国特殊历史条件下形成的,是中央金融主管部门整肃城市信用社、化解地方金融风险的产物。自 1995 年全国第一家城市商业银行——深圳市城市合作银行(后为平安银行)成立至今，城市商业银行经过二十几年的发展，已经逐渐成熟，尽管其发展程度良莠不齐，但有相当多的城市的商业银行已经完成了股份制改革，并通过各种途径逐步消化了历史上的不良资产，降低了不良贷款率，转变了经营模式，在当地占有了相当大的市场份额。其中，更是出现了像北京银行、上海银行和南京银行这样发展迅速，已经跻身于全球银行 500 强行列的优秀银行。

（四）外资银行

外资银行是指在本国境内由外国独资创办的银行。外资银行的经营范围根据各国银行法律和管理制度的不同而有所不同。有的国家为稳定本国货币，对外资银行的经营范围加以限制；也有些国家对外资银行的业务管理与本国银行一视同仁。外资银行主要凭借其对国际金融市场的了解和广泛的国际网点等有利条件，为在其他国家的本国企业和跨国公司提供贷款，支持其向外扩张和直接投资。外资银行有的是由一个国家的银行创办的，也有的是由几个国家的银行共同投资创办的。

2018 年 12 月，中国"银保监会"已启动《中华人民共和国外资银行管理条例实施细则》修订工作，并向社会公开征求意见。同时，银行业各项开放措施持续落地，多项市场准入申请已获受理和批准。现已在中国设立的外资银行有几十家，如汇丰银行、渣打银行、花旗银行、三菱东京日联银行、德意志银行、友利银行等。

五、商业银行的经营管理原则

商业银行业务经营的原则是银行进行经营管理时所遵循的基本原则，包括安全性原则、流动性原则和营利性原则。

（一）安全性原则

安全性原则是指银行在业务经营中应尽量减少资产风险。银行业务经营过程中的风险主要是来自于贷款的信用风险和来自于证券投资的市场风险，银行应尽量避免这两大风险或将其降到尽可能低的程度。银行抵御风险的安全保证依赖于两点，即银行资本金的充足和银行资产结构中风险资产被控制在适当的比例以下。

（二）流动性原则

流动性原则是指银行在业务经营中应能及时满足存款人随时支取的要求。银行一旦失去流动性，立刻就会遭遇来自公众的信任风险，面临挤兑和倒闭。商业银行的流动性包括资产的流动性和负债的流动性。银行保持资产的流动性主要依靠两道防线：第一道防线是银行的现金资产；第二道防线是银行所持有的短期有价证券，这些有价证券随时可以在金融市场上转换为现金，所以流动性很强。负债的流动性是指银行以适当的价格取得可用资金的能力。

（三）营利性原则

营利性原则是指银行在业务经营中，在保证安全性的前提下，以利润最大化为追求目标。商业银行的盈利主要来自于业务收入与业务支出的差额。商业银行的业务收入包括贷款利息收入、投资收入与劳务收入等，其业务支出包括吸收存款的利息支出、借入资金的利息支出、贷款与投资的损失以及工资、办公费、设备维修费、税金支出等。

在实际业务经营过程中，安全性、流动性和营利性三者之间是矛盾的。首先，安全性与流动性之间是一致的，即银行信贷资金流动性越强，借贷期限就越短，安全性就越高，风险就越小；其次，安全性、流动性与营利性之间是矛盾的，安全性高、流动性强的资产，营利性就会偏低。以短期贷款和长期贷款相比，短期贷款比长期贷款安全性高、流动性强、风险小，但营利性要低得多。追求盈利是商业银行经营的最终目的，但又必须考虑到信贷风险和资金的流动性要求，因此，商业银行的业务经营过程实质是处理协调安全性、流动性与营利性三者之间关系的过程。

第五节　非银行性金融机构

商业银行、中央银行及其他专业银行以外的金融机构统称为非银行性金融机构。非银行性金融机构筹集资金发行的金融工具并不对货币具有要求权，而是具有其他的某种权利，如保险公司发行的保险单只代表索赔的权利。从本质上来看，非银行性金融机构仍以信用方式聚集资金，并投放出去，以达到营利的目的，因而与商业银行及专业银行并无本质区别，如保险公司、投资公司、信用合作社等。但就目前而论，其他非银行性金融机构与银行相比，业务范围较小，专业性更强，规模和实力稍显逊色。非银行性金融机构就其性质而言，绝大多数是商业性的，即以营利为目标，在某一领域以特定方式筹集和运用资金，它在一国金融体系中起着重要的补充作用。

一、保险公司

（一）保险公司概述

保险是指投保人根据合同约定向保险人支付保险费，保险人对于合同约定的可能发生的事故因其发生所造成的财产损失承担赔偿保险金责任，或者当被保险人死亡、伤残、疾病或者达到合同约定的期限、年龄时承担给付保险金责任的商业保险行为。

保险公司是经营保险业务的金融机构。它的主要经营活动包括财产、人身、责任、信用等方面的保险与再保险业务及其他金融业务。保险公司的资金来源为以保险费形式聚集起来的保险基金以及投资收益。资金运用则为保险赔付、政府公债、市政债券、公司股票及债券、不动产抵押贷款、保单贷款等长期投资。所以，保险公司是当下各国金融机构体系的重要组成部分。在许多国家，它都被列为最大的非银行性金融机构。

（二）保险的主要业务种类

按照不同的分类标准，保险可分为以下种类。

（1）按保险所保障的范围划分，可将保险分为财产保险、责任保险、保证保险和人身保险四大类。财产保险是指以被保险人各种有形财产为保险标的的一种保险，它补偿的是投保人的财产因自然灾害或意外事故所造成的经济损失。责任保险是指以被保险人的民事损害赔偿责任为保险标的的保险。保证保险是指一种承保被保险人在信用借贷或销售合同关系中因一方违约而造成的经济损失的保险。人身保险是指一种以被保险人的寿命和身体作为保险标的的保险，具体又分为人寿保险、健康保险和意外伤害保险等。人寿保险是以人的生命为保险标的，以人的生存或死亡为给付条件的一种保险；健康保险是指对被保险人的疾病、分娩及因此所致的伤残、死亡的保险；意外伤害保险是指被保险人在其遭遇意外伤害及因此导致伤残、死亡时给付保险金的保险。

（2）按保险危险转嫁的方式划分，可将保险分为原保险和再保险。原保险是保险人对被保险人因保险事故发生所造成的损失承担直接保险责任的保险。再保险也称分保，是保险机构之间的保险业务，是保险人将自己所承担的保险责任全部或部分地分给其他保险人承担的保险方式。分保后，保险公司的赔偿责任由几家保险公司共同承担，分散了责任，保证了保险公司业务的稳定性。

（3）按保险的实施方式划分，可将保险分为强制保险和自愿保险。强制保险又称法定保险，是指由国家法律或政府行政法规强制规定必须实施的保险。强制保险的保险责任是依法自动产生的，不论投保人是否实行投保手续，凡介于承保范围内的标的，责任自动产生。自愿保险又称任意保险，是指由投保人与保险人在自愿基础上通过订立保险合同产生的一种保险形式，这是一种最为普遍的保险形式。

二、证券公司

证券公司是指专门从事各种有价证券经营及相关业务的金融机构。作为营利性的法人企业，证券公司是证券市场的重要参与者和中介机构。在许多国家，证券公司与投资银行是同一类机构，经营的业务大体相同。

我国证券公司的主要业务内容有：代理证券发行；自营、代理证券买卖；代理证券还本付息和红利的支付；证券的代保管；接受委托证券利息和红利的支付；接受委托办理证券的登记和过户；证券抵押贷款；证券投资咨询等业务。

我国的证券公司是在 20 世纪 80 年代伴随着经济改革和证券市场的发展而产生的，初设时多是由某一家金融机构全资设立的独资公司，或是由几家金融机构、非金融机构以入股的形式组建的股份制公司。近年来，随着分业经营、分业管理原则的贯彻及规范证券公司发展工作的落实，银行、城市信用合作社、企业集团财务公司、融资租赁公司、典当行以及原各地融资中心下设的证券公司或营业机构陆续予以撤并或转让。在要求证券机构彻底完成与其他种类金融机构脱钩的同时，鼓励经营状况良好、实力雄厚的证券公司收购、兼并业务量不足的证券公司。目前，我国的证券公司已有 100 多家。其中，申银万国、银河、华夏、国泰、海通、联合、南方等证券公司，无论是在分支机构设置方面，还是在业务量占比等方面均处于前列。随着我国现代企业制度的建立和完善，尤其是随着国有企业股份制改造及更多公司上市的需要，证券公司将迎来蓬勃发展的新时期，部分证券公司向投资银行过渡的计划也已在酝酿中。

三、信托投资公司

信托投资公司也称信托公司，它是以资金及其他财产为信托标的，根据委托者的意愿以受托人的身份管理及运用信托资财的金融机构。

现代信托业务源于英国，但历史上最早办理信托业务的经营机构却产生于美国。目前，美国、英国、日本、加拿大等国的信托业比较发达。在这些国家，除专营信托公司外，各商业银行的信托部也经营着大量的信托业务。信托公司的业务活动范围相当广泛，几乎涉足及金融领域的所有业务。就信托业务而言，主营包括两大类：第一类是货币信托，包括信托存款、信托贷款、委托存款、委托贷款、养老金信托投资、养老金投资基金信托等；第二类是非货币信托，包括有价证券信托、债权信托、动产与不动产信托、事业信托、私人事务信托等。除信托业务外，一些国家的信托公司还有银行业务。大多数国家的信托公司兼有信托之外的服务性业务及其他业务，如财产保管（遗嘱的财产保护、父母双亡的未成年子女的财产保护、罪犯的财产保护等），不动产买卖及货币借贷，公债、公司债及股票的募集，债款、息款及税款的代收代付，股票过户及债务清算等。

信托公司在经营信托业务的过程中表现出来的突出特征在于其投资性。信托投资、委托投资等属于信托公司的传统业务，所以，一般的信托公司又称为信托投资公司。

信托公司的投资对象一般是国家及地方政府公债、不动产抵押贷款、公司债及股票等。

四、资产管理公司

资产管理公司是美国、日本、韩国等一些国家为对从金融机构中剥离出的不良资产实施公司化经营而设立的专业金融机构，在我国被称为金融资产管理公司。1999年4月20日，我国第一家经营商业银行不良资产的公司——中国信达资产管理公司在北京宣告成立。同年8月3日，华融、长城、东方三家资产管理公司同时宣告成立。组建金融资产管理公司是我国金融体制改革的一项重要举措，对于防范和化解金融风险、依法处置国有商业银行的不良资产、加强对国有商业银行经营状况的考核、促进我国金融业的健康发展具有重要意义。2000年11月1日《金融资产管理公司条例》在国务院第三十二次常务会议上予以通过，2000年11月10日正式公布，并于当日起施行。

我国的金融资产管理公司是经国务院决定设立的收购国有银行不良贷款，管理和处置因收购国有银行不良贷款形成的资产的国有独资非银行金融机构。设立金融资产管理公司是为了规范金融资产管理的活动，依法处理国有银行不良贷款，促进国有银行和国有企业的改革和发展。金融资产管理公司以最大限度地保全资产、减少损失为主要经营目标，依法独立承担民事责任。中国人民银行、中国银行业监督管理委员会、财政部和中国证券监督管理委员会，依据各自的法定职责对金融资产管理公司实施监督和管理。

金融资产管理公司的业务范围包括：① 追偿债务；② 对所收购的不良贷款形成的资产进行租赁或者以其他形式转让、重组；③ 债权转股权，并对企业阶段性持股；④ 资产管理范围内公司的上市推荐及债券股票承销；⑤ 发行金融债券，向金融机构借款；⑥ 财务及法律咨询、资产及项目评估；⑦ 经管理部门批准的其他业务活动。

另外，常见的非银行性金融机构还有财务公司、租赁公司、信用合作社等。

知识巩固：

1. 简述我国金融机构体系的构成。
2. 简述中央银行的职能。
3. 简述商业银行的主要业务。
4. 简述商业银行经营管理原则。

案例讨论：

美国次贷危机

美国次贷危机（Subprime Crisis），又称次级房贷危机，也译为次债危机。它是指一场发生在美国，因次级抵押贷款机构破产、投资基金被迫关闭、股市剧烈震荡引起的金融风暴。它致使全球主要金融市场出现流动性不足危机。美国"次贷危机"是从2006年春季开始逐步显现的。2007年8月开始席卷美国、欧盟和日本等世界主要金融市场。次贷危机目前已经成为国际上的一个热点问题。

次贷即"次级按揭贷款"（Subprime Mortgage Loan），"次"的意思是指：与"高""优"相对应的，形容较差的一方，在"次贷危机"一词中指的是信用低、还债能力低。

在美国，贷款是非常普遍的现象。当地人很少全款买房，通常都是长时间贷款。可是在美国，失业和再就业是很常见的现象，这些收入并不稳定甚至根本没有收入的人，买房时因为信用等级达不到标准，就被定义为次级信用贷款者，简称次级贷款者。

次级抵押贷款是一个高风险、高收益的行业，指一些贷款机构向信用程度较差和收入不高的借款人提供的贷款。与传统意义上的标准抵押贷款的区别在于，次级抵押贷款对贷款者的信用记录和还款能力要求不高，贷款利率相应地比一般抵押贷款高很多。那些因信用记录不好或偿还能力较弱而被银行拒绝提供优质抵押贷款的人，会申请次级抵押贷款购买住房。

美国次级抵押贷款市场通常采用固定利率和浮动利率相结合的还款方式，即：购房者在购房后头几年以固定利率偿还贷款，其后以浮动利率偿还贷款。

在2006年之前的5年里，由于美国住房市场持续繁荣，加上前几年美国利率水平较低，美国的次级抵押贷款市场迅速发展。

随着美国住房市场的降温，尤其是短期利率的提高，次贷还款利率也大幅上升，购房者的还贷负担大为加重。同时，住房市场的持续降温也使购房者出售住房或者通过抵押住房再融资变得困难。这种局面直接导致大批次贷的借款人不能按期偿还贷款，银行收回房屋，却卖不到高价，大面积亏损，引发了次贷危机。

讨论题：

查找相关资料并分组讨论，分析我国商业银行应从美国次贷危机中借鉴什么？

货币市场

知识目标：

➢ 了解货币市场的定义；

➢ 掌握货币市场的特点；

➢ 掌握同业拆借市场的类型。

能力目标：

➢ 能够理解货币市场的主体；

➢ 能够说明商业票据的形式；

➢ 能够解析大额可转让存单市场的发行。

任务提出：

货币市场基金的诞生

货币市场基金（Money Market Funds，简称 MMF）是指投资于货币市场上短期（一年以内）有价证券的一种投资基金。该基金资产主要投资于短期货币工具，如国库券、商业票据、银行定期存单、银行承兑汇票、政府短期债券、企业债券等短期有价证券。

2003 年年末，我国金融市场上诞生了货币市场基金这一投资新品种。它的产生直接导致金融结构中的主体地位的调整和行为的变化，并在一定程度上影响中央银行货币政策的运用效果。2007 年 1 月 31 日，国务院出台的《关于推进资本市场改革开放和稳定发展的若干意见》中明确指出，要积极开发储蓄替代型证券投资品种。

货币市场基金自 1972 年在美国问世以来，以其风险小、收益高的特点而广受投资者青睐，成为当下不可缺少的金融工具，在金融领域发挥着重要作用。

任务分析：

你认为，货币市场基金发展对中央银行的货币政策有哪些影响？

第一节 货币市场概述

一、货币市场的概念

货币市场是指期限在一年以内的金融资产交易的市场。该市场的主要功能是保持金融资产的流动性,以便随时转换成可以流通的货币。它的存在,一方面满足了借款者的短期资金需求,另一方面为暂时闲置的资金找到了出路。货币市场一般是指国库券、商业票据、银行承兑汇票、可转让定期存单、回购协议等短期信用工具买卖的市场。

货币市场工具具有期限短、流动性强和风险小的特点,在货币供应量层次划分上被置于现金货币和存款货币之后,被称为"准货币",所以将该市场称为"货币市场"。货币市场就其结构而言,可分为票据贴现市场、银行同业拆借市场、短期债券市场、大额存单市场、回购市场等。

货币市场是一个开放的金融市场,但能够进入货币市场筹资的参加者只限于资金雄厚、信誉卓著的借款人,如政府部门、银行和非银行性金融机构以及少数著名的大公司。货币市场的工具主要有同业拆借资金(即金融机构间短期贷款)、大商业银行发行的大额可转让存单、银行承兑汇票、短期国库券、商业票据等。

货币市场工具一般具有如下特点。

(一)期限短

货币市场上交易的金融工具一般期限较短,最长的不超过 1 年,大多数为 3～6 个月,最短的交易期限只有半天。

(二)流动性强

货币市场交易工具具有较强的流动性,由于交易期限短,投资者可以在市场上随时将交易的金融工具转换成现金或其他更接近于货币的金融工具。

(三)风险小

货币市场交易期限短、流动性强,不确定因素较少,因此交易双方遭受损失的可能性也较小,风险相对较小。

二、货币市场的主体

货币市场的主体是指货币市场的参与者。货币市场的参与者主要是政府、中央银行、商业银行、非银行性金融机构、企业及个人。

(一)政府

政府参与货币市场的主要目的是筹集资金以弥补财政赤字,以及解决财政支付过程中短期资金不足的困难。

（二）中央银行

中央银行是货币市场的主要参与者，中央银行参与货币市场的主要目的是通过公开市场交易，实现货币政策目标，其活动基本集中于货币市场的二级市场，活动规模大而频繁。

（三）商业银行

商业银行参与货币市场的主要目的是为了进行头寸管理，商业银行以借贷和买卖短期证券的方式取得或售出头寸，实现头寸余缺调剂。

（四）非银行性金融机构

保险公司、养老基金和各类共同基金也是货币市场的重要参与者，它们参与货币市场的主要目的是希望利用该市场提供的低风险、高流动性的金融工具，实现最佳投资组合。

（五）企业

企业参与货币市场活动的目的是调整流动性资产比重，取得短期投资收益，货币市场流动性的强弱以及收益水平的高低是企业关注的对象。

（六）个人

个人参与货币市场活动的目的在于既能获取投资收益，又能保持个人持有金融资产的流动性。

三、货币市场与资本市场的区别

除了金融工具的期限长短之外，货币市场和股票、债券等资本市场的主要区别还在于以下几个方面。

（一）市场参加者的结构不同

股票市场的参加者有三类：实业公司、投资公众和市场交易中介（经纪人公司、证券交易公司和某些国家的商业银行）。债券市场比股票市场多了一个政府参加者（中央政府、各级地方政府、政府机构），而货币市场参加者又比债券市场多了一个中央银行（或货币当局）。 在股票市场和债券市场中，交易双方主要是公众、公司和政府，金融机构的主要职能是作为市场中介沟通交易。而在货币市场上，交易双方主要是金融机构，特别是在货币市场不发达的国家，货币市场的交易只限于商业性的金融机构之间以及它们与中央银行（货币当局）之间。

（二）货币市场工具的平均质量较高，风险较小

股票市场上的股票和债券市场上的债券均因发行人的资信程度不同而在质量上有所差异，而货币市场金融工具的发行人（主要有三类：一是政府；二是金融机构；三是少数知名度极大、资信程度极高的大公司）都是一流的借款人，因此违约的情况极少发生。

（三）市场组织形式不同

如果说股票市场和债券市场都可以由拍卖市场（交易所市场）和柜台市场构成，则货币市场就是一个典型的柜台市场。货币市场的绝大部分交易是通过电话、电传进行的。在多数情况下，交易双方无须见面。

（四）货币市场工具的发行多采用贴现发行方式

这是由货币市场工具期限短的特点所决定的。贴现发行方式是投资人最喜欢的方式，但股票市场和债券市场因期限的缘故不可能大量采取或根本不可能采取这种发行方式。股票既无期限又无固定利率，当然不可能用贴现方式发行，而期限较长的债券也不宜采用这种发行方式。

（五）中央银行的直接参与

货币市场在中央银行制国家中是金融体系的中心机制，是中央银行同商业银行及其他金融机构的资金连接渠道，是国家利用货币政策工具调节货币供应量的杠杆支点。中央银行通过在公开市场买卖货币市场工具，调节和控制货币供应量，影响国内利率水平。

第二节 同业拆借市场

同业拆借市场，也叫金融同业拆借市场，是指具有准入资格的金融机构之间进行临时性资金融通的市场。换句话说，同业拆借市场是金融机构之间的资金调剂市场。从最初的定义上来讲，同业拆借市场是金融机构之间进行临时性资金头寸调剂的市场。资金头寸又称现金头寸，是指金融机构每日收支相抵后，资金过剩或不足的数量。经营期间，当某金融机构出现"多头寸"，而与此同时某金融机构出现"少头寸"时，调剂资金头寸便成为客观需求，这就是同业拆借市场形成的最初原因。

从现代定义上讲，同业拆借市场是指金融机构之间进行短期资金融通的市场。同行业拆借市场所进行的资金融通已不仅限于弥补或调整资金头寸，也不仅限于一日或几日的临时资金调剂，它已成为当今各金融机构，特别是各商业银行弥补资金流动性不足和充分、有效运用资金，减少资金闲置的市场，同时也是商业银行协调流动性与营利性关系的有效市场机制。

一、同业拆借市场的特点

（1）同业拆借市场对进入市场的主体（即进行资金融通的双方）都有严格的限制，即必须都是金融机构或指定的某类金融机构，包括工商企业、政府部门等。某些国家在某些特定时期，对进入此市场的金融机构也有一定的资格限制，如只允许商业银行进入，非银行性金融机构不能进入；只允许存款性金融机构进入，不允许证券、信托、保险机构进入等。

（2）融资期限较短。最初多为一日或几日的资金临时调剂，是为了解决头寸临时不足或头寸临时多余所进行的资金融通。然而，发展到今天，同业拆借市场已成为各金融机构弥补短期资金不足和进行短期资金运用的市场，成为解决或平衡资金流动性与营利性矛盾的市场，从而，同业拆借市场也就由临时调剂性市场变成了短期融资市场。

（3）交易手段比较先进，交易手续比较简便，因而交易成交的时间比较短。同业拆借市场的交易主要是采用电话洽商的方式进行，主体上是一种无形的市场。洽商达成协议后，双方就可以通过各自在中央银行的存款账户自动划账清算或者向资金交易中心提出供求和进行报价，由资金交易中心进行撮合成交，并进行资金交割划账。

（4）交易额较大，而且一般不需要担保或抵押，完全是一种信用资金借贷式交易。在同业拆借市场上进行资金借贷或融通，没有单位交易额限制，一般也不需要以担保或抵押品作为借贷条件，双方完全是一种协议和信用交易关系，各自以信用作担保，都严格遵守交易协议。

（5）利率由供求双方议定，可以随行就市。同业拆借市场上的利率可由双方协商，讨价还价，最后议价成交。因此可以说，同业拆借市场上的利率是一种市场利率，或者说是市场化程度最高的利率，能够充分灵活地反映市场资金供求的状况及变化。

二、同业拆借市场的参与者

同业拆借市场是金融机构之间进行资金头寸融通的市场。一般来讲，能够进入该市场的必须是金融机构，换句话说，金融机构是同业拆借市场的主要参与者。但各个国家及各个国家在不同的历史时期，对参与同业拆借市场的金融机构也有不同的限定。例如，有些国家允许所有金融机构进入同业拆借市场进行短期融资；有些国家只允许吸收存款并向中央银行交纳存款准备金的金融机构进入同业拆借市场；还有些国家只允许吸收活期存款、向中央银行交纳存款准备金的商业银行进入同业拆借市场。各个国家在不同时期，也会根据金融机构银根松紧程度及中央银行货币政策的要求，对进入同业拆借市场的金融机构的范围及条件进行适当调整。但从总体上分析，同业拆借市场的参与者可以大致分为三类，即资金需求者、资金供给者和中介机构（或中介人）。

（一）资金需求者

从大多数国家的情况来看，在同业拆借市场拆入资金的多为大的商业银行。有的商业银行之所以成为同业拆借市场上的主要需求者或买主，主要有两方面的原因：一方面，大的商业银行因其资产和负债的规模比较大，所需交纳的存款准备金较多，同时所需要的资产流动性较强，为了尽可能减少库存现金占用及在中央银行的超额储备存款，提高资金的利用率和营利性，及时足额地弥补资金头寸或流动性的不足，势必要更大程度地依赖于同业拆借市场，经常临时拆入资金；另一方面，大的商业银行资金实力强、信誉高，因而可以在同业拆借市场上得到资金的融通。

当然，大的商业银行也并不总是同业拆借市场上的资金需求者或拆入者，有时也会成为资金供给者或拆出者。也就是说，在同业拆借市场，大的商业银行的角色是在不断变化的，我们只是从总体上讲，大部分商业银行多是扮演资金需求者或拆入者的角色。

（二）资金供给者

从总体上讲，在同业拆借市场上扮演资金供给者或拆出者角色的，主要是地方中小商业银行、非银行性金融机构、境外代理银行及境外银行在境内的分支机构。另外，外国的中央银行也经常成为拆借市场的资金供给者或拆出者。首先，因为这些机构的资本金及资产负债规模比较小且结构相对单一，不能最大限度地实现多元化，同时，随时拆入资金、弥补流动性不足的能力也比较弱，因此，它们在经营管理上比较审慎，保持的超额存款准备金较多，资金头寸相对盈余。其次，通过向大的商业银行拆出资金，这些机构既可以充分有效地运用有限的资金，最大限度地减少资金的闲置，提高资产的盈利能力，同时又能提高资产的流动性，降低资产的风险，从而实现协调资金流动性与营利性的目的。

（三）中介机构

从交易成本比较理论考虑，供求双方直接面议达成交易的成本要高于通过媒体（或中介）实现交易。市场（不论是有形的还是无形的）本身就是一种媒体，同时也需要有一些中介机构、媒介来提高交易的效率，降低交易的成本。

同业拆借市场上的媒体大体上分为两类：一类是专门从事拆借市场中介业务的专业性中介机构；另一类是非专业从事拆借市场中介业务的兼营机构。有的国家称这些中介机构为短期融资公司，有的称其为融资公司，还有的称其为拆借经纪商或经营商。兼营的拆借中介机构，多是大的商业银行。因为这些大的商业银行在市场上资信好、信誉高，因此，不论是作为拆借市场的拆入者或需求者，还是拆借市场的中介人，都是值得信赖的，它们可以在直接拆出或拆入资金的同时，代理其他小银行及非银行性金融机构拆出或拆入资金。

三、同业拆借市场的分类

（一）有形拆借市场和无形拆借市场

所谓有形拆借市场，主要是指有专门中介机构作为媒体，促进资金供求双方资金融通的拆借市场，这些媒体包括拆借经纪公司或短期融资公司等。资金供求双方的拆出拆入信息都集中于拆借中介机构，该机构可以迅速地为拆入者和拆出者从数量上和价格上找到合适的买主与卖主，使供求双方都可以进行选择比较，实现公平、公正、公开交易。通过中介机构进行资金拆借，除了可以降低成本、提高效率外，还可以保障同业拆借的有序性和安全性。

所谓无形拆借市场，主要是指不通过专门的拆借中介机构，而是通过现代化的通信手段所建立的同业拆借网络进行拆借，或者通过兼营性的中介机构进行拆借的市场。一些大的商业银行或证券经纪人代理其他金融机构传递信息，为其牵线搭桥，而且主要是以电话、电传的方式联系成交，从而形成无形的拆借市场。实际上，在同业拆借市场中，不通过任何形式的中介，完全由供求双方直接联系和交易的情形不是很多，因为这样做既不经济，也不安全，更不符合效率原则。

（二）有担保拆借市场和无担保拆借市场

所谓有担保拆借市场，主要是以担保人或担保物作为安全或防范风险的保障而进行的资金拆借融通。这类拆借多数是由拆出资金者从拆入资金者手中买入银行承兑汇票、短期政府债券或金融债券等高流动性资产，即拆入资金者卖出高流动性证券，以取得资金的融通。也有些有担保的资金拆借采取证券回购协议的方式，即拆入资金者拆入资金时卖出相应的证券，同时签订一种协议，约定可按相同的价格及约定的利率、期限再买回这些证券。有担保拆借一般用于较长期限及资信一般的金融机构间的拆借。

所谓无担保拆借市场，是指拆借期限较短、拆入方资信较高，可以通过中央银行账户直接转账的资金拆借。正是因为资金融通的期限过短（多为一天或几天），确定担保或抵押在技术操作上有一定困难，因而拆借只能建立在良好的资信和法律规范的基础上。

（三）半天期拆借市场、一天期拆借市场和指定日拆借市场

半天期拆借市场分为午前交易和午后交易两种。前者是金融机构上午九点营业开始后由于现金的直接交易和对外支现需要资金时进行的拆借交易，并于当日午前票据清算时归还。后者

是在午前票据清算以后进行，在一天营业结束时归还结算。

一天期拆借市场是同业拆借的主要市场，一般是头天清算时拆入，次日清算之前偿还。

指定日拆借市场的期限包括成交日在内一般为 2 天以上、30 天以下，也有 30 天以上的，如 3 个月的拆借等。拆借协议中明确指定某日为结算日，中途不可解约。这类拆借多需抵押，抵押品可能是金融债券、国债、政府担保债券、优良背书票据等有价证券。

第三节 商业票据市场

一、票据的概念及种类

（一）票据的概念及特征

票据是出票人依法签发的，约定自己或委托付款人在见票时或指定日期向收款人或持票人无条件支付一定金额并可以转让的有价证券。票据是一种重要的有价证券，它以一定的货币金额来表现价值，同时体现债权债务关系，且能在市场上流通交易，具有较强的流动性。票据作为国际金融市场上通行的结算和信用工具，是货币市场上主要的交易工具之一。

票据作为一种有价证券，具有以下几个明显特征。

（1）票据是一种完全有价证券。有价证券分为完全有价证券和不完全有价证券。完全有价证券的证券本身和该证券拥有的权利在任何情况下都不可以分离；而不完全有价证券的证券本身和该证券拥有的权利可以分离。票据的权利随票据的设立而设立，随票据的转让而转让。只有在权利被行使之后，票据体现的债权债务关系才宣告结束，所以，票据是典型的完全有价证券。

（2）票据是一种设权证券。所谓设权证券是指证券权利的发生必须以制成票据为前提。票据所代表的财产权利，即一定金额的给付请求权，完全由票据的制成而产生。换言之，票据的制成并非是用来证明已经存在的权利，而是创立一种新的权利。票据一旦制成，票据关系人的权利义务关系随之确立。

（3）票据是一种无因证券。所谓无因证券是指证券上的权利只由证券上的文义确定。持票人在行使权利时无须负证明责任。票据的持票人只要持有票据，就能享受票据拥有的权利，而不必说明票据取得及票据行为发生的原因，票据债务人也不能以票据所有权发生变化为理由而拒绝履行其因票据行为而承担的付款义务。

（4）票据是一种要式证券。所谓要式证券是指证券的制成必须遵照法律规定。票据的制成和记载事项必须严格依据法律规定进行，并且票据的签发、转让、承兑、付款、追索等行为的程序和方式都必须依法进行。

（5）票据是一种流通证券。票据权利可以通过一定的方式转让，一般包括背书或交付。

（6）票据是一种文义证券。文义证券是指票据上的所有权利义务关系均以票据上的文字记载为准，不受任何外来因素的干扰。票据在流通过程中，若发现文字内容有误，也不得用票据以外的证据方法予以变更或补充。

（7）票据是一种返还证券。票据权利人实现了自己的权利，收回了票据金额之后，应将票据归还给付款人。而在其他债权关系中，债务人履行债务后，即使债权人不同时交还有关债权证书，也可以用其他的凭证（如收据）来证明债务的履行。

（二）票据的种类

票据的种类包括汇票、本票和支票。

1. 汇票

汇票是出票人向付款人签发的，付款人按约定的付款期限对受款人或其指定人无条件支付一定金额的书面凭证。

由此可见，汇票是出票人指示另一人支付的命令书，它是一种支付工具，在商品交换中起着支付结算作用，即由出票人指示付款人凭票支付货币给受款人，以结清一笔债权和债务关系。

汇票是出票人签发的无条件命令书，它代表了出票人的支付信用保证。当经过承兑，又有承兑人的支付信用保证，使其他金融机构在汇票付款以前，凭此信用保证买进汇票，而将货币资金付给转让人，当他需要资金时还可以卖出汇票，收回垫款，这样汇票就成为信用工具，起着融通资金的作用。

在长期的发展中，汇票形成了多种类型，如图4-1所示。

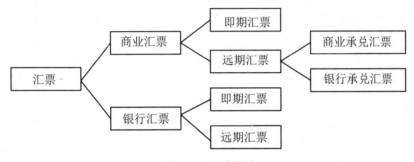

图4-1　汇票类型

银行汇票是银行受汇款人委托而签发的一种汇票支付命令，汇款人可以将此汇票寄给或随身携带给异地受款人，凭此兑取汇款。银行汇票是由银行信用产生的，按付款时间的不同，可以分为即期汇票和远期汇票。前者是指见票即付的汇票，后者是指按约定日期付款的汇票。

商业汇票是指由售货人对购货人签发的书面支付命令，它是由商业信用产生的。按付款时间的不同，可以分为即期汇票和远期汇票，前者是指见票即付的汇票，后者是指按约定日期付款的汇票。即期汇票是无法流通的，只有远期汇票才许承兑、贴现、再贴现，成为金融市场的融资工具。远期汇票按承兑人的不同，可以分为商业承兑汇票和银行承兑汇票。前者是指由卖出商品者出票，由购货人在汇票上签名承诺到期支付货款；后者是指由卖出商品者出票，由银行在汇票上签字承诺到期支付货款。前者承兑前后都是商业信用，后者承兑前是商业信用，承兑后是银行信用与商业信用的混合。

汇票的三个基本关系人是出票人、付款人、受款人。

出票人（Drawer），即签发汇票并把它交付出去的人。一般由商品交易的债权方出票，这时他是债权人。然而，当他在汇票正面签字进行质押或转让时又成为汇票的债务人，承担汇票付款的责任。

付款人（Drawee），即被指示付款的人，当他没有进行承兑时，又称受票人。远期汇票的付款人承兑汇票后即为承兑人，承兑人负责在汇票到期时进行付款，汇票经承兑后，承兑人成为汇票的主债务人。

受款人（Payee），又称收款人或抬头人，即收受票款的人。出票人签发汇票交给受款人，受款人就是第一持票人，如果受款人将汇票转让给别人，则须背书使其成为第一背书人。受款人是汇票的债权人，他有凭票付款权，收到票款时他有票款所有权，汇票拒付时他有追索权。

2. 本票

本票是指出票人签发的，承诺自己在见票时无条件支付确定的金额给受款人或持票人的票据。本票具有三个特征：一是本票的基本当事人只有两个，即出票人和受票人；二是本票的付款人为出票人；三是本票的出票人自己承担无条件付款的责任，故没有承兑制度。

3. 支票

支票是出票人签发的，委托办理支票存款业务的银行或其他金融机构在见票时无条件支付确定金额给受款人或持票人的票据。

二、商业票据的起源与发行

商业票据（Commercial Paper，CP）一般是指以大型工商企业为出票人，到期按票面金额向持票人付现而发行的无抵押担保的远期本票，它是一种商业证券。

商业票据原是一种古老的商业信用工具，产生于18世纪，最初是随商品和劳务交易而签发的一种债务凭证。20世纪20年代，美国汽车制造业及其他高档耐用商品业开始兴盛，为刺激销售，大公司对这类商品实行赊销、分期付款等方式，由此使这些公司经常出现周转资金不足的情况，而银行贷款又受到种种限制，在这种情况下，商业票据便开始发行。不少大公司特设金融公司从事商业票据的发行、转让、兑付事宜。如美国通用汽车公司自行设立了一个通用汽车承兑公司，专为通用公司发行商业票据，越过经纪人直接将其售于市场上的投资人，筹措巨额资金。这样，商业票据与商品、劳务相分离，演变成为一种专供在货币市场上融资的票据，发行人与投资人之间形成一种单纯的债权债务关系，而不是商品买卖与劳务供应关系。商业票据上也用不着再列明受款人，只需签上付款人，它是一种单名票据。票面金额也演变成为没有零头余额的标准单位，一般10万美元，期限在270天以下等。随后，这种做法逐渐被推广。

随着世界经济的发展，20世纪60年代后，工商界普遍认为发行商业票据向金融市场筹款要比向银行借款的手续简便，同时发行利率较低，且不受银行干预，因此商业票据发行量急剧增长。到20世纪70年代，集中于伦敦的欧洲产业票据市场也开始形成，商业票据市场不断扩大。

历史上，商业票据的购买者主要是商业银行。自20世纪50年代以来，由于商业票据风险较低、期限较短、收益较高，许多公司也开始购买商业票据。目前，商业票据市场的主要投资者是保险公司、非金融企业、银行信托部门、地方政府以及养老基金组织等，而商业银行则退居次要地位。

三、商业票据的发行要素

发行商业票据一般要考虑以下几个要素。

（1）发行选择。对各种筹资方式进行比较，确定是否发行商业票据筹资。

（2）发行数量。一般来讲，公司发行商业票据是为了筹集所需短期资金，用于满足短期临时性的周转需要，其发行数量主要取决于资金需要量和市场需求量。

（3）发行方式。发行方式主要分为直接发行和交易商发行。直接发行商业票据者须为资信卓著的大公司，而且发行数量巨大，发行次数频繁。交易商发行是通过商业票据交易商进行的发行，操作较简便，但费用高。选择何种发行方式，通常由公司本身资信及经营需要决定。

（4）发行时机。发行商业票据往往与资金使用计划相衔接，发行过早，筹到的资金不能立即使用，就会增加利息负担；发行过晚，需用资金时又无法使用，从而影响生产周转。

（5）发行承销机构。直接发行由大公司附设的金融公司发行，交易商发行则需选择好承销机构。为顺利发行，筹足资金，通常应选择那些资力雄厚、社会信誉高、与发行公司有密切关系的交易商作为代理发行人。

（6）发行条件。发行条件主要包括贴现率、发行价格、发行期限、兑付和手续费。贴现率主要是根据发行人的资信等级、市场资金供求情况、发行期限等因素决定的，通常应参考当时的中央银行贴现率、国库券及大额可转让存单利率、商业银行优惠放款利率、同业拆入利率等；发行价格是指公开发行的销售价格，一般分为平价发行、折价发行和溢价发行；发行期限视筹资需要及发行方式而定。直接发行的商业票据期限可由投资者指定；兑付是指以票据为凭证支付现金；手续费是商业票据的买卖所要支付的费用。

（7）到期偿还能力测算。通常由评级机构和自身两方面测算组成。与测算中长期偿债能力不同，商业票据的偿付通常从流转资金中偿付，需要比较精确的计算结果。

（8）评级。短期票据中，未经评级的商业票据发行起来较为困难，特别是那些资信并不为投资者广泛了解的机构所发行的商业票据更是无人问津。一般是由发行人或委托代理人发行的交易商向评级机构申请评级，并提供必要的财务数据。

四、商业票据的发行程序

（一）直接发行

直接发行的发行程序为：① 商业票据评级。② 发行人公告发行商业票据的数量、价格、期限等。③ 投资者与发行人洽谈买卖条件，包括数量、票据期限等。在美国，直接发行人允许投资者指定票据到期日。④ 投资者买入票据，卖出票据者收进资金。

（二）交易商发行

通过交易商发行通常有以下三种形式。

（1）助销发行，即商业票据交易商与发行公司事先商妥发行事项，再参照市场情况议定承销期限，全部由该交易商代办门市零售或通信销售，承销期满，未售完部分全部由交易商按约定价格承购。

（2）代销发行，即商业票据交易商与发行公司议定承销期限，依照发行公司指定的价格，由交易商代办门市零售或通信销售，承销期满，未售完部分退回发行公司。

（3）招标发行，即交易商以受托办理招标方式推销，代发行公司公开标售，未能售出部分由发行公司自行处理。招标的商业票据通常不定底价，开标时按标价的高低依次得标，直到标售的票据售完为止。假如指定了底价，得标者所出标价须高于底价才算得标，否则，交易商必须根据市场情况建议发行公司修正底价,才能顺利筹到短期资金。

上述三种承销方式,因承担风险、服务范围及发行成本不同,故交易商收取的承销费用也高低不一,其中助销发行费用最高,其次为招标发行,最低为代销发行。

通过交易商发行的发行程序如下:① 发行公司与交易商协商承销商业票据的有关事项,并签订委托发行协议;② 办理商业票据评级事项;③ 交易商依照委托发行协议的有关规定确定承销方式,通常先发布公告及进行其他宣传活动;④ 投资者购买商业票据,资金存入交易商账户;⑤ 交易商将承销资金划转到发行公司账户,并按规定处理未售完商业票据;⑥ 发行公司支付手续费给交易商。

五、商业票据的发行成本

(一)贴现率

确定贴现率一般根据交易商协会提供的参考利率上下浮动一个百分点。交易商的参考利率是一个加权平均利率。交易商每日都按统一规定的期限分类(7 天、30 天、90 天、180 天、270 天等)向协会报告当日利率,协会把这些利率加权平均后得出利率,即参考利率。

(二)承销费

承销费主要根据金额大小及时间长短计付,通常为 0.125%~0.25%。

(三)签证费

为证明商业票据所记载事项的正确性,通常由具有权威的中介机构予以签证。一般按签证金额收费,规定最低起点。签证收费标准随发行公司有无保证而有所差别。

(四)保证费

为了提升商业票据的信用度,金融机构经常给发行者提供信用保证,并收取一定的保证费,收费标准通常按照商业票据保证金年利率的 1%给付,对发行量较大、资信良好的公司可适量减少。

(五)评级费

商业票据要上市流通必须经过评级,为此发行公司要向评级机构交纳一定金额的评估费用,对首次评级和评过等级的商业票据采取统一收费标准,即每季度按其发行余额的一定比例(0.1%或 0.2%)收取,可以视市场利率的变化做适当调整,如可随利率上升而提高收费标准。

六、商业票据的价格确定

商业票据价格主要是指发行价格。因为商业票据二级市场不发达,故几乎没有转让价格。二级市场不发达的原因有两个:一是商业票据时间短、安全性高,投资人根据自己的需要选择商业票据的期限,因而商业票据持有者通常将票据持有到期兑现;二是如果投资者确实于票据到期前急需资金,还可以发行公司申请提前兑付票据。

确定商业票据价格的公式是

$$发行价=面额-贴现金额$$

贴现金额= 票面金额×贴现率×期限/360

贴现率=(1－发行价/面额)×360/期限=（贴现金额/面额）×360/期限

七、商业票据的评级

所谓商业票据评级是指对商业票据的质量进行评价，并按质量高低分成等级。目前，国际上具有广泛影响的评级机构主要有美国的标准普尔公司和穆迪投资者服务公司等。

为商业票据评定级别的主要依据为发行人的管理质量、经营能力、风险、资金周转速度、竞争能力、流动性、债务结构、经营前景等。根据对这些项目的评价把发行人分成若干等级。下面是标准普尔公司关于商业票据的评级。

A级：该等级表明商业票据发行者定期偿还债务的能力很强，A还可以标上1、2、3以表明不同程度。

A-1：商业票据发行者定期偿还能力最强，用A-1表明最高等级。

A-2：商业票据发行者定期偿还能力强，与A-1比起来相对低一些。

A-3：商业票据的发行者有令人满意的偿还能力，与上一等级比起来易受到不利变化因素的影响。

B级：该等级表示商业票据发行者有较强的定期偿还能力，可能会受到条件变化或临时困难的损害。

C级：表明对商业票据发行人的支付能力有疑问。

D级：这种发行是违约的，或者预计到期是违约的，即指该等级票据发行人无力偿还票据的本金和利息。

商业票据的等级不同，发行的难易程度及发行利率水平也就不同，因此，发行者需主动向评级公司申请评级。

第四节 大额可转让定期存单市场

大额可转让定期存单（Negotiable Certificate of Deposit，国际上通常缩写为"CD"）首创于美国，由于适应性强，发展得很快，目前已成为货币市场的重要金融工具。大额可转让定期存单像其他证券一样，可以出售和认购，也可以转让流通，并形成流通转让价格，从而形成了市场。

一、大额可转让定期存单市场的形成

大额可转让定期存单是美国纽约花旗银行于1960年首先发行的，之后许多银行纷纷效仿，目前正扩展于世界上许多国家与地区。20世纪50年代后期，美国货币市场利率上升，而银行利率受美国联邦储备委员会（以下简称"美联储"）Q条例的限制，低于市场利率。一些精明的存款人觉得到银行存款吃亏了，于是纷纷把暂时闲置的资金转移到金融市场上，投资于货币市场上的票据或货币市场上的互助基金，形成所谓的存款非中介化现象，导致金融机构的流出资金大于流入资金，盈利状况恶化。为了解决流动性问题，金融机构不得不创造新的金融工具来逃避管制，扩大资金来源。1961 年 2 月，美国花旗银行推出了具有与其他货币市场工具类似优点的大额定期存单，以竞争和吸收大公司、富裕个人和政府的闲散资金，并和某政府证券经销商为这类金融工具创造了二级市场，以便于流通转让，于是大额定期存单便成为银行存款资金的一项重要来源。由于美联储准许大额存单不受联邦条例利率上限限制，从而使投资者可以通过购买存单获得市场利率，同时淡化了银行单独依靠存款作为资金来源所形成的约束。所以，大额可转让定期存单出现后，在数月之内便发展成为美国货币市场上重要的交易工具。

二、大额可转让定期存单市场的参与者

大额可转让定期存单市场的参与者主要有存单发行人、投资者及交易商。

存单发行人主要是指大银行。据美国 20 世纪 70 年代末的统计，大银行发行的存单占存单发行量的 90%，其余为中小银行发行的存单，不少中小银行以大银行作为发行代理人借以扩大销路。存单创立以来，商业银行的经营思想发生了很大的改变。过去商业银行注重资产管理，注意力主要放在贷款和证券投资的管理上，需要调节流动性时往往依靠减少放款卖出证券。存单的发行及货币市场的形成，使商业银行看到调节流动性不一定要靠减少放款卖出证券来实现，通过发行存单吸收存款也能解决，也就是靠增加负债来扩大资产业务。这样，存单市场就成为商业银行，特别是大银行调节流动性的手段，也是筹集额外资金以满足优良资产业务的手段。

存单的投资者绝大多数是非金融公司，有大企业、政府机构、外国政府及企业，也有金融机构和个人。对于大企业来讲，投资于存单是利用闲置资金的一个好途径。它们把存单到期日与企业现金支付日期（如交税、分红、到期货款和发工资的日期）衔接起来，以存单本息支付上述开支，减少经营成本。金融机构也是一个大买主，但主要用途并不是自己持有，而是银行信托部门为其受托基金进行投资，银行则被规定不准买回自己发行的存单。政府机构在经费下拨未用时，也会将其闲置资金的一部分用来投资存单。个人持有存单数量很小，通常投资于中小银行发行的面额较小的存单，且往往以互助基金的形式投资。

在二级市场上，买卖存单的主要是一些证券公司和大银行，这些证券公司和大银行不仅自己买卖存单，同时还充当中介人，是存单市场的主要交易商。

三、大额可转让定期存单的特性

大额可转让定期存单是银行发给存款人的，以一定金额、按一定期限和约定利率计息，可以转让流通的金融工具。存单上印有票面金额、存入日、到期日和利率等，到期后可按票面金额和规定利率提取本息，过期不再计息。存单不能提前支付，但可流通转让，到期还能转存。存单最短期限为 14 天，最长达 5 年之久。因而，就其实质来讲，它是银行发给投资者的远期本票，即是由银行作为出票人和债务人、约定期限、按一定利率偿付本息给投资人的债务凭证。

大额可转让定期存单具有如下特点。

（1）发行人通常是资力雄厚的大银行。大额可转让定期存单一般由大商业银行发行，主要是由于这些机构信誉较高，可以相对降低筹资成本，企业发行规模大，容易在二级市场上流通。虽然小银行也发行存单，但其发行量和流通量远远小于大银行。

（2）面额固定，起点较高。大额可转让定期存单在美国被法定为大额存款，最小面额为10万美元，而二级市场交易的存单面额通常为100万美元。

（3）可流通转让。大额可转让定期存单不能提前支付，但可以在到期日前拿到二级市场上出售转让，集中了活期存款和定期存款的优点。对于银行来说，大额可转让定期存单是定期存款，未到期不能提前支取，可作为相对稳定的资金用于期限较长的放款；对于存款人来说，它既有较高的利息收入，又能随时变现，是一种理想的金融工具。

（4）存单使投资者可以获得接近市场利率的利息收益。有的国家规定不能对活期存款支付利息，定期存款也有利率上限控制，大额可转让定期存单则不受上述规定限制，能对投资者支付接近市场利率水平的利息。

四、大额可转让定期存单的种类

（一）按利率的不同划分

按利率的不同，大额可转让定期存单可以分为固定利率存单和浮动利率存单。

固定利率存单有固定的面额、固定的存期、固定的票面利率，利息到期支付，计息日期一年按360天计算，市场上比较普遍的是这类存单。

浮动利率存单的利息是按货币市场上某一时间有相同期限的放款或票据的利率为基数，再加一个预先确定好的浮动幅度来确定的，利息分期支付，上下浮动幅度视货币市场利率波动及发行者资信的不同而定。如发行6个月期浮动利率存单，利息每月支付一次，利率按付息时LIBOR（London InterBank Offered Rate，伦敦同业拆借利率）利率再上浮0.25%计算。

（二）按发行者的不同划分

按发行者的不同，大额可转让定期存单可分为境内存单、欧洲或亚洲美元存单、外国银行在国内发行的存单。

境内存单是境内商业银行在境内发行的存单。如美国国内商业银行在美国发行的美元存单；英国国内银行在英国发行的英镑存单；中国香港地区的区内银行在区内发行的港币存单等。这类存单多为不记名的，便于转让，少量记名的多为政府等机构购买，因为有些国家的法律规定，地方政府只能在当地存款或投资。对存单利息是否收税，各地规定不一。

欧洲或亚洲美元存单是美国境外分行发行的，或是美国以外的外国银行发行的存单。就地点来看，该类存单的发行范围并不局限于欧洲和亚洲，有些设在中美洲地区的银行也发行。使用的货币也不局限于美元，以英镑、欧元、日元、港币等发行的也不少。这类存单有固定期限、固定利率，超过1年期的每年支付一次利息。最长期限可达5年，一般为3~6个月。

外国银行在国内发行的存单（如美国的扬基存单）指外国银行在美国境内的分行发行的存单。发行人主要为欧洲各国、日本或加拿大的银行，如东京银行、巴黎国际银行、巴克莱银行等。这类存单的发行目的主要是为在其国内总行经营跨国业务的客户提供融资便利。

五、大额可转让定期存单的发行

发行存单首先要对货币市场进行分析，关键是要确定存单利率和发行价格，还要选择发行方式。

（一）发行要素

发行存单通常考虑以下几个要素。

（1）银行资产负债的差额及期限结构。在分析银行资产负债结构的同时，也要预测负债的增长能否满足临时出现的优良资产项目的资产需要及经常性地调节流动性的需要，要预测负债差额及支付日期。

（2）利率风险。主要是根据市场利率变化情况，判断利率走势。如预测到利率将上升，通常存单日期可稍长些；反之则宜短些。

（3）发行人的资信等级。通常可以向评级机构申请评级，因为公开发行，投资者特别重视发行人的级别。一般地，资信等级越高，发行利率越低；反之亦然。

（4）金融管理法规。如有些国家对最低的存款金额有限制，因而发行的存单面额必须超过其限制金额；有的国家规定存单发行人发行存单最高不得超过自有资本和盈余的一定比例；有的国家规定发行存单须报有关部门批准等。

（二）发行价格的确定

存单发行价格的确定主要取决于以下几个因素。

（1）发行人的资信等级。

（2）发行时的市场利率水平。

（3）存单的期限。

（4）存单的流动性。

存单的价格一般有两种形式：一是按面额发行，发行价即票面价值；二是贴现发行，以票面额扣除一定贴现利息发行，发行价格低于面额。

（三）发行方式的选择

直接发行就是发行人直接在银行门市零售或通信销售存单。大银行地理位置好、分支机构多，直接发行存单能节省成本。事实上，直接发行时，发行人多与一些大型机构投资者直接面商，有的发行人还允许投资者指定存单利率。

通过交易商发行就是发行人委托承销商发行存单。通常是发行人首先公布发行存单的总数、利率、发行日期、到期日、每张存单面值等，然后物色一家或多家首席经销商组成包销经理团。通过交易商发行，发行人需要支付承销佣金、法律费用、文件及存单印刷费用，还要支付一定的广告费用。

（四）发行程序的安排

如果是通过交易商发行，一般的发行程序为：① 初步确定经销团成员；② 由律师草拟存款协议、经理人协议、保证人协议、代付本息协议、存单格式，并安排报批手续（如需报批的话）；③ 由经理人（承销商）确认邀请首席联席经理及包销经理团成员；④ 取得金融管理部门批准发行存单的通知；⑤ 印发有关发行存单消息；⑥ 发行人收到投资人存款后将存单交出，发行结束。

知识巩固：

1. 简述货币市场的定义与特点。

2. 简述同业拆借市场的类型。

3. 简述商业票据价格的确定。

4. 简述大额可转让定期存单市场的发行。

案例讨论：

我国金融市场体系的发展现状

金融市场又称为资金市场，是指在经济运行过程中，资金供求双方运用各种金融工具调节资金盈余的活动，是所有金融交易活动的总称。金融市场的构成十分复杂，它是由许多不同的市场组成的一个庞大体系。但是，一般根据金融市场上交易工具的期限，可以把金融市场分为货币市场和资本市场两大类。货币市场是融通短期（一年以内）资金的市场，资本市场是融通长期（一年以上）资金的市场。货币市场和资本市场又可以进一步分为若干不同的子市场。货币市场包括金融同业拆借市场、回购协议市场、商业票据市场、银行承兑汇票市场、短期政府债券市场、大额可转让定期存单市场等。资本市场包括中长期信贷市场和证券市场。中长期信贷市场是金融机构与工商企业之间的贷款市场；证券市场是通过证券的发行与交易进行融资的市场，包括债券市场、股票市场、基金市场、保险市场、融资租赁市场等。

我国已基本形成了货币市场、资本市场、外汇市场、黄金市场共存的金融市场体系。20世纪80年代是我国金融市场体系建设的起步阶段。1984年，国务院发布的《关于城市经济体制改革的决定》指出，要逐步建立包括资金、劳动、技术在内的生产要素市场，发挥市场调节的作用。我国金融市场建设首先从货币市场开始，同业拆借市场、票据市场、国债回购市场先后得到发展。

与此同时，随着1981年开始恢复国债发行，资本市场的发展也逐渐起步。1991年上海证券交易所、1992年深圳证券交易所、1997年全国银行间债券市场的先后建立，成为资本市场发展的重要转折。1994年外汇体制改革后，我国形成了全国统一的外汇市场。

21世纪以来，各类金融市场发展明显加速，市场参与主体不断扩大，市场基础建设不断增强，交易和监管机制不断完善。

2004年1月，国务院发布的《关于推进资本市场改革开放和稳定发展的若干意见》中首次提出了建立多层次资本市场的要求。

2005年，中央关于制定"十一五"规划的建议又将多层次资本市场的概念进一步扩大为多层次金融市场体系。

上述变化既反映了我国对金融市场作用的认识的不断深化，也反映了金融市场在资源配置中的基础作用的不断增强。

资料来源：

MBA 智库百科：https://wiki.mbalib.com/wiki/%E9%87%91%E8%9E%8D%E5%B8%82%E5%9C%BA%E4%BD%93%E7%B3%BB

讨论题：

我国金融市场体系是如何进一步得到完善和增强的？通过查找资料进行小组讨论，并给出自己的观点。

第五章

资本市场

知识目标:

➢ 了解资本市场的主体;

➢ 掌握债券的种类;

➢ 掌握股票的特点。

能力目标:

➢ 能够理解债券的发行方式;

➢ 能够知晓债券发行价格的确定;

➢ 能够解析股票的上市过程。

任务提出:

中金登陆港股 ——获得最大账面投资回报

2015 年 11 月 9 日,中国国际金融股份有限公司在香港证券交易所主板上市,证券简称"中金公司"。中金公司此次登陆 H 股,为其背后的 VC/PE 带来高达 75.86 倍的投资回报,成为 2015 年前 11 个月里 VC/PE 支持的获得最大账面投资回报的企业。目前,在中金公司持股超过 5% 的股东分别为汇金、新加坡政府投资公司、淡马锡、KKR 等。

值得注意的是,为了推动上市,中金公司找的 10 家基石投资者多有国资背景,包括丝路基金、宝钢集团、中广核、惠理基金、中国移动(香港)、中国南车(香港)等,其中尤以丝路基金最为瞩目。统计显示,此次投资是丝路基金成立以来达成的第二笔投资,也是该基金首次参与上市公司 IPO(首次公开募股,Initial Public Offerings)项目。

针对中金公司上市首日较好的表现,分析人士认为,当前 A 股市场券商股大幅上扬,中金公司 IPO 时间点正赶上国内 IPO 重启、券商板块领涨、营收预期增强之时,这对于吸引投资者关注和促成交易至关重要;同时,"沪港通"启动一年,"深港通"即将落地,国内资本市场改革以及借助资本市场发力经济都是未来五年规划中的重点,而中金公司在国企改革、"一带一路"等国家级倡议下,优势比较明显。

资料来源:凤凰网财经 http://finance.ifeng.com/a/20151109/14061831_0.shtml

任务分析：

你对国内的资本市场有多少了解？谈一谈你对中金上市的看法。

第一节　资本市场概述

资本市场又称长期金融市场，是指以长期金融工具为交易对象的资金融通市场。狭义的资本市场是指股票、债券的发行与交易市场；广义的资本市场包括中长期信贷市场和证券市场。中长期信贷市场是金融机构与工商企业之间的贷款市场，证券市场则是通过证券的发行与交易进行融资的市场，包括债券市场、股票市场、基金市场等。

一、资本市场的主体

资本市场的主体包括资本的需求者、资本的供给者、中介组织和监督机构。

1. 资本的需求者

资本的需求者即筹资方，是指为筹措资金而发行债券、股票等证券的政府及其下设机构、金融机构、公司和企业。

2. 资本的供给者

资本的供给者即投资者，也是金融工具的购买者。投资者可分为个人投资者和机构投资者。

3. 中介组织

中介即为交易活动提供服务的各类中介组织，包括投资银行、证券经营机构、资产评估机构、会计师事务所和律师事务所等。

4. 监督机构

监督机构是资本市场运行的观望者，并在发生违法行为时采取行动，如中国证券监督管理委员会、中国银行保险监督管理委员会。

二、资本市场的特点

与货币市场相比，资本市场具有如下特点。

（1）融资期限长。至少在 1 年以上，也可以长达数十年，甚至无限期。

（2）流动性相对较差。在资本市场上筹集到的资金多用于解决中长期融资需求，充实固定资产，故流动性和变现性相对较弱。

（3）风险大而收益较高。由于融资期限较长，发生重大变故的可能性也大，市场价格容易波动，投资者需承受较大风险。同时，作为对承担风险的报酬，其收益也较高。

三、资本市场的分类

按不同的分类标准，可以对资本市场进行如下分类。

（一）银行中长期信贷市场和证券市场

按融通资金方式的不同，可将资本市场分为银行中长期信贷市场和证券市场。

银行中长期信贷市场是银行及其他金融机构办理 1 年期以上的中长期信贷业务的金融市场。一般 1～5 年的称为中期信贷，5 年以上的称为长期信贷。中长期信贷主要用于满足企业固定资产的更新、扩建或新建的资金需要。贷款一般是抵押放款，抵押品可以是商品、不动产、有价证券、单据等。

证券市场是指有价证券发行和流通的市场，其交易工具主要有股票、债券、基金证券及其他衍生证券。该市场的主体包括证券发行人、投资者、中介机构、交易场所以及自律性组织和监管机构。

（二）一级市场和二级市场

按市场职能，可以将资本市场分为一级市场和二级市场。

一级市场又称为"发行市场"或"初级市场"，它是将政府、公司、企业等发行主体新发行的公债、公司债券、股票等有价证券转移到投资者手里的市场，是发行主体筹集资金、实现资本职能转化的场所，其主要职能是将社会闲散资金转化为生产建设资金。一级市场由证券发行者、证券承销商（中介机构）和证券投资者构成。

二级市场又称为"流通市场"或"次级市场"，是供投资者买卖已发行证券的场所。二级市场主要是通过证券的流通转让来保证证券的流动性，进而保证投资者资产的流动性。

二级市场一般又可以分为证券交易所市场和场外交易市场。证券交易所是最重要的证券交易市场，它为买卖双方提供了一个公开进行交易的场所，使投资者能够自由地把资金投资于证券，或将所持有的证券自由转让，以取得现金或转投资于其他证券。

四、债券与股票的异同点

债券与股票一样，都是资本市场筹资的工具。但二者也有区别：① 发行主体不同。作为筹资手段，无论是国家、地方政府、团体机构还是工商企业、公司组织，都可以发行债券，而股票只能由一部分股份制的公司和企业发行。② 发行人与持有者的关系不同。债券是一种债权债务凭证；而股票是一种所有权凭证。③ 期限不同。债券一般在发行时都明确规定偿还期限，期满时，发行人必须偿还本金；而股票一经购买，则不能退股，投资人只能通过市场转让的方式收回资金。④ 价格的稳定性不同。由于债券利息率固定，票面金额固定，偿还期限固定，其市场价格相对稳定；而股票无固定的期限和利息，其价格受公司经营状况、国内外局势、公众心理以及供求状态等多种因素影响，涨跌频繁并且振幅较大。⑤ 风险程度不同。无论公司经营状况好坏，债券持有人均可按照规定不定期地获得利息，并且在公司破产清偿时有比股东优先受偿的权利；但股票持有者，尤其是普通股股票持有者，获取股利的多少要取决于公司的经营状况。⑥ 会计处理不同。发行债券被视为公司负债，其利息支出是公司的固定支出，可计入成本，冲减利润，而股票是股份公司为自己筹集的资本，所筹资金被列入资本，股票的红利则是公司利润的一部分，只有在公司盈利时才能支付。

第二节 债券市场

债券是政府、金融机构、工商企业等直接向社会筹措资金时，向投资者发行并且承诺按一定利率支付利息并按约定条件偿还本金的债权债务凭证。债券的发行人既是资金的最终需求者，也是债务人，承担着到期还本付息的义务；债券购买者既是资金的供给者，也是债权人，有权要求债务人按约定条件还本付息。因此，债券是证明持有人和发行人之间债权债务关系的法律凭证。

一、债券的种类

债券因发行主体、期限、利率及筹资用途的不同，可以从不同角度划分为不同的种类。同时，为了满足人们对融资的多元化需求，不断有新的债券形式产生。目前债券的种类主要有下列几种。

（一）按发行主体不同划分

1. 政府债券

政府债券是政府发行并负责还本付息的凭证。它又分为中央政府债券和地方政府债券。中央政府债券又称为国债，地方政府债券又称为市政债券。

2. 金融债券

金融债券是由银行或非银行性金融机构发行的债券。发行金融债券的金融机构，一般资金实力雄厚、资信度高，发行债券所筹集的资金具有特定的用途。

3. 企业债券

企业债券又称公司债券，是指由企业发行并负责还本付息的债券。按产业类型的不同，企业债券可以进一步分为工业债券、交通运输债券和其他债券。

（二）按本金偿还方式不同划分

1. 到期还本债券

到期还本债券，是指根据债券发行时的规定，由发行人在债券到期时一次性向债权人偿付本金的债券。我国近几年发行的债券，绝大多数都是到期还本债券。

2. 偿债基金债券

偿债基金债券，是指发行人根据债券契约规定，在债券到期前的若干年间，每年准备一定数量的基金用于偿债的债券。一般来说，长期公司债券应有偿债基金条款，以促使债务人逐年积累偿债资金，避免资金凝滞或过度使用，保证债务偿还。同时，建立偿债基金有助于提高投资者的信任度，保障长期公司债券的顺利发行。

3. 分期偿还债券

分期偿还债券是指发行人分期向债权人偿还本金的债券。这类债券有两种形式：其一，按序号分期偿还的债券。在这种形式中，当债券到期时，发行人根据债券发行时的规定，按债券上的编码顺序每年向一部分债权人偿付本息。其二，按比例向所有债权人偿付规定数量的本金（如每年偿付 20% 的本金）。由于在债券持有人社会化的条件下，这种方式的实施难度相当大，所以在资本市场发展过程中已逐步消失了。

4. 通知偿还债券

通知偿还债券又称可赎回债券，这种债券附有可赎回条款，在债券到期前，发行人可按规定的条件通知债券持有人提前偿还本金和利息。通常情况下，债券发行人在提前赎回债券时，很少动用现金，而是用新发行的债券调换已发行的债券。通知偿还债券大多为长期的企业债券，它使发行人在利率降低时，能够以低利率的债券调换高利率的债券，降低债务成本。

（三）按利息支付方式不同划分

1. 一般付息债券

一般付息债券是指到期一并还本付息的债券。我国发行的债券大都采取这种付息方式。

2. 分期付息债券

分期付息债券是指按发债时规定的利率标准，每年支付利息的债券。这种债券一般为中长期债券，但其利息不是到期一次性支付，而是每年支付。

3. 附息票债券

附息票债券简称附息债券，是指附有在到息日（通常是每年的规定月份）领取利息的凭证的债券。这种债券的利息不是在债券到期时一次性支付，而是在债券到期前有若干个可以领取利息的息票，债券持有者可凭债券上附有的息票领取利息。息票一般都注明应付利息的日期和金额。附息票债券一般为中长期债券。

4. 贴现债券

贴现债券又称折扣债券，是指按低于债券面额的价格发行而到期时按面额偿还的债券。由于债券发行时，按贴现原理，用折扣的方式从债券面额中扣除利息，所以，这种债券的发行价格低于面额，其差额构成债务利息。

贴现债券的利息有两个特点：① 利息预先支付；② 如果考虑复利因素，这种债券的实际利率要比名义利率高。

5. 贴水债券

贴水债券是指实际利率因某种原因得到贴补而高于利率的债券。这种债券一般有一个按面额计算的固定利率，然后，还有一个根据某种因素而贴补的利率。引起利率贴补的原因很多，如通货膨胀、市场利率提高、政府政策变动等。

（四）按还本期限的长短划分

对于债券还本期限，不同国家的划分标准不完全相同。我国的规定是：还本期限在 1 年或 1 年以内的为短期债券，还本期限在 1 年以上、5 年以下的为中期债券，还本期限在 5 年以上的为长期债券。

（五）按有否抵押或担保划分

1. 信用债券

信用债券是凭发债者的信用能力而发行的债券，它没有特定的财产作为发债抵押。政府发行的债券大多是信用债券，它们的偿还以政府的信用（事实上是对辖区居民的课税能力）为基础。公司债券中也有不少属于信用债券性质。

2. 抵押债券

抵押债券是指以特定财产作为抵押而发行的债券。在发行人不能按期偿还本金和利息的情况下，抵押债券持有者对抵押资产有置留权，即拥有出售抵押财产来获得其未偿债务的法律权利。

（六）按是否记名划分

1. 记名债券

记名债券是指在债券上记有债权人姓名的债券。这种债券在领取本息时除需持有债券外，还需持有债权人的身份证件和印鉴；在转让时，一般要进行背书和重新登记。记名债券通常可以挂失，安全性高，但流动性差。

2. 无记名债券

无记名债券是指债券上不记载债权人姓名的债券，其持有者仅凭债券本身即可按规定领取本金和利息，无须附带其他证件，转让时也无须登记，因此，此债券的流动性较好。

（七）按发行地域划分

1. 国内债券

国内债券是指在本国发行的债券。

2. 国际债券

国际债券又可以分为以下两类。

（1）外国债券。外国债券是指某一国借款人在本国以外的某一国家发行以该国货币为面值的债券。

（2）欧洲债券。欧洲债券是指借款人在本国境外市场发行的，不以发行市场所在国的货币为面值的国际债券。欧洲债券的特点是债券发行者、发行地点和债券面值所使用的货币分别属于不同的国家。

（八）按利率浮动与否划分

1. 固定利率债券

固定利率债券又称"普通债券"，是债券的一种传统形式，是一种利率在发行时就被固定下来的债券。这种债券通常在票面上印制有固定利息息票和到期日，发行人每半年或一年支付一次利息。由持券人剪下息票，凭此从发行人或其指定的银行处领取利息。这种债券在市场利率变动不大时，通行效果较好，但当市场利率不稳定甚至急剧变动时，其发行就会受到极大限制。

2. 浮动利率债券

浮动利率债券是指发行时规定债券利率随市场利率定期浮动的债券。也就是说，债券利率在偿还期内可以进行变动和调整。浮动利率债券往往是中长期债券。它的利率通常根据市场基准利率加上一定的利差来确定。

（九）按附带权益内容的不同划分

1. 可转换债券

可转换债券是指债券持有人可按照发行时约定的价格将债券转换成公司的普通股票的债券。如果债券持有人不想转换，则可以继续持有债券，直到偿还期满时收取本金和利息，或者在流通市场出售变现。如果持有人看好发债公司股票增值潜力，在宽限期之后可以行使转换权，按照预定转换价格将债券转换成为股票，发债公司不得拒绝。该债券利率一般低于普通公司的债券利率，企业发行可转换债券可以降低筹资成本。可转换债券持有人还享有在一定条件下将债券回售给发行人的权利，发行人在一定条件下拥有强制赎回债券的权利。

2. 可赎回债券

可赎回债券亦称"可买回债券"，是指发行人有权在特定的时间按照某个价格强制从债券持有人手中将债券赎回，该券可视为债券与看涨期权的结合体。

在市场利率跌至比可赎回债券的票面利率低得多的时候，债务人如果认为将债券赎回并且按照较低的利率重新发行债券，比按现有的债券票面利率继续支付利息要合算，就会将债券赎回。

二、债券的发行方式

债券按其发行方式和认购对象，可以分为私募发行与公募发行；按其有无中介机构协助发行，可以分为直接发行与间接发行；按其定价方式，又可以分为平价发行、溢价发行和折价发行。

（一）私募发行与公募发行

债券的私募发行是指面向少数特定投资者的发行。一般来讲,私募发行的对象主要有两类：一类是有所限定的个人投资者,一般情况下是限于发行单位内部或有紧密联系的单位内部的职工或股东；另一类是指定的机构投资者,如专业性基金（包括养老退休基金、人寿保险基金等）,或与发行单位有密切业务往来的企业、公司等。

公募发行是指公开向社会非特定投资者的发行，充分体现公开、公正的原则。相对于私募发行，对发行者来讲，公募发行的有利之处在于：一是可以提高发行者的知名度和信用度，从而有利于扩大筹资渠道，享受较有利的筹资条件；二是发行的债券可以上市转让流通，从而提高其流动性和吸引力；三是发行范围广泛，因而筹资潜力较大；四是发行者和投资者完全处于公平竞争、公平选择的地位。

（二）直接发行与间接发行

债券不论是私募发行还是公募发行，按其是否需要中介机构予以协助发行，可区分为直接发行和间接发行两种方式。一般而言，私募发行多采用直接发行方式，而公募发行则多采用间接发行方式。

1. 直接发行

直接发行是指债券发行人直接向投资者推销债券，而不需要中介机构进行承销。采用直接发行方式，可以节省中介机构的承销、包销费用，节约发行成本。但需要花费大量的人力和时间进行申报登记、资信评估、征募宣传、债券印制、发信收款等繁杂的工作，同时也需要建立一些发行网点和派出众多发售人员，对此，一些小公司往往难以承受。另外，发行人还要完全承担债券不能按时售完的发行风险。因此，选择直接发行方式的一般都是一些信誉较高、知名度较高的大公司、大企业以及具有众多分支机构的金融机构。

2. 间接发行

间接发行是指发行人不直接向投资者推销，而是委托中介机构进行承购推销。间接发行可节省人力、时间，减少一定的发行风险，迅速高效地完成发行。因为作为承购推销的中介机构

（包括投资银行、证券公司、信托投资公司及专业的承销商）具有丰富的承销经验、知识和专业人才，具有雄厚的资金实力、较高的承销信誉、较多的承销网点，以及较灵通的信息，从而可以使发行推销工作准确、高效、顺利地进行。当然，选择间接发行方式，发行人要支出一笔较大的承销费用，从而增加发行成本。

（三）平价发行、溢价发行和折价发行

1. 平价发行

平价发行（At Par）也称为等额发行或面额发行，是指发行人以票面金额作为发行价格的发行方法。

2. 溢价发行

溢价发行亦称增价发行，是指以高于债券票面金额的价格出售债券，到期按票面金额偿还的发行方法。采用溢价发行的债券，收益率通常较高，投资者有利可图。投资者实获利息是票面利息扣除偿还差额（发行价格与偿还价格之差）。

3. 折价发行

折价发行又称"低价发行"，是一种发行价格低于债券票面金额，到期还本时依照票面金额偿还的发行方法。正常情况下，低价发行可以提高债券的吸引力，扩大债券的发行数量，加快发行速度，有利于发行者在短期里筹集较多的资金。

三、债券的承销方式

债券发行人选择间接发行方式，就需要委托作为承销商的中介机构进行承销。承销商承销债券的方式主要有三种，即代销方式、余额包销方式及全额包销方式，或者称为推销、助销和包销。

（一）债券代销

债券代销方式也叫推销方式，是指债券发行者委托承销商代为向社会推销债券。受托的承销商要按承销协议规定的发行条件，在约定的期限内尽力推销，到销售截止日，如果没有按照原定的发行数额售出，未售出部分仍退还给发行者，承销商不承担任何发行风险，而是由债券发行者承担发行失败的风险。同时，发行者要按照协议规定支付承销商承销费用。正因为这种发行方式需要发行人承担一定的发行风险，因此，只有信誉高的发行人或十分抢手、走俏的债券，才采用这种发行方式。

（二）债券余额包销

债券发行的余额包销方式也叫助销方式，是指承销商按照已定的发行条件和数额，在约定的期限内向社会公众大力推销，到销售截止日，如果未售完，则由承销商负责认购，承销商要按照约定的时间向发行者支付全部债券款项，在债券发行结束后，承销商还可以继续推销自己所认购的部分债券，或者作为自己的投资来持有这部分债券。因为采取这种余额包销的承销方式，是承销商承担部分发行风险，可以保证发行人筹资用资计划的按时实现，因此，多为发行者所采用。

（三）全额包销

债券发行的全额包销方式，是指由承销商先将发行的全部债券认购下来，并立即向发行人支付全部债券款项，然后再按市场条件转售给投资者。采用这种发行方式，承销商要承担全部发行失败的风险，可以保证发行人及时筹得所需资金。承销商为了分散所承担的发行风险和解

决包销认购不足的问题，往往会采取分销的方式。按照承销商承担风险的方式和程度，债券全额包销又可以分为协议包销、俱乐部包销和银团包销。

1. 协议包销

协议包销是指发行人与一个单独承销商签订包销协议，由其独立包销发行人发行全部债券。采用这种包销方式，发行风险全部由该承销商独立承担，发行手续费也全部归该承销商独享。

2. 俱乐部包销

俱乐部包销是指发行人与若干个承销商签订发行协议，由这些承销商共同包销所发行的全部债券，通过协议具体规定每个承销商应包销的份额，并据此确定其承担的发行风险和应取得的发行费用。采取这种发行承销方式，其发行风险由多个承销商共同承担，可以相对分散包销的风险，当然，其发行费用也由参加包销的若干个承销商分享，风险分担、利益分享，或者叫作风险共担、利益同享。当发行债券数额较大，发行风险也很大时，往往会采用这种承销方式。

3. 银团包销

银团包销是指由一个承销商牵头，若干个承销商参与包销活动，以竞争的方式确定各自的包销额，并按其包销额承担发行风险，收取发行手续费。这种承销方式多适用于债券发行数额较大，一个承销商难以独自完成或者不愿独自承担全部发行风险的情况。目前，这种方式在国际市场上采用得较多。

四、债券发行利率及发行价格的确定

在债券发行过程中，除了要确定发行方式、承销方式外，还必须确定发行利率及发行价格，这也是债券发行市场的重要环节。

（一）债券的发行利率

债券的发行利率，一般指债券的票面利率。一般来讲，债券的发行利率是债券发行人根据债券本身的性质、期限、信用等级、利息支付方式及对市场条件的分析等因素来确定的。主要包括以下几方面。

1. 债券的期限

一般来讲，债券期限越长，发行利率就越高；反之，期限越短，发行利率就越低。这是因为，期限越长，潜在的风险就越大，包括信用风险、利率风险、通货膨胀风险等，投资者承担的风险越大，就需要越高的利率回报。

2. 债券的信用等级

债券信用等级的高低在一定程度上反映了债券发行人到期支付本息的能力，债券等级越高，投资人承担的风险就越小；反之，投资人承担的风险就越大。因此，债券发行人可以根据债券信用等级来确定债券的发行利率。如果市场上无公开和权威性的评级机构及评级制度，发行人就可以根据自己的知名度和信誉程度、有无担保或抵押条款及当前的市场利率水平，来具体确定所发行债券的利率水平。

3. 有无可靠的抵押或担保

抵押或担保是对债券还本付息的一种保障，是对债券投资风险的一种防范，是对投资者信心的一种保护。在其他情况已定的条件下，有抵押或担保，投资的风险就小一些，债券的利率就可以低一些；如果没有抵押或担保，投资的风险就要大一些，债券的利率就要高一些。

4. 利率水平

当前市场银根的松紧、市场利率水平及变动趋势、同类证券及其他金融工具的利率水平等都会影响债券的发行利率。如果当前市场银根很紧，市场利率可能会逐步升高，银行存款、贷款利率及其他债券的利率水平比较高，由此，债券发行人就应该考虑确定较高的债券发行利率；在相反情况下，债券发行人就可以确定较低的债券发行利率。

5. 债券利息的支付方式

实行单利、复利和贴现等不同的利息支付方式，对投资人的实际收益率和发行人的筹资成本有着不同的影响。一般来讲，单利计息的债券，其票面利率应高于复利计息和贴现计息债券的票面利率。

6. 金融管理当局对利率的管制结构

例如，有些国家直接规定债券利率水平或最高上限，有些国家规定债券利率的浮动幅度，有些国家规定债券利率要与受到管制的存款利率挂钩，有些国家对债券利率不加任何管制，使其完全取决于债券发行人的信誉、债券期限、市场条件及投资者选择。

（二）债券的发行价格

在发行债券时，其发行价格未必与债券的票面金额相等。根据债券本身的市场销售能力和投资者的可接受程度，为使债券投资的实际收益率具有吸引力，有时，债券发行人将以高于或低于债券票面金额的价格发行债券。

按其价格与票面金额的关系，债券的发行价格大致有以下 3 种。

（1）平价发行，即发行价格与票面金额相一致，债券票面印制的金额是 100 元，实际发行价格也确定为 100 元，债券到期时，还按票面金额 100 元偿还。

（2）溢价发行，即发行价格高于票面金额，债券票面的金额是 100 元，而实际发行价格确定为 102 元，债券到期时，还按票面金额 100 元偿还。

（3）折价发行，即发行价格低于票面金额，债券票面金额为 100 元，而实际发行价格确定为 98 元，债券到期时，还按票面金额 100 元偿还。

（三）债券发行价格的计算

从上面的内容可以看出，债券票面利率直接影响发行价格，而债券的票面利率一旦确定，就要正式印在债券的票面上。在债券的有效期内，无论市场上发生什么变化，发行人必须按此利率向债券持有者支付利息。但是，从债券票面利率的制定到印制发售，中间总有一个过程，其间市场利率可能发生变化，如果还按原定票面利率发行，就可能因票面利率与市场利率（或收益率）不一致，而使发行者利益受损，或者使债券丧失吸引力，这就需要根据两种利率的现实差异及金融市场的变化趋势，并参照债券期限、发行方式、付息方式等对债券价格进行适当调整。调整的计算公式为

$$发行价格 = \frac{面额 + 票面利息 \times 偿还年限}{1 + 市场利率（收益率）\times 偿还年限}$$

例如，某公司发行面额为 100 元的 3 年期债券，票面年利率为 14%，当时市场利率为 18%，则其发行价格应为 92.21 元。具体计算如下：

$$发行价格 = \frac{100 + 14\% \times 100 \times 3}{1 + 18\% \times 3} = 92.21（元）$$

五、债券的交易形式

债券二级市场上的交易主要有三种形式，即现货交易、期货交易和回购协议交易。

（一）现货交易

债券的现货交易是指买卖双方根据商定的付款方式，在较短的时间内交割清算，即卖者交出债券，买者支付现金。在实际交易过程中，从债券成交到最后交割清算，总会有一个较短的拖延时间。因此说，现货交易不完全是现金交易，不是一手交钱、一手交货。一般来讲，现货交易按交割时间的安排可以分为三种：① 即时交割，即于债券买卖成交时立即办理交割；② 次日交割，即成交后的第二天办理交割；③ 限期交割，即于成交后限定几日内完成交割。

（二）期货交易

债券的期货交易是指买卖成交后，双方按契约规定的价格在将来指定日期（如3个月、6个月以后）进行交割清算。进行债券的期货交易，可以规避、转嫁风险，实现债券的套期保值，同时，因其是一种投机交易，买卖双方也要承担较大风险。因为债券的成交、交割及清算时间是分开的，清算时是按照买卖契约成立时的债券价格计算，而不是按照交割时的价格计算。而在实际中，由于种种原因，债券价格在契约成立时和实际交割时往往是不一致的。当债券价格上涨时，买者会以较少的本钱获得较多的收益；当债券价格下跌时，卖者会取得较好的收益，而不致发生损失。

在实际交易中，期货交割到期之前，买进期货的人还可以再卖出同样一笔期货，卖出期货的人也可以再买下同样的一笔期货，因此，在实际交割时就可能根据出现的不同情况，做出不同的处理：如果交易双方进行了相反方向的期货买卖，而且买卖的数额相等，就不必办理任何实际交割；如果交易双方进行了相反方向的期货买卖，但买卖的数额、价款不等，则只需交割差额，从而可以简化交割手续及过程；如果直到最终交易日，交易双方尚未进行相反方向的期货买卖，则预约的数额将全部用现货来结算。

在期货交易中，买卖双方在最后交割时都有可能亏本，为了保证履约，买卖双方都要按规定交付一定比例的保证金，当保证金随着价格的变动减少时，还要增交保证金。

（三）回购协议交易

债券的回购协议交易是指债券买卖双方按预先签订的协议，约定在卖出一笔债券后一段时期再以特定的价格买回这笔债券，并按商定的利率付息。这种有条件的债券交易形式，实质上是一种短期的资金借贷融通。这种交易对卖方来讲实际上是卖现货买期货，对买方来讲，是买现货卖期货。

回购协议的期限有长有短，最短的为1天，称为隔夜交易，最长的也有一年的，一般为1个星期、2个星期、3个星期或1个月、2个月、3个月、6个月。回购协议的利率由协议双方根据回购期限、货币市场行情以及回购债券的质量等有关因素来议定，与债券本身的利率无直接关系。

与回购协议交易相对应的是逆回购协议交易，即债券买卖双方约定，买方在购入一笔债券后过一段时间再卖给卖方。在回购协议交易中，对债券的原持有人（卖方）来说，是回购交易；对投资人（买方）来说，则是逆回购交易。由于是附有回购条件的买卖，因此，在这种交易中，债券实际上只是被暂时抵押给了买方，卖方从中取得了资金上的融通，买方能得到的只是双方议定的回购协议的利息，而不是债券本身的利息，债券本身的利息是属于卖方，即债券原持有人的。正因为债券回购交易带有资金融通的功能，因此被金融机构及大企业广泛采用，同时成为中央银行进行公开市场操作，即买卖政府债券、调节银根松紧的重要手段。

第三节 股票市场

股票是股份有限公司发给股东以证明其向公司投资并拥有所有者权益的有价证券，这在一定义上具有三层含义：第一，股票是由股份有限公司发行的，非股份有限公司不能发行股票；第二，股票是投资者向公司投资入股的凭证，因此，购买股票和向公司投资是同一过程；第三，股票是投资者拥有所有者权益并承担相应责任的凭证。

一、股票的特点

股票作为一种金融工具，其显著特点主要有以下几方面。

（一）投资的永久性

在公司的存续期间，投资者一旦投资入股，就不能直接向公司退股抽资。这是因为，任何公司运作的资本都由众多股东投入，公司业务有着明确的产业定位、规模界限、客户联系等，若股东可以随意退股抽资，将打乱公司的正常业务活动，给公司的客户和其他股东造成损失，使市场经济的运行秩序和资本市场的融资关系受到损害。

（二）收益的风险性

获得收益是投资者投资的基本目的之一。股票收益率要高于银行的长期存款利率，否则，投资者宁愿将资金存入银行，也不会投资于公司。从投资到获得收益的过程中，股东投入资金在前，公司运用资金在中，资金的运作后果在后，其间存在着众多风险。能够有效回避这些风险，公司、股东将获得比较满意的收益；反之，将蒙受损失。

（三）决策的参与性

既然公司营运的风险最终由股东投入的资本来承担，那么股东就必然从关心自己的资本和收益水平出发，十分关心公司运作。在公司运作中，经营决策和经营管理人员具有决定性意义，为此，股东对公司运作的关心也首先落实在这些方面。

（四）转让的市场性

各个投资者在不同时期的资金不尽相同，对投资收益要求亦有差别，对风险的评价也在不断变化。但是，受永久性投资机制制约，那些有突然资金需求的，或发现更好的投资机会的，或感觉风险过大的投资者就会认为，股票投资也有其不方便之处。鉴于此，一些人宁愿将资金存入银行或购买其他流动性较高的证券，也不愿意投资于股票。如若这样，股票和股份公司的生存和发展就会丧失基础。为了满足投资者灵活转换资产的需求，同时也为了保障公司的存续与发展，股票便有了可转让性。所谓可转让，是指股票持有者可以按一定的价格将股票卖给愿意购买该股票的人。在转让中，股票卖出者通过卖出股票收回了投资及预期收益，并将股票代表的股东身份及相应权益让渡给了股票购买者。

除了上述特点外，股票还具有可抵押性、可赠送性、可继承性等特点。

二、股票的种类

股份有限公司为了满足自身经营的需要，会根据投资者的投资需求发行多种多样的股票，这些股票所代表的股东地位和股东权利各不相同。按照不同的划分标准，股票有以下主要种类。

（1）按照股票代表的股东权利划分，股票可分为普通股股票和优先股股票。普通股股票是最普通也是最重要的股票种类。优先股股票是股份有限公司发行的具有收益分配和剩余财产分配优先权的股票。

（2）按照股东是否对股份有限公司管理享有表决权划分，可以将股票分为表决权股股票和无表决权股股票。表决权股股票是指持有人对公司的经营管理享有表决权的股票。表决权股股票分为：单权股股票，即每股股票享有一票表决权的股票；多权股股票，即每张股票有若干表决权的股票；限制表决权股股票，即表决权受到法律和公司章程限制的股票；有表决权优先股股票，持有该种股票的股东可参加股东大会，对规定内的公司事务行使表决权；无表决权股股票是指根据法律或公司章程的规定，对股份有限公司的经营管理不享有表决权的股票。相应地，这类股票的持有者无权参与公司的经营管理，但仍可以参加股东大会。

（3）按照是否在票面上记载股东的姓名划分，股票分为记名股票和不记名股票。记名股票是指将股东姓名记载在股票和股东名册上的股票。记名股票代表的股东权益归属记名股东，转让记名股票必须依照法律和公司章程规定的程序进行，并要符合规定的转让条件。多数国家的股份有限公司发行的股票不记名。但某些特定的股票，如董事资格股票、雇员股票、可赎回股票等，一般要求记名。不记名股票是指股票票面不记载股东姓名的股票。不记名股票权利属于股票持有者所有，它与记名股票相比，转让更方便、更自由。

（4）按照有无票面价值划分，股票分为有面值股票和无面值股票。有面值股票是指在股票上记载一定金额的股票，也称有面额股票。早期发行的股票基本上都是有面值股票，现代各国股份有限公司发行的股票以有面值的居多。无面值股票是指股票票面不记载金额的股票，也称无面额股票。这类股票不标明固定的金额，但要在票面上表示其在公司资本金额中所占的比例，所以它又被称作比例股股票。无面值股票不是说股票没有票面价值，只是由于公司经营状况不断变动，公司资产总额经常发生变化，股票的价值也随公司实际资产增减而升降。

三、股票的发行市场

（一）股票发行的种类

公司发行股票是为了筹集资金，但在发行股票筹集资金与公司的关系上，还可以划分为五种情形：第一，发起设立发行，即公司的发起人发起公司并认购公司拟发行的全部股票。第二，募集设立发行，即股份有限公司在原独资公司或有限责任公司的基础上进行公司制度改造，在对原公司资产进行评估折股的基础上，向社会发行一定数量的股份。第三，存量转让发行，即股份有限公司在原独资公司或有限责任公司的基础上进行公司制改造，在以原公司资产进行评估折股的基础上，将一部分股票以转让的方式向社会发行，设立股份有限公司。第四，送股发行，即公司在股利分配中，不以现金形式派发股息，而以股票形式派发股息。这是增加公司资本数量的一种重要方式。第五，配股发行，即公司按原有股份的一定比例配给原股东购买公司股票的优先认股权，从而增加公司股份。

（二）股票发行的价格

股票发行价格是指公司在发行市场上出售股票时所采用的价格。它一般分为平价发行、市价发行、中间价格发行和折价发行四种价格形式。平价发行，即将股票的票面金额确定为发行价格。市价发行是以市场上流通的股票价格为基础确定发行价格。中间价格发行即股票的发行价格取票面金额和市场价格的中间值。折价发行即发行价格低于票面金额。公司发行股票选取何种价格，取决于一系列因素，主要有以下几种。

（1）盈利水平。税后利润综合反映了一个公司的经营能力和获利水平，在总股本和市盈率已定的前提下，税后利润越高，股票发行价格越高；反之亦然。

（2）股票交易市场态势。股票交易价格直接影响着发行价格。一般来说，在股指上扬、交投（即买卖交易）活跃的条件下，受交易价格上升的影响，股票的高发行价格令投资者能够接受；在股指下落、交投减少的情况下，受交易价格下降的影响，股票的发行价格不宜过高，否则，投资者不愿意接受。另外，在确定发行价格时，也要注意给股票二级市场的运作留有适当的余地，使二级市场交投活跃。

（3）本次股票的发行数量。股票发行受到购股资金数量的严格制约。一次发行股票的数量较大，在确定的时间内，受资金供给量的限制，若发行价格过高，将面临发行失败的风险。相反，一次发行股票的数量较少，受资金供求关系的影响，发行价格可能提高。

（4）公司所处的行业特点。不同的公司处于不同的产业部门中，各产业部门受技术进步速度、产品成熟状况、市场开发程度、政府政策支持等因素的影响，处于不同的增长态势之中，有着不同的发展前景。一些具有发展潜力的部门，具有较强的竞争能力，市场前景好，其发行的股票价格可能要高些。而一些传统产业，竞争能力较差，其发行的股票价格可能低一些。此外，股票发行价格还受公司知名度的影响。

在实践中，确定股票发行价格主要有两种方法，即市盈率法和市场竞价法。所谓市盈率法，是指根据市盈率的倍数来确定股票发行价格的方法。所谓市场竞价法，是指通过市场竞价来确定股票发行价格的方法。

市盈率，全称为市场盈利率，是购股价格与公司每股税后利润的比率。用公式可表示为

$$市盈率 = \frac{每股的购买价格}{公司每股税后利润}$$

根据历史资料预测到公司的盈利能力后，结合市场的平均盈利，就可以确定股票的发行价格，即

$$股票发行价格 = \frac{发行当年预测的税后利润}{公司发股后的总股本} \times 市盈率$$

在实行市场竞价法时，股票发行会先确定一个底价，投资者在规定时间内以不低于发行底

价的价格（并按限购比例或数量）进行申购；申购期满后，由证券交易所系统将所有有效申购按照价格优先、同价位申报者时间优先的原则，将申购者的申购单由高价位向低价位排队，并累计有效认购数量；当累计数量恰好达到或超过本次发行股票的数量时，最后一笔申购价格即为本次股票发行的价格。因此，市场竞价法又称边际定价法。在市场竞价中，如果在发行底价上的申购不能完全认购本次发行的股票的数量，则竞价的底价就转为发行价格。

四、股票上市

公开发行的股票，经证券交易所批准在证券交易所里作为交易的对象，叫作股票上市。相应地，股票发行公司向证券交易所提出在证券交易所内进行该种股票买卖的申请，经证券交易所批准注册后的股票称为上市股票。

（一）股票上市条件

股票上市条件也称股票上市标准，是指证券交易所对申请股票上市的公司所做的规定或要求，只有符合这些规定和要求，公司股票才准许上市。

各国证券交易所关于股票上市标准的规定各不相同，规定的标准视各个国家证券交易所的具体情况而定。一般来说，股票上市的标准主要有以下项目。

（1）是否符合该国证券交易法规和证券交易所规定的有关上市公司的资本额。

（2）盈利能力。公司的盈利能力从根本上决定着股利支付的多少和股票价格的变化。

（3）资本结构。资本结构是指公司自有资金和借入资金的构成状况。借入资金多则负债比率大，负债比率的大小直接影响投资者收益的多少。

（4）偿债能力。偿债能力的强弱，直接关系着股票的交易状况和股东利益。

（5）股权分散规定。证券交易所对公司的股权分散状况都有一个具体的规定，制定这项规定的目的在于赋予股票足够的流通性，以避免任何大股东直接影响股票价格。

（6）申请上市股票的市场价值。规定股票的市场价值甚至要比规定公司的资本额更为重要，因为它是公司信誉在股市上的直接综合反映。

（二）股票上市申请程序

股票发行公司要想让自己的股票在证券交易所上市，必须首先向证券交易所提出股票上市的申请。申请时必须提供下列文件：① 上市申请书；② 上市报告书——说明公司的主要业务状况、财务状况、股票发行和转让状况，以及可能影响股价波动和避免出现不正常情况的事项；③ 批准公司发行股票的文件；④ 公司章程；⑤ 公司申请上市的董事会决议；⑥ 公司注册证明文件；⑦ 公司股东名册；⑧ 经会计师事务所注册会计师签证的公司最近年份的资产负债表和损益计算表；⑨ 公司经营状况公告事项的说明等。

（三）股票上市的获准

对符合上市条件的股票，由证券交易所报经证券主管机关核准，便对申请股票上市的公司出具"上市通知书"，向公众公告，并在规定的时间内向社会公众公布"上市公告书"，定期公布经会计师事务所注册会计师签证的财务报表，上市以后在遇到特殊情况时，还要及时向证券交易所提供相关报告。

（四）上市公司信息披露

各国证券法都规定，上市后的股份有限公司负有公开、公平、及时地向全体股东披露一切有关其公司重要信息的持续性责任，以使上市公司的经营活动和重大事件置于投资公众的公开监督之下，使上市公司的股票能够在有效、公开、知情的市场中进行交易。

上市公司有责任持续披露的信息具有广泛的含义，它包括定期公布的法定报告(临时公布、中期公布、年度报告)、法律规定的重大事件、股票交易事项、公司董事和高级管理人员的权益和内幕交易，以及对公司证券价格产生重大影响的信息、对公司证券造市或操纵情况的信息、影响公司经营情况和财务状况的信息、引起公司股份变动的信息、影响证券持有人公平待遇的信息等。

五、股票流通市场的组织形式

股票流通市场的组织形式可以分为两种：场内交易和场外交易。

（一）场内交易

场内交易是指通过证券交易所进行股票买卖流通的组织形式。证券交易所是设有固定场地，备有各种服务设施（如行情板、电视屏幕、电子计算机、电话、电传等），配备了必要的管理和服务人员，集中进行股票和其他证券买卖的场所，在这些场所内进行的股票交易就称为场内交易。目前在世界各国，大部分股票的流通转让交易都是在证券交易所内进行的，因此，证券交易所是股票流通市场的核心，场内交易是股票流通的主要组织形式。

（二）场外交易

凡是在证券交易所以外进行股票买卖流通的组织方式统称为场外交易。场外交易有各种形式，不同形式的交易又有不同的市场名称，同一交易形式在不同国家也有不同的称呼。常见的有非正式市场、自由市场、店头市场或柜台市场、第三市场、第四市场等。

之所以采用场外交易的组织形式，是因为股票在证券交易所内挂牌上市，必须遵守一系列严格而复杂的规定，以保障投资者的权益。这样，有的股票发行后，达不到在证券交易所内上市的要求，有的股票即使上市了，也会因各种原因在证券交易所以外成交。随着商品经济，特别是货币金融业的发展和现代科技的不断进步，场外交易也日益活跃起来，其交易量和交易方式日渐增多，成为股票流通市场的重要组成部分。

六、股票流通市场的交易方式

进行股票买卖的方法和形式称为交易方式，它是股票流通交易的基本环节。现代股票流通市场上的交易方式种类繁多，从不同的角度可以做以下分类。

（1）按交易双方决定价格的方式不同，分为议价交易和竞价交易。议价交易就是买方和卖方一对一地面谈，通过讨价还价达成买卖交易。它是场外交易中常用的方式，一般在股票上不了市、交易量少、需要保密或为了节省佣金等情况下采用。竞价交易是指交易双方都是由若干人组成的群体，双方公开进行双向竞争的交易，即交易不仅在买卖双方之间有出价和要价的竞争，而且在买者群体和卖者群体内部也存在着激烈的竞争，最后在买方出价最高者和卖方要价最低者之间成交。在这种双方竞争中，买方可以自由地选择卖方，卖方也可以自由地选择买方，交易比较公开，产生的价格也比较合理。竞价交易是证券交易所中买卖股票的主要方式。

（2）按达成交易的方式不同，分为直接交易和间接交易。直接交易是买卖双方直接洽谈，股票也由买卖双方自行清算交割，在整个交易过程中不通过任何中介的交易方式。间接交易是买卖双方不直接见面或联系，而是委托中介人进行股票买卖的交易方式。证券交易所中的经纪人制度，就是典型的间接交易方式。

（3）按交割期不同，分为现货交易和期货交易。现货交易是指股票买卖成交后，马上办理交割清算手续，钱货两清。期货交易则是股票成交后按合同中规定的价格、数量，经过一定时期再进行交割清算的交易方式。

（4）按交易者的不同需要，近年来还出现了只需要交纳少量保证金就可以从事大宗股票买卖的信用交易（亦称垫头交易）、买卖股票交易权利的期权交易、以股票价格指数为对象的股票指数期货交易等。

七、股票交易过程

股票交易过程是指投资者（或股东）从开户、买卖股票到股票与资金交割完毕的全过程。它大致可以分为开户、委托、成交、清算、交割和过户六个阶段。

（一）开户

任何投资者或股东要进入股市，首先须在证券商或经纪人处开立委托买卖股票的有关账户。在许多国家或地区，开户主要是指投资者（或股东）在股票经纪人处开立资金账户的行为。但在我国，开户包括开立股东账户和资金账户等行为。开立股东账户一般在各地方的证券登记公司进行；开设资金账户主要在各个证券商的证券营业部办理。

（二）委托

委托是指投资者或股东在办理完规定的手续后，让证券商或经纪人代理股票买卖的行为。在委托中，股东应将所委托卖出的股票，投资者应将委托购股的资金，交付给证券商或经纪人。不论对委托人还是对被委托人来说，委托都是进行股票买卖的关键性行为，委托的时间、内容、方式是否恰当，直接关系着交易的成败和利益的增减。

1. 委托方式

委托方式按形式划分，可以分为柜台委托、电话委托、电传委托、口头委托等；按权益划分，可分为全权委托、市价委托、限价委托等。

（1）柜台委托是指投资者或股东在证券商（或经纪人）的营业柜台上，委托证券商代理买卖股票的方式。当采用纸面凭证时，投资者或股东应填写委托单；当采用磁卡凭证时，投资者或股东应输入自己的代码（密码）和相关指令，在确认无误后，按下"确定"按钮。

（2）在采取电话委托、电传委托和口头委托的场合，投资者或股东在实施委托时，可以不填写委托单。由于口头委托容易发生委托纠纷，我国不予采用，在国际股市中，这种方式也已很少被采用。

（3）全权委托是指投资者或股东将买卖股票的权利完全委托给证券商或经纪人的方式。在这种委托方式下，证券商或经纪人全权代表投资者或股东买卖股票，其结果无论如何，投资者或股东都必须接受。

（4）市价委托是指投资者或股东委托证券商或经纪人按当时的市场价格买卖股票的方式。在这种委托方式下，买卖一旦成交，不论其价格高低，委托人都必须接受，证券商或经纪人不负任何责任。

（5）限价委托是指投资者或股东委托证券商或经纪人按限定的价格买卖股票的方式。在我国近年的股票买卖中，一般采用限价委托方式，很少采用市价委托的方式，而不准采用全权委托方式。

委托应签订委托契约。委托单是委托契约的重要形式。委托单的内容通常包括股票代码、股票名称、买入或卖出、股票价格、股票数量、委托方式（如限价、市价、全权、当日、多日、无限期等）和交易方式等。在我国目前条件下，由于不存在多日、无限期和全权等委托方式，所以在委托单中，若不填市价委托，则视为限价委托。委托单应经证券商或经纪人审定并加盖印鉴，才能构成有效的委托契约。

2. 交易方式

股票交易方式大致上有四种：现货交易、信用交易、期货交易和期权交易。

（1）现货交易。现货交易又称为现金现货交易，是指股票交易双方当事人在达成协议后及时对钱款和股票进行清算的交易行为，即通常所说的"一手交钱，一手交货"。现货交易又可具体分为当时交易和即日交易两种形式，前者要求交易双方在达成协议后的当天办理交割手续；对于后者，一般的交易所都有规定，大多为次日办理交割手续，也有成交三五天后再进行交割的。由于我国股票交易仍处于初级阶段，从稳定股票交易、保障长期投资者利益的角度出发，一般只允许以现货交易方式进行股票交易。

（2）信用交易。信用交易又称为垫头交易，是指股票交易者按确定的比例将一部分价款或一定数量的股票交付给经纪人，其不足部分由该经纪人向银行贷款垫付而进行的一种股票交易方式。它又可具体分为信用买进交易和信用卖出交易两种形式。这种交易方式在国际市场上很常用，但在我国是被禁止的。

（3）期货交易。期货交易是指交易双方以交易协议签订日的股票价格作为成交价格，约定一定时日后进行交割结算的一种交易方式。在交割结算日，如股票价格高于协议签订日时的价格，买方得益，卖方受损；反之，则买方受损，卖方得益。尽管在签订日到交割日的这一段时间内，买卖双方都可进行自由转卖或买回，但必须要承担一项义务，即交割时，买方必须接收所买入的股票，卖方必须交出所卖出的股票。

（4）期权交易。期权交易又称为选择权交易，是指交易双方签订合同，规定期权的购买者可以在一定时期内的任何时候，以合同规定的价格，向期权的卖出方购买或出卖既定数量的股票。期权交易又具体分为两种：一是买进期权，又称为看涨期权，是指在合同规定的有效期内，期权的买入方有权按合同规定的价格和数量买进某种股票。卖方之所以卖出期权，是因为他认为该种股票价格将要上涨，因此以低价买进、高价卖出，从中获利。二是卖出期权，又称看跌期权，是指在合同规定的有效期内，期权的买方有权按合同规定的价格和数量卖出某种股票。买方之所以买入期权，则是因为他认为该种股票的价格将要下跌，可通过价格变动从中获利。

（三）成交

成交是指股票买卖双方达成交易契约的行为。由于买卖股票是交易双方的直接目的，股票买卖一旦成交，在正常情况下，买卖双方不可违约，所以，这一阶段是股票交易过程的核心所在。股票成交方式大致有竞价和撮合两种。

1. 竞价

竞价是指通过买方或卖方的竞争性报价达成股票交易的方式。在竞价中，若卖方为一人，买方为多人，通过各个买方的竞争报价，卖方与申报最高买入价的买方成交，这一过程为"拍卖"；若卖方为多人，而买方仅一人，通过各个卖方的竞争性报价，买方与申报最低卖出价的卖方成交，这一过程称为"标购"。竞价成交方式自股市形成起就存在，迄今大部分国家和地区仍在沿用。

2. 撮合

撮合是指由证券商或经纪人将买方和卖方的竞争性报价分别输入计算机主机，计算机主机按照价格优先、时间优先的原则进行排序并撮合成交的方式。在撮合成交过程中，买卖各方的各次报价，首先由经纪人分别输入计算机主机；计算机主机将各次报价按照价格优先、同一价格报价时间优先的原则，将卖方报价以由低到高的顺序进行排序，买方报价以由高到低的顺序进行排序，然后，撮合处于第一位的买方与卖方成交。在撮合过程中，若买卖双方的价格不一致，通常取它们的中间价作为成交价。目前，我国股票交易普遍采用撮合方式，其他国家也有一些股市采用这种方式。

（四）清算

清算是指在股票成交后，买卖各方通过证券交易所系统所进行的股票和资金的清理结算。股市中买卖方众多，即使在买卖双方每日仅成交一只股票的情况下，若逐笔交割，不仅手续麻烦，而且将导致时间、人力、物力和机会的损失，甚至发生混乱，更何况实际上还不只这么简单，所以必须进行清算。清算的基本程序是：首先对同一个入市者在一个交易日所发生的各笔买卖进行清理，然后将对同一股票的买入数量及价格和卖出数量及价格进行对冲，找出应交割的股票种类、数量和资金。清算一般分为两个层次：第一层次，证券商（或经纪人）相互间通过证券交易所系统进行的清算。每个证券商（或经纪人）在每个交易日不断地进行成交活动，买卖股票的种类、数量、笔数、次序等既相当复杂又数额巨大，为了便于交割，他们通过证券交易所建立的清算系统，先进行各笔交易的对冲和抵销，然后交付清算后的差额（股票和资金）。在这一过程中，各个证券商（或经纪人）首先必须在证券交易所的清算机构开立清算账户，并将自营账户和代理账户严格分开。其次，必须将一定数量的资金存入清算账户（有些国家还规定，应确定卖出的股票存放于清算机构），以保证清算的正常进行。最后，必须与清算机构核对每一笔成交记录，确认无误后才进行清算。第二层次，证券商（或经纪人）与委托人之间的清算。由于委托人每日进行的股票买卖笔数较少，所以，这一过程相对简单。

（五）交割

交割是指股票买卖双方相互交付资金和股份的行为。在交割中，买方将购股资金交付给卖方，称为资金过户；卖方将售出的股份交付给买方，称为股票过户。在过户中，买卖双方应认真核对股票名称、证券交易所名称、成交日期及时间、成交数量、成交价格、成交金额、税收、佣金、交割时间等事项是否正确。

（六）过户

完成交割手续后，投资者理应获得所购买的那部分股票所代表的权利，但由于原有股东的姓名及持股情况均记录于股东名册上，因而必须变更股东名册上相应的内容，所以投资者应立即办理过户手续，即在其所持股票的发行公司的股东名册上登记姓名、持股数量等。只有办完过户手续，投资者才能享有股东的权利。

股票的过户一般都是由专门的机构统一办理，如在我国，股票的过户都由中国证券登记结算有限责任公司办理。

知识巩固：

1. 债券的种类有哪些？
2. 股票的特点是什么？
3. 简述债券的发行方式。
4. 债券发行价格如何确定？
5. 简述股票的上市过程。

案例讨论：

南北车合并：创造国企合并新模式

2015 年 9 月 28 日，由中国南车股份有限公司（以下简称"中国南车"）和中国北车股份有限公司（以下简称"中国北车"）重组合并而成的中国中车集团公司正式成立。早在 2014 年 12 月 30 日，中国南车与中国北车就双双发布公告确认合并，同时公布合并预案；中国中车股份有限公司于 2015 年 6 月 1 日挂牌成立，同年 6 月 8 日在沪、港上市。至此，历时将近一年的南北车重组合并宣告收官。此次合并终结了"南北车"长达 15 年的竞争时代，中国铁路"巨无霸"亦由此诞生。

中国南车与中国北车的此次重组合并备受瞩目，这样两个经营状况良好、实力业绩相当的"A+H"股上市公司之间的重组合并，在国内尚无先例。南北车重组整合工作横跨沪、港两个资本市场，涉及资产量大，风险因素较多，决策程序复杂。为此，双方在现行法律和政策框架下创造性地提出了"对等合并"方式，为南北车重组合并扫清了政策障碍，并采取先合并股份公司、后合并集团公司的重组步骤。技术操作路径上，上市公司层面由南车股份吸收合并北车股份，集团公司层面则采用北车集团吸收合并南车集团。

2015 年，政府出台了一系列相关措施，进一步发挥资本市场促进企业重组的作用，加大并购重组融资力度，提升资本市场服务实体经济的能力，为国企合并铺路。2015 年 12 月 29 日，国务院国有资产监督管理委员会、财政部、国家发展和改革委员会联合发布《关于国有企业功能界定与分类的指导意见》，标志着作为国企改革中的一项重要的分类改革就此开启。近期，随着南车北车、中电投（中国电力投资集团有限公司）和国核技（国家核电机术公司）重组合并的推进，国企合并又一次引发社会热议。该案例为深化国有企业改革提供了借鉴素材、积累了经验，创造了可复制、可推广的改革模式。

资料来源：

搜狐新闻：http://news.sohu.com/20150928/n422267199.shtml

讨论题：

南北车重组合并对我国深化国有企业改革以及资本市场的快速发展有何深远影响？通过查找资料进行小组讨论，并给出自己的观点。

第六章

外汇市场

知识目标：

➢ 了解外汇及外汇市场的含义；

➢ 掌握外汇市场的功能；

➢ 了解外汇市场的参与者、交易工具及组织形式。

能力目标：

➢ 能够理解外汇市场的分类；

➢ 能够解析外汇的标价方法；

➢ 能够认知现汇汇率的种类及报价方式。

任务提出：

"互联网+"建设便利企业外汇办理

国家外汇管理局陕西省分局深入推进外汇管理"互联网+"建设，全面推行外汇行政许可事项线上线下一体化联动，实现监管全过程电子化留痕，便利企业办理外汇业务。

目前推行的"互联网+政务服务"推进了外汇行政许可事项"网上办、一次办"，能够最大限度地方便企业。截至 2019 年 8 月底，国家外汇管理局的 14 大项 123 项业务全部实现线上办理，陕西省辖内共办理网上外汇行政许可事项 391 笔。企业可在国家外汇管理局互联网应用服务平台在线申请办理外汇管理行政许可事项，实时查询项目名称、受理条件、申报材料、办理进度、办理结果等信息，做到网上可查询、可互动、可追溯，网上受理率达 100%，平均办结时限较之前缩减 75%。

"互联网+监管"推进外汇监管的透明化、公开化。2019 年 9 月，国家外汇管理局陕西省分局上线"互联网+监管"系统，全面纳入外汇管理日常监管、"双随机、一公开"监管、重点专项监管，确保监管工作全程留痕、责任可追溯，实现外汇监管权力运用的透明化和公开化，实现对外汇监管的监管。截至 2019 年 11 月，"互联网+监管"系统已包括经常项目、资本项目、国际收支等 19 项外汇监管事项。

资料来源：中华人民共和国中央人民政府网站 http://www.gov.cn/xinwen/2019-11/08/content_5450080.htm

任务提出：

你认为，国家外汇管理局在国家对外金融活动中起到了哪些重要作用？

第一节 外汇市场的概况

国际货币基金组织对外汇做出的解释为：外汇是货币行政当局（中央银行、货币机构、外汇平准基金组织及财政部）以银行存款、财政部库存、长短期政府证券等形式所保有的在国际收支逆差时可以使用的债权。

我国外汇管理部门规定，外汇有以下几种。

（1）外国货币，包括钞票、铸币等。

（2）外币有价证券，包括政府债券、银行债券、公司债券、股票等。

（3）外币支付凭证，包括股票、银行存款凭证、储蓄凭证等。

（4）其他外币资金。根据相关规定，外汇必须是：① 以外币表示的国外金融资产，换言之，用本国货币表示的支付凭证和有价证券不能视为外汇；② 在国外能得到偿付的货币债权；③ 可以兑换成其他支付手段的外币资产、不能兑换成其他国家货币的外国钞票不能视为外汇。

总之，那些用外币表示的信用流通工具和外币本身，统称为外汇。

一、外汇市场的定义

买卖外汇的活动称为外汇交易，而进行各种外汇交易的领域便是外汇市场。外汇市场是一个国际性的市场。在所有金融市场中，外汇市场是规模最大（全球性交易）、营业日最长（每天 24 小时交易）、资格最老（与国际贸易同时产生）的市场。由于外汇市场的国际性，几乎没有任何一种金融市场可以像它一样对国际政治、经济、军事事件具有异常敏感的神经。在当今错综复杂的国际关系背景下，其他任何金融市场都比不上外汇市场那样瞬息万变、难以捉摸。

在一个不断开放的世界中，各国之间必然发生贸易、投资、旅游等经济往来，从而引起了国家及地区间的不同货币的收支关系，即创造了对外汇的供给与需求，由此产生了外汇买卖交易的需要，外汇市场也就应运而生了。

（1）对一个国家或地区来讲，其外汇供给主要形成于：① 商品和劳务的出口收入；② 对国外投资的收入，包括直接投资的利润收入和对外证券投资的红利、利息收入；③ 国外单方面转移的收入，包括外国居民、政府或民间机构及国际组织对本国的赠款与援助，本国侨民汇款，外国驻本国领事馆的经常开支等非经济收入；④ 国际资本的流入，分为短期与长期资本的流入，其中包括外国商业银行的贷款及直接投资等。从国外收到的外币支付凭证，必须全部换成本国货币才能在国内流通。

（2）对一个国家和地区来讲，其外汇需求主要产生于：① 商品和劳务进口；② 对外投资支出；③ 对外单方面转移支出；④ 资本流出等。上述外汇支出，必须以自己的外汇储备或以本国货币购买外币，才能实现。

在没有外汇管制的情况下，外汇买卖或兑换可以在进出口商之间直接进行，即需要外币的进口商与持有外币的出口商直接进行洽谈，进行外汇的直接买卖，但实际上这样做有很大困难。首先，进口商与出口商可能完全不相识，没有相互信任的基础，或者双方居住在相距甚远的地方，根本不可能直接面谈和直接进行外汇交易；其次，即使双方能够有机会相遇，但对外汇的供求在数额及时间上也不一定完全相符，从而难以达成交易；最后，供求双方的交易条件、供给与需求的币种等，也不一定完全相符，由此也增加了直接进行外汇交易的难度。正是由于外汇供求双方直接买卖交易有许多难以克服的困难，因此，需要借助于一个相对开放的、多边交易的市场，外汇市场也就由此而产生了。它由外汇需求者与供给者以及供求双方中介机构所组成。

二、外汇市场的构成

外汇市场和其他金融市场一样，也是由外汇市场工具、外汇市场的参加者和外汇市场的组织形式三个要素所构成。

（一）外汇市场工具

外汇市场工具就是外汇。外汇并不仅指外国货币，它是"用外币表示的信用流通工具和外币本身"。国际货币基金组织的外汇定义是从一国国际收支管理的角度做出的。我国规定的外汇定义和国际货币基金组织所下的定义一样，也是从国际收支管理的角度做出的，这与外汇市场交易的外汇并非完全相同。

要说明这个问题，首先必须弄清外汇市场上实际交易的对象是什么。虽然对外汇的定义概括得比较宽泛，但外汇市场上实际交易的对象并不是定义的全部内容。以外币有价证券为例，一国政府发行的政府公债、国库券以及该国公司发行的股票是以该国货币为计算单位的。另一国的购买人要购买这些有价证券并将其作为外汇持有，首先要将本国货币兑换成该国货币，再用该国货币去购买。可见，买卖外币有价证券的过程实际上包含了两种交易：第一种交易是把一国货币换成另一国货币；第二种交易是把货币换成有价证券。前一种交易无疑属于外汇交易，而后一种交易已属于有价证券市场的交易范畴，不能将其归入外汇交易。

外币银行存款凭证、邮政储蓄凭证、黄金等也是如此，这些工具的交易分属于某国国内的协议贷款市场和黄金市场，对它们的交易只能用它们本国的货币。

这样，我们可以把一国投资人对另一国有价证券（以及类似银行存款凭证这样的工具）的交易划分为两个阶段：一个阶段是对外国货币（包括像支票、汇票这样的准货币）的交易；另一个阶段则是对有价证券等其他金融市场工具的交易。很明显，只有前阶段的交易才属于外汇市场活动，而后一阶段的交易已属于另外一些金融市场领域了。反过来讲，只有前一阶段交易的对象（外币及外币信用流通工具）才是外汇交易市场上的工具，至于外币有价证券等工具，则只有在国际收支的角度上看才属于外汇的范畴。

（二）外汇市场的参加者

从外汇交易的主体来看，外汇市场由下列参加者构成。

1. 中央银行

各国中央银行直接参与外汇买卖的最主要目的，是维护官方认为对国家有利的汇率和转移官方外汇储备风险。当中央银行认为当前市场汇率有害于国内经济及国际收支平衡时，就会直接干预外汇市场，其主要手段是进行公开市场操作，即在外汇市场上大量买进或卖出本国货币或外币。当市场上对本国货币需求过度，形成本国货币对外币汇率过度升值的压力时，中央银行可能会抛出本国货币、买入外币；反之，如果市场本币过多，形成对内对外严重贬值的压力时，中央银行就会抛出外币、回收本币，以使汇率趋于稳定。当中央银行抛出本币、买入外币时，就形成了对外汇的需求；而当中央银行抛出外币、收回本币时，就形成了外汇的供给。

2. 外汇银行

外汇银行是指由各国中央银行或货币当局指定或授权经营外汇业务的银行。外汇银行通常是商业银行。外汇银行可以是专门经营外汇的本国银行，也可以是兼营外汇业务的本国银行或者在本国的外国银行分行。外汇银行是外汇市场上最重要的参加者，其外汇交易业务包括：一是受客户委托从事外汇买卖，其目的是获取代理佣金或交易手续费；二是以自己的账户直接进行外汇交易，以调整自己的外汇头寸，其目的是减少外汇头寸可能遭受的风险，以及获得买卖外汇的差价收入。外汇银行是外汇汇集的中心，集中了外汇的供给与需求，并最终决定汇率水平。外汇银行在外汇市场上起着重要作用，当外汇银行以代理人或委托人身份参与外汇市场时，它们既是外汇供给者的集中代表，同时也是外汇需求者的集中代表；而当它们用自己的账户为自己买卖外汇时，如果售出盈余的外汇头寸，则形成外汇的供给，如果买入外汇弥补外汇头寸的不足时，则形成外汇的需求。由于以外汇银行所进行的外汇交易额占外汇交易总量的绝大部分，因此，以外汇银行为主体的外汇供求就成为决定外汇市场汇率的主要力量。

3. 外汇经纪人

外汇经纪人是指介于外汇银行之间、外汇银行和外汇市场其他参加者之间进行代理外汇买卖业务的经纪公司或个人。外汇经纪人一般不与外国银行和外汇市场个人参加者来往。外汇经纪人本身并不买卖外汇，而是联结外汇买卖双方，促成交易，并从中收取佣金。外汇经纪人对于促进外汇供求双方的交易起着重要作用。有些国家的外汇经纪人经所在地中央银行或授权部门批准，也可以取得经营外汇买卖的资格，从事外汇买卖。

4. 进出口商

进出口商是外汇市场上最大的外汇供给者和需求者。一方面，出口商出口商品后，取得外币或外汇债权票据，他们出于保值或取得本币资金等目的，需要售出所取得的外汇；另一方面，当进口商进口商品时，一般需要支付对方国家的货币或对方愿意接受的第三国货币，这时，进口商就需要从外汇市场买进外汇以支付进口货款。

5. 跨国公司

跨国公司也是外汇市场的重要参与者，是形成外汇市场供求的重要成分。跨国公司需要经常在各国的分公司之间调拨资金，为了规避外汇风险，或者为了投机获利等目的，需要经常地进行外汇交易，时而卖出某种货币，时而买进某种货币，从而形成对某种货币的供给和需求。

6. 居民个人

居民个人也是外汇市场的重要参与者。居民个人也会从工资劳务及亲友汇款等渠道取得部分外汇，为了保值等目的，他们需要将外汇存入银行或卖出；同时也会因出国旅游、探亲等需要取得一部分外汇，从而形成对外汇的需求。

实际上，外汇市场主要由中央银行、外汇银行、外汇经纪人和外汇市场客户等组成，形成外汇市场的五大外汇交易或供求关系：① 外汇银行与外汇经纪人或客户之间的外汇交易；② 同一外汇市场的外汇银行之间的外汇交易；③ 不同外汇市场的各外汇银行之间的外汇交易；④ 中央银行与各外汇银行之间的外汇交易；⑤ 各中央银行之间的外汇交易。

（三）外汇市场的组织形式

各个国家的外汇市场，由于各自长期的金融传统和商业习惯，其外汇交易方式不尽相同。

外汇市场的组织形式基本上可分为两种：一种是柜台市场形式；另一种是交易所市场形式。

柜台市场无一定的开盘收盘时间，无具体场所，交易双方不面对面地交易，只靠电传、电报、电话等通信设备相互接触和联系，最后达成交易。这种交易方式的参加者必须对市场具有充分了解，并以正式或其他某种形式获得认可。英国、美国、加拿大、瑞士等国的外汇市场均采取这种柜台市场的组织形式，因此这种形式又称英美体制。

交易所市场有固定的交易场所，如德国、法国、荷兰、意大利等国的外汇交易所，这些外汇交易所有固定的营业日和开盘收盘时间，外汇交易的参加者于每个营业日规定的营业时间集中在交易所进行交易。由于欧洲大陆各国多采用这种方式组织外汇市场，故又称这种方式为大陆体制。

柜台市场形式是外汇市场的主要组织形式，这不仅是因为世界上两个最具代表性的外汇市场——伦敦外汇市场和纽约外汇市场是用这种方式组织运行的，还因为外汇交易本身具有国际性。由于外汇交易的参加者多来自各个不同的国家，交易范围极广，交易方式也日渐复杂，参加交易所交易的成本显然高于通过现代化通信设备进行交易的成本。因此，即便是欧洲大陆各国，其大部分当地的外汇交易和全部国际性交易也都是用柜台市场形式进行的，而交易所市场形式通常只用来办理小部分当地的现货交易。

三、外汇市场的划分

外汇市场按其组织方式，可以分为柜台市场和交易所市场；按参加者的不同，可以分为零售市场和批发市场；按政府对市场交易的干预程度不同，又可以分为官方外汇市场、自由外汇市场和外汇黑市；按外汇买卖交割的不同，还可以分为现货市场和期货市场。

（一）柜台市场与交易所市场

我们在前面"外汇市场的组织形式"中对柜台市场与交易所市场已做了介绍，此处从略。

（二）外汇零售市场与外汇批发市场

外汇零售市场是由外汇银行与个人及公司客户之间的交易构成的外汇市场。个人与银行间的外汇交易，多是为了应急支出或保值，每笔交易数额不一定很大，但交易笔数较多、交易频繁，因而，其交易总量是相当可观的，从而构成银行外汇交易的重要组成部分。公司与银行的外汇交易则主要由国际贸易活动及投资活动所产生，这类外汇交易是经常的、大量的，构成银行外汇交易的主要部分。

外汇批发市场则是由外汇银行同业间买卖外汇的活动构成，成交数额巨大。银行间的外汇交易多是为了调整自身的外汇头寸，以减少和防止由汇率变动所产生的风险。银行每日与客户的外汇交易，最后总要形成一定的差额或头寸，买入大于卖出要形成外汇头寸的盈余，卖出大于买入要形成外汇头寸的短缺；外汇头寸出现盈余时需要拆出外汇，外汇头寸出现短缺时需要拆入外汇，而不论拆出还是拆入，都要受市场汇率和利率的直接影响。

（三）官方外汇市场与自由外汇市场

官方外汇市场是指受所在国政府控制，按照中央银行或外汇管理机构规定的官方汇率进行交易的外汇市场，相对于自由的、无政府直接干预的外汇市场而言，官方外汇市场主要有以下几个特点：一是对外汇市场交易的参与者有资格限制，即对市场准入的管制。一般只允许持有政府许可证的银行和其他金融机构进入该市场参加外汇交易;其他机构和个人只能委托这些有许可证的金融机构间接参与外汇市场的交易;二是对外汇市场交易的对象有所限制,一般只允许进入市场的金融机构交易由货币当局指定的外币品种,而不能进行所有外币的交易;三是对市场的汇率进行控制,不允许无限度地波动;四是对外汇的用途有一定的限制。一般只允许进行与国际贸易活动相联系的外汇买卖交易,如国家批准的进口用途及出口后必须进行的结售汇等;五是对每笔外汇交易的金额有一定的限制。一般只批准一个额度或者规定一个最高限额,超过限额,将遭到拒绝或受到处罚。

在 1973 年固定汇率制崩溃之前,官方外汇市场一直处于主导地位,是国家外汇市场的主体。自 1973 年以来,西方国家普遍实行了浮动汇率制,官方外汇市场便逐步让位于自由外汇市场,但目前在大部分发展中国家,官方外汇市场仍占据主导地位。在官方外汇市场之外,存在着屡禁不止的外汇黑市,即地下外汇市场。外汇黑市一般是伴随着官方外汇市场而存在的,是为逃避外汇管制所形成的市场。与官方外汇市场相对应的自由外汇市场,是指不受所在国家政府控制,汇率由外汇市场供求自由决定的外汇市场。与官方外汇市场相对而言,在自由外汇市场条件下,参加者、交易对象、交易额度、交易价格(汇价)及交易目的等都没有限制,可以完全或最大限度地由市场或供求双方决定。一般来讲,所有银行和金融机构都可以在外汇市场上从事外汇交易,汇率可以在较大幅度内上下波动,只有在有害于国际经济时,各国中央银行或货币当局才会联合进行干预,直接进入市场吞吐某种或某些货币。目前,伦敦拥有世界上最大的自由外汇市场,纽约、苏黎世、法兰克福、中国香港、东京等,也都形成了比较发达的自由外汇市场。

(四)外汇现货市场与外汇期货市场

同商品市场及证券市场一样,外汇市场也存在着现货市场与期货市场之分,二者是不同交易方式和出于不同目的所形成的两类市场,同时也是两种最主要的外汇交易形式。现货市场一般是指外汇交易协议达成后,必须在数日内交割清算的市场。也就是说,在现货市场上进行交易,交易达成的日期与正式交割清算日期尽管不是统一的,但也是非常接近的。正因为交易与交割之间的时间间隔非常短,汇率的波动性不会很大,因此,现货市场上进行外汇交易的汇率风险较小,但也不是不存在。

期货市场则是指外汇交易的双方购买或销售一种标准的外汇买卖契约,交易现在完成,而在未来某一规定的日期进行交割,交割时按交易时的汇率,而不是交割时的汇率。外汇期货市场在某种程度上是为在浮动汇率制下规避汇率变动风险,进行套期保值所形成的。

第二节 外 汇 汇 率

外汇汇率是指一个国家的货币兑换成另一个国家的货币的比率,或者说一个国家的货币用另一个国家的货币表示的价格,它也称为汇价和外汇行市。

一、外汇汇率的标价方法

折算两个国家的货币,要先确定用哪个国家的货币作为标准。由于确定的标准不同,外汇汇率存在以下几种标价方法。

（一）直接标价法

直接标价法是指以 1 个单位或 100 个单位的外国货币作为标准,折算成若干本国货币来表示汇率的标价方法。以我国 2019 年 8 月 20 日汇率为例

$$100 \text{ 美元} = 705.17 \text{ 元人民币}$$
$$100 \text{ 港元} = 89.88 \text{ 元人民币}$$
$$100 \text{ 欧元} = 780.80 \text{ 元人民币}$$

这种表示方法即为直接标价法。有些国家货币单位的价值较低,便以 100、10 000 或 100 000 作为计算标准。如 2019 年 8 月 20 日,日元兑人民币汇率是 100 日元=6.608 4 元人民币。在直接标价法下,外国货币的数额固定不变,本国货币的数额则随着外国货币或本国货币币值的变化而改变。也就是说,在直接标价法下,汇率是以本国货币表示的单位外国货币的价格,汇率越高,表示单位外币所能换取的本国货币越多,说明本国货币的币值越低。

（二）间接标价法

间接标价法是指以 1 个单位或 100 个单位的本币作为标准,折算成若干单位的外国货币来表示汇率的标价方法。以 2019 年 8 月 20 日为例,伦敦外汇市场英镑兑日元的汇率为 1 英镑=145.482 0 日元。在间接标价法下,汇率是以外国货币表示的单位本国货币的价格,汇率越高,表示单位本币所能换得的外国货币越多,说明本国货币币值越高。

目前世界上绝大多数国家都采用直接标价法,只有英国和美国等少数国家采用间接标价法,我国也采取直接标价法。

（三）美元标价法

直接标价法和间接标价法都是针对本国货币和外国货币之间的关系而言的。相对于某个国家或某个外汇市场而言,本币以外,其他各国货币之间的比价则无法用直接或间接标价法来判断。实际上外国货币之间的汇率往往是以一种国际上的主要货币或关键货币为标准的,由于美元（United States Dollar,缩写为 USD）是当今世界货币体系的中心货币,各种外币之间的汇率可以用美元标价法来表示。

美元标价法是以一单位的美元为标准,折合成一定数额的其他国家的货币来表示汇率的方法。以 2019 年 8 月 20 日国外外汇市场为例

$$USD1=CHF0.991 4（Confedenation Helvetica Frenc,瑞士法郎）$$
$$USD 1=CAD1.3541（Canedian Dollar,加拿大元）$$

将各种标价法下数量固定不变的货币叫作基准货币,把数量变化的货币叫作标价货币。在直接标价法下,基准货币为外币,标价货币为本币;在间接标价法下,基准货币为本币,标价货币为外币;在美元标价法下,基准货币是美元,标价货币是其他各国货币。

二、汇率的分类

（一）按照制定汇率方法的不同划分

1. 基本汇率

基本汇率是指本国货币对特定的关键货币的汇率。所谓关键货币,首先应当是一种国际货币,即在国际上普遍作为支付工具的货币,这种货币在该国的外汇交易中有着重要的地位。当

前,由于美元在国际货币体系中的特殊地位,各国一般将本国货币对美元的汇率作为基本汇率。

2. 套算汇率

套算汇率又称为交叉汇率,是指通过基本汇率换算出来本国货币对其他货币的汇率。假设某日美元对我国人民币的汇率为基本汇率,其汇率为 USD1 = CNY7.051 7,同日某国际外汇市场中美元对瑞士法郎的汇率为 USD1=CHF0.991 4,在计算瑞士法郎与我国人民币的汇率时,就可以用美元与人民币、美元与瑞士法郎的汇率进行套算,计算方法是

$$CHF1=7.051\ 7/0.991\ 4=CNY\ 7.112\ 9$$

(二)从银行买卖外汇的角度划分

1. 买入汇率(又称买入价)和卖出汇率(又称卖出价)

(1)在直接标价法下。

买入汇率是银行买进外币时付给客户的本币数。

卖出汇率是银行卖出外币时向客户收取的本币数。

在直接标价法下,较低的价格为买入价,较高的价格为卖出价。例如

$$100\ 美元\ =705.52\ /\ 708.51\ 元人民币$$
(买入价)(卖出价)

我们可以理解为,当银行买进 100 美元时需付给客户 705.52 元人民币,当银行卖出 100 美元时要向客户收取 708.51 元人民币。

(2)在间接标价法下。

买入汇率是银行付出一定量(1 或 100 个单位)本币而向客户收取的外币数。

卖出汇率是银行收取一定量(1 或 100 个单位)本币而所付给客户的外币数。

在间接标价法下,价格较低的是卖出价,价格较高的是买入价。例如

$$100\ 美元\ =705.52\ /\ 708.51\ 元人民币$$
(卖出价)(买入价)

我们可以理解为,当银行付给客户 100 美元时可买进 708.51 元人民币,当银行收取 100 美元时要付给客户 705.52 元人民币。两者之间的差额,即为银行买卖外汇的利润。

2. 中间汇率(中间价)

买入汇率与卖出汇率的平均汇率称为中间汇率,即

$$中间汇率\ =(买入汇率+卖出汇率)/2$$

中间汇率在西方常用于对汇率的分析,报刊报道汇率也用中间汇率,它的主要作用有以下两个方面。

(1)说明外汇市场汇率的一般走势。

(2)作为企业内部本币外币核算时的计算标准。

(三)按各国外汇管制松紧程度不同划分

1. 官方汇率

官方汇率是指由一个国家的货币当局公布并加以维持的汇率。实行严格外汇管制的国家,一般都制定官方汇率。

2. 市场汇率

市场汇率是指在外汇市场上买卖外汇的实际汇率,它取决于外汇市场的供求关系。

（四）按汇率适用范围不同划分

1. 单一汇率

单一汇率是指一国货币管理当局对本国货币与另一国货币的兑换只规定一种汇率。无论是贸易性交易还是非贸易性交易，只要是同一种外币，都按一种汇率结算。

2. 多种汇率

多种汇率又称复汇率，是指一国货币管理当局对本国货币与另一国货币的兑换，规定两种或两种以上的汇率，其中每一种汇率只适用于某种交易或某种商品。如有些国家分别规定贸易汇率与金融汇率，是典型的复汇率；这是一国政府为了奖励出口、限制进口，以及限制或鼓励资本的流入或流出，改善本国国际收支状况而采取的一种外汇管制措施。

（五）按外汇交易支付工具的不同划分

1. 电汇汇率

电汇汇率是指以电报、电传方式买卖外汇时使用的汇率。目前国际上的大额支付多用电讯传递，因而电汇汇率是计算其他各种汇率的基础。

2. 信汇汇率

信汇汇率是指用信函方式通知付款的外汇汇率。通常由于航邮比电讯通知需要的时间长，银行在一定时间内可以占用顾客的资金，因此信汇汇率比电汇汇率要低。

3. 票汇汇率

票汇汇率是指银行买卖外汇票据时使用的汇率。由于票据从售出到付款有一段间隔时间，票汇汇率也比电汇汇率要低。

（六）按外汇买卖交割的时间不同划分

1. 即期汇率

即期汇率是指买卖双方成交后两个营业日内办理交割的汇率。

2. 远期汇率

远期汇率又称期汇汇率，是指买卖双方成交后，根据签订的合同，在约定日期内办理交割的汇率。

远期汇率和即期汇率的差额称为远期差价，又称为远期汇水，用"升水""平价""贴水"来表示。升水表示某种货币远期汇率比即期汇率高，贴水表示该种货币的远期汇率比即期汇率低，平价表示远期汇率与即期汇率一致。

汇率标价的方法不同，计算远期汇率的方法也不同。

（1）在直接标价法下。

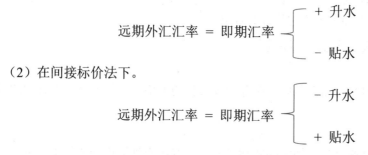

（2）在间接标价法下。

三、影响汇率变动的主要因素

影响一国货币汇率变动的因素很多，既有经济因素，也有政治因素；既有国内因素，也有国外因素。一般来说，影响汇率变动的主要因素有以下几个。

（一）国际收支状况

在浮动汇率制度下，汇率的变动基本取决于供求关系的变化。影响一国外汇供求状况的因素很多，其中最主要的是国际收支状况。如果一国国际收支发生顺差，外汇供过于求，外汇汇率就会下跌。与此同时，外汇要兑换成本币，使得本币需求量增加，本币汇率就会上涨；反之，则相反。

（二）通货膨胀程度

由于通货膨胀使得国内物价上涨，本国货币币值降低。物价上涨会使得本国商品相对于外国商品较为昂贵，会削弱本国出口商品在国际市场上的竞争能力，从而使出口减少、进口增加，引起外汇求大于供，导致外汇汇率上升、本币汇率下跌。一般而言，通货膨胀率高的国家，该国货币汇率就会下降；反之，通货膨胀率低的国家，该国货币币值就会表现稳定。

（三）经济增长率

经济增长率对汇率的影响是多方面的。一方面，当一国经济增长率较高时，国民收入增加，对国外商品和劳务的进口增加，引起外汇求大于供，本币汇率下跌；另一方面，高增长率往往伴随着劳动效率提高，使得本国生产成本降低，增加国际竞争力，有利于出口和外汇收入的增加，引起本币汇率提高。同时，经济增长率较高时，国外投资者也愿意将资本投入这一有利可图的经济中，因其资金流入，外汇供大于求，本币汇率提高。一般而言，长期稳定的经济增长率对本国货币币值有支撑作用。

（四）利率水平的高低

利率水平的高低是影响一国借贷资本供求状况的重要因素。一般而言，当一国提高利率水平时，会吸引资本，特别是短期资本流入该国，该国的外汇供应就会增加，外国货币汇率会随之下跌，本国货币汇率则相应上升。

（五）政府干预的措施

这主要是指国家采取行政或经济手段直接对外汇市场进行干预。例如，当外汇市场本国货币汇率下跌时，中央银行就会出售外汇，买进本国货币，促进本国货币汇率上升；反之，若外汇汇率过低，中央银行则售出本国货币，买进外汇，促进外国货币汇率上升。

第三节　外汇交易

外汇交易是指外汇买卖双方为了满足某种经济或其他活动的需要而进行的不同货币之间的兑换行为，可以本币换外币，也可以用外币换本币，还可以用一种外币换另一种外币。

在外汇市场上，由于交易的动机不同、技术手段不同、政府管制程度不同，从而形成或产生了许多不同的交易方式，其中最主要、最典型的交易方式有即期外汇交易、远期外汇交易、套利交易、套汇交易等方式。

一、外汇交易的交易品种

（一）即期外汇交易

即期外汇交易又称现汇买卖，是指外汇交易合同签订后的两个营业日内进行交割的外汇交易。

（二）远期外汇交易

远期外汇交易又称期汇交易，是指在买卖双方有合同时，不需要立即支付本国货币或外汇，而是预先约定外币的种类、金额、汇率、交割期和地点等各种相关条件，在将来的某一天进行交割的外汇交易。

（三）掉期外汇交易

掉期外汇交易是指货币、金额相同但方向相反，交割期不同的两笔或两笔以上的外汇交易。其目的是防范交易中的外汇风险。

掉期外汇交易一般有以下几种形式。

1. 即期对远期

即期对远期，即买进或卖出一笔现汇的同时，卖出或买进一笔期汇，这是掉期交易最常见的形式。例如，某银行手头的外汇资金暂时多余但将来又有支付需要，就可用即期交易方式把暂时多余的资金卖给其他银行，同时又以远期交易方式将其买回。

2. 远期对远期

远期对远期，即在买进或卖出某货币较短的远期的同时，卖出或买进该货币较长的远期，好处是可以利用有利的汇率机会。

3. 即期对即期

即期对即期，即成交后第一个营业日交割，第二个营业日再做反向交易。常用于银行同业的隔夜资金拆借。

（四）择期外汇交易

择期外汇交易是一种特殊形式的远期外汇交易，是指客户可以在交易日的即日起在约定的一个期限内的任何一天，按约定汇率进行交割的一种远期外汇交易。

（五）套利交易

套利交易又称利息套利，是指套利者利用不同国家或地区短期利率的差异，将资金从利率较低的国家或地区转移至利率较高的国家或地区，从中获取利息差额收益的一种外汇交易。

（六）套汇交易

套汇交易是指套汇者利用两个或两个以上的外汇市场中某些货币的汇率差异进行外汇买卖，从中套取差价利润的交易形式。

（七）外汇期货交易

外汇期货交易是指外汇买卖双方在有组织的交易场所内通过公开叫价的拍卖方式买卖在

未来某特定日以既定汇率交割标准数量外汇的期货合同的外汇交易。

（八）外汇期权交易

外汇期权交易又称货币期权，是指期权买方支付给期权卖方一笔期权费后，享有在合约到期或之前以合约规定的价格购买或出售一定数额的某种外汇资产的权利。

人们从事外汇交易的动机是多种多样的。有的是为了对外支付的需要或为了将自己从事国际交易所得收入换成本国货币，有的是出于保值的需要，还有的是为了利用各国间的利率或汇率差异牟利而买卖外汇，更有一些人为了投机而买进卖出外汇。目的不同，外汇交易的方式也会有差异，下面将详尽介绍几个外汇交易的主要品种。

二、即期外汇交易

即期外汇交易也称现汇交易或现汇买卖，是指外汇交易双方在外汇买卖成交后，以当日或两个营业日内成交时的汇率进行交割的一种交易方式,这里所说的成交是指双方已就外汇买卖的汇率（价格）、数额、币种等达成一致或形成协议（口头协议或者书面协议）。这里说的交割是指购买外汇者支付某种货币的现金，出售外汇者交付指定的外汇的行为。即期外汇交易是外汇市场上最常见、最普遍的一种外汇交易方式，因为交割时间较短，因此所遭受的外汇风险较少，但不是没有任何风险。因为时区不同，同一天交割的交易在东方外汇市场（如中国香港、东京外汇市场）开始较早，在欧美市场则开始较晚。另外，在同一外汇市场上，汇率也是随时都在变化的，从而会产生即期交易的风险。

在即期外汇交易中，一般交割日有如下几种情况。

（1）标准日交割。标准日交割是指在成交后第二个营业日交割，如果遇上任何一方的非营业日，则向后顺延到下一个营业日，但交割日顺延不能跨月。目前外汇市场上大多数即期外汇交易都采取这种方式。

（2）次日交割。次日交割是指成交后的第一个营业日进行交割。如遇上非营业日，则向后推迟到下一个营业日。一些国家和地区因时差关系采用这种方式。如香港外汇市场的港元兑日元、新加坡元、马来西亚林吉特、澳大利亚元则在成交的次日进行交割。

（3）当日交割。当日交割是指在成交当日进行交割的即期外汇买卖。一些外汇市场中的美元兑换本币的交易可以在成交当日进行交割。如香港外汇市场的美元兑港元就是当日交割。

目前，世界外汇市场大多数采用第二个营业日交割的方式，即标准日交割。例如，即期外汇交易在一家美国公司与一家德国公司之间进行的成交在周四，如果选择当日交割就是在周四交割，如果选择次日交割就是在周五交割。如果选择第二个营业日交割本应在周六交割，但由于美国所有的银行在周六、周日休息，因此，交割要顺延到下个周一，两国银行都营业的日子，即使德国银行在周六、周日营业，周六、周日也不能交割。

三、远期外汇交易

远期外汇交易是指在外汇买卖成交时，双方先签订合同，规定交易的币种、数额、汇率以及交割的时间、地点等，并于将来某个约定的时间进行交割的一种方式。远期外汇交易中买卖双方签订的合同称为远期合约。远期合约的期限一般是按月计算，最常见的为1个月、2个月、

3个月或6个月，也可以长达12个月。

相对于即期外汇交易而言，远期外汇交易有以下几个特点。

（1）买卖双方签订合同时，无须立即支付外汇或本国货币，而是按合同约定延至将来某个时间交割。

（2）买卖外汇的主要目的不是作为国际支付手段和流通手段，而是为了保值和避免外汇汇率变动带来的风险。

（3）买卖的数额较大，一般都为整数交易，有比较规范的合约。

（4）外汇银行与客户签订的合约必须由外汇经纪人担保，客户需交存一定数额的押金或抵押品，当汇率变化引起的损失较小时，银行可用押金或抵押品抵补损失；当汇率变化引起的损失超过押金或抵押品金额时，银行就应通知客户加存押金或抵押品，否则合约无效，客户所存的押金将被银行视为存款予以计息。

远期交易按交割日是否固定，可以分为两种：固定交割日的远期交易和选择交割日的远期交易。

（1）固定交割日的远期交易是指事先具体规定交割日期的远期外汇买卖，其目的是为避免一段时间内汇率变动造成的风险。但这种远期交易具有一定的局限性，按规定时间交割的前提是，进出口商或其他进行远期交易的人必须确知自己在什么日期将会收到外汇或需要支付外汇，否则就会因违约而受损、受罚。但在实际生活中，进出口商及其他进行远期交易的人是很难确知收汇或付汇的具体时间的，而且也达不到通过远期交易避免外汇风险的目的。为此，选择交割日的远期交易就产生了。

（2）选择交割日的远期交易是指交易的一方可以在成交日的第三天起至约定的期限内的任何一个营业日，要求交易的另一方按照双方约定的远期汇率进行交割的一种外汇交易。其特点是：实际交割日并不固定，客户可以在择期的第几天，也可以在最后一天履行交割手续；银行将选择从择期开始到结束期间最不利于顾客的汇率为选择交割日远期交易的汇率，这是因为该交易对客户有利，而对银行不利。

从根本上说，远期交易是为适应国际贸易和国际投资活动中规避和利用汇率风险的需要而产生的。不同的参与者，在进行远期交易时有着不同的动机和目的，具体如下。

进出口商买进或卖出远期外汇，主要是为了避免汇率风险，保障安全。在浮动汇率制下，外汇市场上的汇率是经常波动的，在商品贸易往来中，时间越长，由汇率变动带来的风险就越大。而进出口商从签订合同到交货、付款又往往需要相当长的一段时间（一般在1～3个月），进出口商为避免汇率波动所带来的风险，就可以利用远期外汇交易方式，实现在收取或支付款项时，按商品成交时的汇率办理交割。远期外汇交易交割日的确定规则一般为"日对日、月对月、节假日不顺延、不跨月"。

四、套汇交易

套汇交易是一种投机性较强的外汇交易方式，分为直接套汇和间接套汇两种。

（一）直接套汇

直接套汇又称两角套汇，是指利用两个不同地点的外汇市场上某些货币之间的汇率差异，在两个市场上同时买卖同一货币，从中牟利的行为，也就是在汇率较低的市场买进A货币，同时在另一个汇率较高的市场卖出 A 货币，亦称"低买高卖"。

例如，在香港外汇市场 USD1 = HKD7.7660/70，在纽约外汇市场 USD1 = HKD7.7610/20，100 万美元在香港外汇市场投资获得 776.6 万港元，同时在纽约外汇市场以 USD1 = HKD7.762 0 价格卖出 776.6 万港元，获得 100.051 5 万美元，最终获利 0.051 5（100.051 5-100）万美元。

（二）间接套汇

间接套汇又叫三角套汇和多角套汇，是指利用三个或三个以上不同地点的外汇市场中，三种或多种不同货币之间汇率的差异，赚取外汇差额的一种套汇交易。由于是在三个以上不同的外汇市场中套汇，我们无法像直接套汇那样能马上判断出某种货币在哪个外汇市场更便宜，因此多角套汇较两角套汇复杂。

假定三个外汇市场的即期汇率如下：

$$伦敦外汇市场 \quad GBP1 = USD1.5630/40$$
$$悉尼外汇市场 \quad GBP1 = AUD2.7870/90$$
$$纽约外汇市场 \quad USD1 = AUD1.7230/60$$

问：上述条件是否可以三角套汇？如可以，投资 200 英镑获利多少（交易费用不计）？

首先，找有英镑的外汇市场线路分析。

A 线：从伦敦进纽约出 GBP—USD—AUD—GBP（即英镑兑美元，美元兑澳元，澳元兑英镑）

B 线：从悉尼进伦敦出 GBP—AUD—USD—GBP（即英镑兑澳元，澳元兑美元，美元兑英镑）

其次，选择 A 线将三个汇率上下排列，并注意三式首尾相连（首尾货币相同）。

$$GBP1=USD1.563\ 0$$
$$USD1=AUD1.723\ 0$$
$$AUD2.789\ 0=GBP1$$

如果右边三个数的积除以左边三个数的积，其结果大于 1，就说明可以套汇，且此线路正确；若结果小于 1，也可以套汇，但应选择另一条线路进行；若结果等于 1，说明三个市场汇率处于平衡，不可以套汇。

右边三个数之积 / 左边三个数之积=(1.563 0×1.723 0×1)/(1×1×2.789 0)= 0.97

结果小于 1，可以套汇，但应选择线路 B 进行。选择线路 B 将三个汇率上下排列，并注意三式首尾相连（首尾货币相同）。

$$GBP1=AUD2.787\ 0$$
$$AUD1.726\ 0=USD1$$
$$USD1.564\ 0=GBP1$$

右边三个数之积/左边三个数之积=(2.787 0×1×1)/(1×1.726 0×1.564 0)= 1.03，

结果大于 1，说明可以套汇，此线路正确。

下面计算收益：

第一步，在悉尼外汇市场卖出 200 万英镑，买入 557.4 万澳元（即 200×2.787 0）。

第二步，在纽约外汇市场卖出 557.4 万澳元，买入 322.94 万美元（即 557.4/1.726 0）。

第三步，在伦敦外汇市场卖出 322.94 万美元，买入 206.48 万英镑（即 322.94/1.564 0）。

最后获利

$$206.48 - 200 = 6.48（万英镑）$$

关于套汇交易，应注意以下几点。

（1）套汇交易是有成本的，包括获得信息的费用以及电报费、电传费、付给外汇经纪人的佣金等交易费用。因此，套汇的净利取决于汇率差异和套汇成本两个因素。如果套汇成本太高或接近套汇利润，则收益微小或无利可图，也就没有必要进行套汇交易（以上没考虑套汇成本）。

（2）套汇交易是在市场有差价的前提下进行的，它使得套汇者能赚到毫无风险的利润。通过这种套汇交易获利的机会不会长期存在，因为套汇活动会使外汇市场对某种便宜的货币的需求增加，从而推动这种货币汇率上涨，当两地汇率的差异缩小直至均衡，套汇就不再有利。

（3）汇率瞬息万变，这就要求套汇者能及时发现货币汇率的差异并能迅速采取行动。由于大的商业银行在海外都设有分支机构或代理行，它们信息灵通、交易方便，因此一直是外汇市场上的主要套汇者。另外，银行的资金实力雄厚，从事套汇交易能获得规模经济效益。

（4）随着银行通信手段和技术的日益现代化，各外汇市场之间的联系更加紧密，因此，在不同市场之间出现货币汇率差异的机会日趋减少。

当今世界，由于现代通信设备和技术的迅速发展与完善，各大外汇市场联系紧密，互联网使外汇市场与外汇交易日趋全球化、同步化。因此，对于套汇来说，其赖以存在的基础——汇率差异，正在迅速减少或不复存在，套汇的机会也因此大大减少了，取而代之的是诸如期货、期权交易等创新型的业务形式。

五、套利交易

套利是利用不同国家短期利率（通常是货币市场利率）之间的差异，把资金从短期利率低的国家调入短期利率高的国家，获得利息好处后再调回资金的交易。

不同的国家，由于经济状况、政治形势以及中央银行采取的货币政策不同，货币市场上的短期利率可能有较大差异。这时，如果有两种货币的汇率在一段时间内能保持相对稳定，则可将低利国家的货币兑换成高利国家的货币，用以在该高利国家的货币市场上投资，获得高于低利国家利率水平的利息收益后，再将投资本利兑换回低利国家的货币，从而用低利国家的货币获得高利国家的投资收益，这就是套利的基本过程。

套利与套汇一样，是外汇市场上重要的交易活动。由于目前各国外汇市场联系十分密切，一有套利机会，大银行或大公司便会迅速投入大量资金，最终促使各国货币利差与货币远期贴水率趋于一致，使套利无利可图。套利活动使各国货币利率和汇率形成了一种有机的联系，两者相互影响制约，推动国际金融市场的一体化。

套利交易分为以下两种形式。

（一）不抛补套利

不抛补套利是指单纯把资金从利率低的货币转向利率高的货币，从中谋取利率差额收入。这种交易不同时进行反方向交易，要承担高利率货币贬值的风险。

例如，假设德国年利率为2.35%，美国年利率为5.75%，欧元兑美元即期汇率为EUR1 = USD1.193 0，投资500万欧元，6个月可获本利多少？

第一步，如果将500万欧元存在德国6个月定期，到期可得

$$500 \times (1+2.35\% \times 6/12) = 505.88（万欧元）$$

第二步，先将 500 万欧元以 1.193 0 价格买入 596.5 万美元，再将 596.5 万美元存在美国 6 个月定期，到期可得 613.65[即 596.5×(1+5.75%×6/12)]万美元。

第三步，6 个月到期后再将 613.65 万美元按原来的即期汇率 EUR1 = USD1.193 0 换成 514.38（即 613.65/1.193 0）万欧元，比在德国多赚了 8.50（即 514.38-505.88）万欧元。

这是在 6 个月汇率不发生变化的情况下的收益。但如果投资货币升值，那么，不仅没有收益还可能亏损。仍以上面的题为例，如果 6 个月到期后欧元升值，即期汇率为 EUR1 = USD1.238 0，到期后的 613.65 万美元，仅能换回 495.68（即 613.65/1.238 0）万欧元，比在德国还亏损 10.20（即 505.88-495.68）万欧元。当然，如果投资货币贬值，除了利率收益外，还有汇率收益。但任何人都无法预测货币走势，因此，投资者必须在投资的同时做掉期，也就是做抛补套利。

（二）抛补套利

抛补套利是指把资金从低利率国调往高利率国的同时，在外汇市场上卖出高利率货币的远期，以避免汇率风险的外汇交易方式，这实际上是将远期交易和套利交易结合起来。从外汇买卖的形式看，抛补套利交易是一种掉期交易。

假设，德国年利率为 2.35%，美国年利率为 5.75%，欧元兑美元即期汇率为 EUR1 = USD1.193 0，6 个月的欧元兑美元的远期汇率为 EUR1 = USD1.198 0，投资 500 万欧元，6 个月可获本利多少？

第一步，如果将 500 万欧元存在德国 6 个月定期，到期可得

$$500(1+2.35\% \times 6/12) = 505.88（万欧元）$$

第二步，先将 500 万欧元以 1.193 0 价格买入 596.5 万美元，再将 596.5 万美元存在美国 6 个月定期，到期可得 613.65[即 596.5×(1+5.75%×6/12)]万美元。

第三步，同时将 613.65 万美元与银行签订一份卖出 6 个月的远期合同，按 6 个月的远期汇率 EUR1 = USD1.198 0 价格交易，无论 6 个月的汇率怎样变化，投资者都能获得 512.23（即 613.65/1.198 0）万欧元，最终比存在德国多收益 6.35（即 512.23-505.88）万欧元。

只要做了掉期，收益就可固定下来，汇率的风险就转嫁给了银行。

套利交易应注意以下几点。

（1）套利活动都是短期投机，期限一般不超过一年。

（2）抛补套利是因市场利率差异化而产生的套利活动，同时，随着抛补套利活动的不断进行，货币市场与外汇市场之间的利率水平也将逐渐趋于平衡。

（3）抛补套利是有交易成本的，如佣金、手续费、管理费、杂费等，因此，交易者要考虑扣除成本后的最终收益是否值得操作。

（4）国外金融市场具有政治性风险，投资者应谨慎。

套利活动的机会在外汇市场上往往转瞬即逝，套利机会一旦出现，大银行和大公司便会迅速投入大量资金，从而使两国的利差与两国货币掉期率（即远期汇率与即期汇率之间的差额）之间的不一致迅速消除，所以从这个意义上讲，套利活动客观上促进了国际金融市场的一体化，使两国之间的短期利率趋于均衡，并由此形成一个世界性的利率网络。

六、外汇期货交易

（一）外汇期货交易的发展

现代外汇期货交易始于 1972 年美国芝加哥商品交易所的国际货币市场。20 世纪 70 年代以前，期货交易仅限于农、矿产品，20 世纪 70 年代以后，布雷顿森林体系解体，固定汇率制被浮动汇率制替代。汇率随市场波动带来的风险，促使人们去寻找一种能更有效地规避价格风险的交易方式，因此，外汇期货交易也就应运而生。

1972 年 5 月 16 日，芝加哥商品交易所正式成立国际货币市场分部，推出了 7 种外汇期货合约，使得从事国际经济交易的经济主体能够规避外汇风险，收益得到保证。

1978 年纽约商品交易所也增加了外汇期货业务。1979 年，纽约证券交易所亦宣布设立一个新的交易所来专门从事外币和金融期货交易。1981 年 2 月，芝加哥商品交易所首次开设了欧洲美元期货交易市场。随后，澳大利亚、加拿大、荷兰、新加坡等国家和地区也开设了外汇期货交易市场。外汇期货是金融期货中最早出现的品种，它不仅为广大投资者和金融机构等经济主体提供了有效的套期保值的工具，而且也为套利者和投机者提供了新的获利手段。但最近几年，随着欧元的流通，外汇期货市场上交易品种减少，外汇的交易量也在减少。目前，外汇期货交易的主要品种有欧元、英镑、瑞士法郎、加拿大元、澳大利亚元、日元。

期货主要分为商品期货和金融期货，商品期货标的物是商品实物（主要是农产品和矿产品），而金融期货买卖的是金融工具（外汇、黄金、利率、股票指数等），外汇期货是金融期货的一个交易品种。

（二）外汇期货交易的特征

1. 外汇期货交易合约标准化

外汇期货合约是一种交易所制定的标准化的买卖双方通过公开叫价达成的具有法律约束力的文件。买卖双方以此文件可以获得清算所的保证。外汇期货合约的内容包括交易币种、交易数量、交易时间、交割月份与地点，以及价格变动的最小单位等。外汇期货交易对合约单位有严格的要求。

（1）每份外汇期货合约的交易单位（数量）是标准的。每一份外汇期货合约的交易单位是固定的，同一个期货交易市场中，同一种外汇的交易单位绝对是相同的，但不同的期货交易市场对外汇的交易单位的规定可能有一些差别。

（2）交割月份是标准的。国际货币市场所有外汇期货合约的交割月份都是一样的，为每年的 3 月、6 月、9 月和 12 月，交割月的第三个星期三为该月的交割日。如国际货币市场外汇期货合约的交割日为即期月份的第三个星期三，若当天不是营业日，则顺延至下一个营业日。合约交易的截止日期为交割日前的第二个营业日，最后一个交易日的汇率为结算价。

2. 通用代号

在具体操作中，交易所和期货佣金商以及期货行情表都是用代号表示外汇期货的。主要货币的外汇期货通用代号分别是：英镑 BP、加元 CD、日元 JY、墨西哥比索 MP、瑞士法郎 SF。

3. 最小价格波动幅度

期货中的最小价格波动幅度是指合约的价格至少需达到的幅度,期货合约价格变化都是以基本点为单位的。在交易所内，经纪人所出价只能是最小价格波动幅度的倍数，一个点是 12.5 美元。

4. 每日涨跌停板额

为限制期货交易中可能出现的过度投机，合约还需规定最大价格波动幅度，即每日涨跌停板额，是指一份期货合约在一天之内比前一交易日的结算价格高出或下跌的最大波动幅度。如果规定欧元期货合约的涨跌停板额为 200 点，那意味着每日欧元的最大波动价格 2 500（即 200×12.5）美元；加元为 70 点，就意味着每日加元的最大波动价格为 700（70×10）美元。一旦价格波动超过该幅度，交易自动停止，这样，交易者便不至于因价格的暴跌暴涨而蒙受巨大损失。

5. 外汇期货以美元报价

在外汇现货市场上，各种货币的汇率都使用美元标价法（英镑、澳元等货币除外），而在外汇期货市场上，交易货币的标价方式刚好相反，均以每单位货币值多少美元来标价，如 1 加元 ＝ 0.631 5 美元、1 新加坡元 ＝ 0.615 4 美元等，这种标价方式是由外汇期货交易的本质决定的。作为外汇期货标的物的货币和商品期货的标的物一样，其价值应由结算货币（通常为美元）表示出来。

（三）外汇期货交易的市场构成

外汇期货交易都是在专营或兼营外汇期货的交易所进行的。任何个人或企业只能通过交易所买卖外汇期货，不能进入交易所直接地、面对面地进行交易。能进入交易所进行交易的只有交易所的会员，要取得会员的资格必须向有关部门申请并经其批准，会员每年都必须交纳巨额的会费。交易所会员的数量一般是固定的，新会员只有通过递补的方式才能进入交易所交易。外汇期货交易市场由四部分组成，即外汇期货交易所、外汇期货交易经纪商、外汇期货交易者和清算机构。

1. 外汇期货交易所

外汇期货交易所是公众以个人名义加入而取得席位以实行会员制的一个非营利机构。在外汇期货交易中，交易所本身并不参加交易，也无权干预外汇期货价格。它仅仅是外汇交易的场所，为交易提供各种设施，制定相关制度确保期货交易的顺利进行，在维持其稳定、有序、富有竞争力的同时，使其受到有效监督。为了弥补支出及间接费用（指维持营业所需要的费用），每个交易所都向会员收费，包括交易所会费、契约交易费等。交易所会员的数量是固定的，新会员只有通过递补的方式才能进入交易所交易。

2. 外汇期货交易经纪商

外汇期货交易经纪商（以下简称经济商）是为买卖双方执行外汇期货合约的公司。由于交易所的会员资格只能属于个人，所以经纪商（即注册登记的外汇期货交易所会员公司）是通过向交易所派出具有会员资格的员工代表来进行场内的期货交易活动的。

经纪商可以分为场内经纪商和场内交易商。场内经纪商收取佣金，为客户提供下单、交易咨询服务，并负责处理客户账户上保证金的变动状况；场内交易商一般只为自己从事外汇期货交易，以赚取买卖差价为主要目的。

3. 外汇期货交易者

外汇期货交易者是指那些交易所的会员客户，也指代表期货经纪商从事自营业务的场内交易商。根据其交易目的，可以将外汇期货交易者分为商业交易者和非商业交易者，前者一般为企业，后者一般为个人。

商业交易者本身主要以从事现货市场交易为主，其参与外汇期货市场交易的主要动机有两个：一是出于对现货市场上已存在交易的未来外汇收益或支出可能面临风险的考虑，利用期货市场规避汇率风险；二是利用期货市场来调配资产配置，以满足达到预期收益的目标。此类交易者主要是进出口商和商业企业。

非商业交易者是指交易所的会员客户，这些交易者从事外汇期货交易的主要目的是投机。

4. 清算机构

清算机构是期货交易所之下或独立存在的负责期货合同交易的营利性机构，拥有法人地位。清算机构一般实行会员制度，会员必须遵守组织章程和操作规则，并需交纳会员费。在很多国家，中央银行通常作为清算机构的主要成员，直接参与清算支付活动；而在有些国家，中央银行不直接加入清算机构组织，但对其实行监督、审计职能，并为金融机构提供清算服务。各国的主要清算机构通常拥有合并经营支付系统，通过支付系统的运行实现清算。

清算所的作用主要在于促成买卖双方在交易所完成期货合约交易，并进行买卖双方的合约和保证金的划拨。清算所采用保证金制度，可为所有在交易所内达成的期货合约交易提供履约保证。

七、外汇期权交易

（一）外汇期权的含义

期权代表的是一种选择权，即交易的一方拥有合约，并决定是否执行合约。商品期权就是一种选择买卖商品的权利，金融期权就是一种选择买卖金融工具的权利。

外汇期权又称货币期权，是期权买方支付给期权卖方一笔期权费后，享有在合约到期之前以合约规定的价格购买或出售一定数额的某种外汇资产的权利，而期权卖方收取期权费，有义务在买方要求执行时卖出（或买进）合约规定的特定数量的某种外汇资产。

外汇期权交易是在外汇期货交易基础上演变来的，它的套期保值作用和投机功能较强。

（二）外汇期权交易合约

外汇期权交易合约是标准化的合约。在期权交易中，期权费是唯一的变量，其他要素都是标准化的。合约的其他条款，如合约到期日、交易单位、交易时间、交易地点等要素都是事先规定好的，是标准化的。

1. 交易单位

交易单位是指每份合约的外汇交易金额或数量，它是固定的。

2. 协定价格

协定价格又称履约价格、约定价格、执行价格，是指在期权交易双方约定的期权到期日或期满前，双方交割时所采用的买卖价格，相当于金融商品的单价。协定价格确定后，在期权合约规定的期限内，无论价格怎样波动，只要期权的买方要求执行该期权，期权的卖方就必须以此价格履行义务。千万不要把期权价格（期权费）与履约价格混淆。履约价格是汇率，期权价格是保险金，它们同时在同一合约中出现。

3. 合约到期月份

合约到期月份通常为每年的 3 月、6 月、9 月和 12 月。

4. 合约到期日

合约到期日是指期权买方决定是否要求履行期权合约的最后日期。通常定于到期月份第三周的最后一个交易日，如果超过这一时限，买方未通知卖方要求履约，即表明买方已放弃这一权利。

5. 期权费

期权费又称权利金、保险金、期权价格，是指期权买方事先要向期权的卖方支付的费用。在一般情况下，期权的买方须在期权成交日后的第二个银行工作日将期权费支付给卖方。期权交易下的期权费是不能收回的。期权买方一旦支付给期权卖方期权费，将来无论买方执行合约还是不执行合约，这笔期权费都归期权卖方所有。期权费不是固定的，影响期权费确定的因素有以下几个方面。

（1）外汇的即期汇率。如果是看涨期权，期权费随着市场即期汇率的上升而提高、下降而减少；如果是看跌期权，期权费随着市场即期汇率的上升而减少、下降而提高。

（2）期权合约的协定汇率。对看涨期权来说，协定汇率越高，则期权费越低；反之，对看跌期权来说，合约中协定价格越高，则期权价格就越高。

（3）外汇汇率的预期波幅。汇率较为稳定的货币的期权费比汇率波动剧烈的货币的期权费低。

（4）利率水平。对看涨期权而言，本国货币利率越高，外国货币利率越低，即两国货币利率差越大，则期权费越高；对于看跌期权，情况恰好相反。

（5）期权合约的到期时间。无论是看涨期权还是看跌期权，合约期限越长，所需支付的期权费越高。原因有两点：一是合约期限越长，期权买方盈利的机会就会越大；二是期限越长，汇率波动的可能性就越大，期权卖方遭受损失的可能性也就越大。

6. 保证金。

买方要求执行期权权利时，卖方有依执行价格进行交割的义务，而为了确保合约义务的履行，须在订约时交付保证金。卖方所交保证金通过清算所会员交存于清算所的保证金账户内，随市价而涨跌，并于必要时追加。

（三）外汇期权交易的类型

外汇期权交易根据其交易角度不同，可以划分为以下几种类型。

1. 按外汇期权的内容划分

（1）看涨期权（又称买权）。

① 买入看涨期权。买入看涨期权是指期权的买方交付期权费后，享有在规定的有效期内按某一具体的执行价格（协定汇率）购买或不购买某一特定数量的某种外汇资产的权利。期权的买入看涨期权方是交付期权费的一方，具有在合约到期之前购买或不购买的权利。一般来说，预测到某种外汇未来可能升值，就可以签订看涨期权合约。

买入看涨期权方购买看涨期权，支付给卖方期权费，等于将外汇价格未来上涨的风险转移给了期权的卖方，期权买方的最大风险就是损失期权费。期权卖方预先得到期权费，就要承受外汇价格波动的风险，即使价格上涨时执行交易对其不利，卖方也必须按协议价格将资产出售给买方。

② 卖出看涨期权。卖出看涨期权是指期权的卖方获得期权的买方交付的期权费后，在规定的有效期内按某一具体的执行价格（协定汇率）出售某一特定数量的某种外汇资产的义务。期权的卖出看涨期权方收取了期权的买入看涨期权费，就有按买入看涨期权方的要求出售外汇资产的义务。

（2）看跌期权（又称卖权）。

① 买入看跌期权。买入看跌期权是指期权的买方交付期权费后，享有在规定的有效期内按某一具体的执行价格（协定汇率）出售或不出售某一特定数量的某种外汇资产的权利。期权的买入看跌期权方是交付期权费的一方，具有在合约到期之前出售或不出售的权利。一般来说，预测到某种外汇未来可能贬值，就可以签订看跌期权合约。

② 卖出看跌期权。卖出看跌期权是指期权的卖方收取期权费后享有在规定的有效期内按某一具体的执行价格（协定汇率）购买某特定数量的某种外汇资产的义务。

2. 按外汇期权行使期权的时限划分

（1）欧式期权。欧式期权是指该期权合约的买方只能在合约到期日当天或在到期日之前的某一规定的时间才能要求卖方执行合约。

（2）美式期权。美式期权是指该期权合约的买方可以在合约到期日以前的任何一天要求卖方执行合约。由于美式期权灵活性大，期权卖方的风险就大，因而它的期权费比欧式期权高。

美式期权与欧式期权的划分并非地域上的概念，近年来无论是在欧洲各国、美国、还是在其他地区，美式期权已经成为主流，并且其交易量已经超过欧式期权。

也有一部分美式期权规定必须在某些特定日期（如到期日前两周）执行期权，这种介于传统的美式期权与欧式期权之间的新型期权被称为半美式期权或百慕大期权。

知识巩固：

1. 外汇市场的功能有哪些？
2. 简述外汇市场的参与者、交易工具及组织形式。
3. 外汇市场如何分类？
4. 简述外汇的标价方法。

案例讨论：

中国外汇管制最新规定

为规范银行卡境外大额提取现金交易，防范洗钱、逃税等违法行为，我国国家外汇管理局（以下简称"外汇局"）于 2017 年 12 月 29 日发布《关于规范银行卡境外大额提取现金交易的通知》（以下简称《通知》）。根据《通知》，自 2018 年 1 月 1 日起，个人持中国银行卡在境外提取现金，本人名下银行卡（含附属卡）每年合计不得超过等值 10 万元人民币。外汇局强调，新规不影响持卡境外消费和用汇便利性，也不影响个人每年 5 万美元的购汇额度。据财新网报道，中国目前对个人持境内银行卡境外提现的管理，主要依照 2015 年 10 月 1 日开始执行的相关规定，每张银行卡每年累计不能超过 10 万元，但没规定币种。对于个人境外每日的取现额度，则是依照 2008 年发布的规定，每卡从等额 5 000 元提高到 1 万元。

外汇局负责人表示，对个人境外大额提现交易做出规范，主要出于健全"三反"机制（反洗钱、反恐怖融资、反逃税监管）的考虑。当前非现金支付已日益普及和便利，国际监管经验也显示，大额现金交易往往与诈骗、赌博、洗钱和恐怖融资等违法犯罪活动有关。为此，全球各国也普遍加强了对大额现金的管理。

2017年7月，澳门特区政府规定非当地银行卡在ATM机提现需先进行身份认证，这也是强化"三反"机制建设的措施。

2003年至今，中国外汇局对境外提取现金实施额度的管理过程经过了数次调整，其中2015年和2018年的调整主要是基于防范洗钱风险的考虑。

外汇局负责人强调，《通知》只是规范境外取现，并不影响刷卡消费，更不占用个人便利化年度5万美元购汇额度。个人出境旅游、商务、留学所涉及食、宿、行、购等经常项目下交易，均可使用银行卡支付，刷卡消费并不受任何影响。根据统计，2016年有81%的境外提现金额在3万元以下，因此，此次调整将境外提现每人年度额度设定为10万元，既可以满足正常提取现金需求，又可以抑制少数违法人士大额提取现金。若有真实合规境外大额现金使用需求，可以依据《金融机构大额交易和可疑交易报告管理办法》及其实施细则等相关外汇管理规定办理，如依法购汇后携带外币现钞出境。根据国家外汇管理局、海关总署共同制定的《携带外币现钞出入境管理暂行办法》，出境人员携带外币现钞金额在等值5 000美元以上的，需向银行或外汇局申领《携带证》。新规实施后，海外华人与境内亲属资金往来将受影响，由于取现额度受限，大额资金需要通过汇款完成。另外，海外留学生今后也需刷卡消费。

资料来源：搜狐 www.sohu.com/a/214294329_99907027

讨论题：
我国为什么要进行外汇管制？通过查找资料进行小组讨论，并给出自己的观点。

金融衍生工具市场

知识目标：
➤ 了解金融衍生工具市场的起源；
➤ 掌握金融衍生工具的分类；
➤ 掌握外汇期货市场的用途。

能力目标：
➤ 能够理解利率期货交割方式；
➤ 能够解析金融期权交易制度；
➤ 能够认知金融互换市场的特点。

任务提出：

Explus：全球首个金融衍生品交易市场

Explus（见图 7-1）成立于 2018 年，由阿联酋皇室石油基金和欧洲 Rothschild Family（罗斯柴尔德家族）共同组建创立，是受到圣文森特金融机构监管，并在英国获得相关资质的金融衍生品生态公司。

Explus 向全球用户提供各种创新型金融衍生品杠杆交易以及借贷、信用等银行业务，未来还将提供资产信托、资产管理等投行业务服务以及综合的金融衍生品生态服务。Explus 具备近十年的传统金融衍生品交易平台技术实力和运营能力，致力于成为全球最专业的金融衍生品交易市场，为全球客户提供更安全、更专业、更便捷、更合规的金融衍生品生态交易服务。

Explus 在全球金融衍生品市场中已经组建成立多个国家的业务网络团队，在英国、欧洲、东南亚等国家和地区均设有运营中心，并在全球金融衍生品市场的融合发展过程中发挥了积极的推进作用。Explus 创始团队由来自英国沃达丰公司、Barclays 银行等传统金融行业的领军人物共同组成，团队在金融衍生品交易市场的产品设计、开发和运营方面都有充足的成功经验，是当前业界最资深的交易市场开发运营团队。

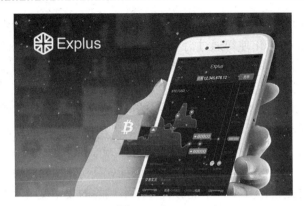

图 7-1 Explus

资料来源：凤凰网商业 https://biz.ifeng.com/c/7pGoEdTwYFs

任务分析：

你对金融衍生品市场有哪些认识？

第一节 金融衍生工具市场概述

金融衍生工具译自英文规范名词 Financial Derivative Instruments，国内对此有多种译法，如金融衍生商品、金融衍生产品、衍生金融商品、衍生金融产品、衍生金融工具、金融派生品等。由于金融衍生工具出现的时间不长，品种数量庞大，要给金融衍生工具进行定义十分困难。人们通常所说的金融衍生工具或金融衍生商品，是指以杠杆或信用交易为特征，以货币、债券、股票等传统金融工具为基础而衍生的金融工具或金融商品。它既指一类特定的交易方式，也指由这种交易方式形成的一系列合约，金融期货、金融期权、远期、互换等都属于金融衍生工具。

在市场经济条件下，传统的金融工具，如外汇汇率、债券利率、股票价格或股票指数等都处在不断变化之中，投资者预测到这些金融工具价格的未来变化，支付少量保证金或权利金，签订远期性合约，合约到期后，交易双方一般不进行实物交割，而是根据合约规定的权利与义务进行清算。通常对传统金融工具交易组合签约，就形成了多种多样的金融衍生工具。金融衍生工具有两大基本特征：其一，依存于传统的金融工具。无论金融衍生工具的形式多么复杂，它都不可能凭空出世、独立存在，它总是以某种或某几种传统金融工具作为基础，传统金融工具价格支配着金融衍生工具的价格。金融衍生工具是货币、外汇、债券、股票等传统金融工具发展到一定阶段后的产物。其二，杠杆式的信用交易。达成金融衍生工具合约不需要交纳合同的全部金额，如金融期货交易一般只需要百分之几的保证金，只需要利用少量的资金就可以进行几十倍金额的金融衍生工具交易，就好像用一根长长的杠杆能省力地撬动一块巨石。参与交易的各方讲求信用，是这种杠杆式交易普遍化的基本前提。

一、金融衍生工具的起源

衍生工具市场可谓源远流长。17 世纪上半叶，荷兰掀起的郁金香球茎投资狂潮开创了衍生工具交易的先河；19 世纪中叶以来，谷物、肉类、金属、原油等衍生交易陆续出现并迅速扩大，但衍生工具的价格变化使得通过衍生交易可以锁定价格，规避风险； 20 世纪 70 年代起，世界金融商品或金融工具的主要价格形式—汇率、利率开始发生较大的波动，金融市场风险急剧放大。用衍生交易避险，也成为金融发展的客观要求。

20 世纪 70 年代，维系全球的以美元为中心的固定汇率制——布雷顿森林货币体系连续出现危机并于 1973 年正式瓦解后，各国纷纷实行浮动汇率制，汇率的波动幅度随之加剧，频繁而大幅度的汇率波动给进出口商、银行金融机构等多方面带来了风险。1972 年 5 月 16 日，芝加哥商品交易所设立了国际贸易市场分部，办理澳元、英镑、加元、瑞士法郎和德国马克等主要外币的期货交易，这是全世界第一个能够转移汇率风险的集中交易市场，也是金融衍生工具诞生的标志之一。两次石油危机以后，西方工业化国家通货膨胀或滞胀问题愈发严重，为了调控经济发展，各国中央银行纷纷利用利率杠杆控制货币供应量，实行宽松或紧缩的货币政策，利率从相对稳定转向频繁波动，利率风险加大。

货币利率、汇率的变化，对债券、股票等金融资产有着根本的影响，全面加剧了金融工具的内在风险，同时为金融衍生工具的发展提供了契机。1975 年，芝加哥期货交易所率先开办了抵押协会债券利率期货。1982 年 2 月 24 日，美国堪萨斯市推出了第一份股票指数合约。

股票选择权是金融期权最早出现的品种，20 世纪 20 年代美国就有了股票选择权交易，不过由于长期以来只是场外交易，规模不大，影响力极小。1973 年 4 月 26 日，全世界第一家股票选择权集中交易所——芝加哥期货交易所成立，该所初期交易 16 种以股票为标的物的买权契约。1977 年 6 月，芝加哥期货交易所、美国证券交易所、费城交易所、太平洋证券交易所及中西部证券交易所共五个交易所同时开始交易卖权。1982 年 10 月 1 日，芝加哥期货交易所推出第一份利率选择权合约。同年 12 月，费城交易所推出英镑选择权合约。1983 年，芝加哥期货交易所推出了股票指数选择权，即标准普尔 100 指数选择权、标准普尔 500 指数选择权。1984 年 1 月，芝加哥商品交易所开办期货合同选择权交易，期货与期权两种金融衍生工具出现。1981 年 8 月，世界银行发行了 2.9 亿美元欧洲债券，并决定将其本金与利息同 IBM 公司进行法国法郎和德国马克的货币交换，开创了互换市场的先河。1992 年，第一笔利率互换在美国完成，随后又出现了期货互换、期权互换等。

衍生工具极强的派生能力和高度的杠杆性使其发展速度惊人，面对规模如此庞且变幻莫测的衍生品市场，有人曾经为之欢欣鼓舞，认为衍生工具的发展充分分散了金融风险，增强了金融体系的健全性，但也有不少人认为衍生工具不但未从根本上化解金融风险，还带来了额外的风险，最终将导致金融危机的爆发和金融体系的崩溃。

二、金融衍生工具的种类

金融衍生工具林林总总，在上千个品种中，有些直接以传统金融工具为基础，形式上相对简单，有些则是通过组合、衍生的方式形成，它们集多种特色于一身，十分复杂。

（一）按衍生的基础工具分类

1. 股权式衍生工具

股权式衍生工具是指以股票或股票指数为基础工具的金融衍生工具，主要包括股票期货合约、股票期权合约、股票指数期货合约、股票指数期权合约以及上述合约的混合交易合约。

2. 货币衍生工具

货币衍生工具是指以各种货币作为基础工具的金融衍生工具，主要包括远期外汇合约、货币期货合约、货币期权合约、货币互换合约以及上述合约的混合交易合约。

3. 利率衍生工具

利率衍生工具是指以利率或利率的载体为基础工具的金融衍生工具，主要包括远期利率协议、利率期货合约、利率期权合约、利率互换合约以及上述合约的混合交易合约。

4. 信用衍生工具

信用衍生工具是以基础产品所蕴含的信用风险或违约风险为基础变量的金融衍生工具，用于转移或防范信用风险，它是 20 世纪 90 年代以来发展得最为迅速的一类衍生工具，主要包括信用互换、信用联结票据等。

除了以上 4 类金融衍生工具外，还有相当数量的金融衍生工具是在非金融变量的基础上开发出来的。例如，用于管理气温变化风险的天气期货、管理政治风险的政治期货、管理巨灾风险的巨灾衍生产品等。

（二）按交易方式分类

1. 金融远期

金融远期是指合约双方同意在未来日期按照固定价格交换金融资产的合约。金融远期合约规定了将来交换的资产、日期、价格和数量，合约条款因合约双方的需要不同而不同。金融远期合约主要有远期利率协议、远期股票合约。

2. 金融期货

金融期货是指买卖双方在有组织的交易所内以公开竞价的形式达成的、在将来某一特定时间交收标准数量特定金融工具的协议，主要包括货币期货、利率期货和股票指数期货三种。

3. 金融期权

金融期权是指合约双方约定价格，在约定日期内就是否买卖某种金融工具所达成的契约，包括现货期权和期货期权两大类，每一类又可以分为很多种类。

4. 金融互换

金融互换是指两个或两个以上的当事人按共同商定的条件，在约定的时间内，交换一定支付款项的金融交易，主要有货币互换和利率互换两类。

以上 4 种常见的金融衍生工具是最简单的金融衍生工具。近年来，利用这 4 种常见金融衍生工具的结构化特性，通过相互结合或与基础金融工具相结合的方式开发设计出了很多具有复杂特性的金融衍生工具，即结构化金融衍生工具，或简称为结构化产品，如股票交易所交易的各类结构化票据以及部分外汇结构化理财产品等。

三、金融衍生工具的功能

1. 避险功能

金融衍生工具诞生的原动力就是风险管理。金融衍生工具可以将市场经济中的市场风险、信用风险以及分散在社会经济各个角落的风险集中在几个期货期权市场或互换、远期等场外交易市场上，将风险先集中、再分割，然后重新分配，使套期保值者通过一定方法规避正常经营中的大部分风险，而不承担或只承担极少一部分风险（如通过期货套期保值要承担基差风险，通过期权保值要付出少量权利金等），从而能专注于生产经营。由于衍生市场中套期保值者的头寸并不恰好是互相匹配对冲的，所以市场中需要一部分投机者来承担保值者转嫁出去的风险，从而博取高额投机利润。而且，由于衍生交易的杠杆比率非常高，可以使套期保值者以极小的代价占用较少的资金，实现有效的风险管理，因而比证券组合投资更能满足市场需求。金融衍生工具的出现使汇率、利率、价格等因素的变化被限定在较小范围内，即使出现不利情况，产生风险，损失也将大大减少。

2. 价格发现功能

金融衍生工具交易，特别是场内交易，拥有众多交易者，他们通过类似于拍卖的方式确定价格。这种情形接近完全竞争市场，一方面能够在相当程度上反映出交易者对金融工具价格走势的预期，这使形成的价格反映了对于该商品有影响的所有可获得的信息以及交易双方的预期，使真正的价格得以被发现。另一方面，衍生商品的价格通过行情揭示和各种媒体广泛传播，为各界了解汇率、利率及金融趋势提供了重要的参考信息，使这一价格成为指导生产、合理配置社会生产要素的重要依据。同时，所有的参与者集中到交易所，使寻找价格和交易对象的信息成本大大降低。根据被揭示出来的市场价格预期，各交易主体可以相应地制订生产与经营计划，使经济社会每一个成员都能更好地从远期价格预测中获益。实际上，期货市场从信息上主导了现货市场以及远期现货商品市场的行情。

3. 盈利功能

金融衍生工具的盈利，既包括交易本身所带来的收入，也包含提供经纪人服务的收入。金融衍生工具的价格变化会产生盈利。由于存在着明显的杠杆效应，投资者操作正确就可以得到很高的利润。

4. 延伸功能

在广泛的使用中，金融衍生工具的功能不断地被挖掘、拓展，应用的范围也越来越广。下面仅介绍几项最常见的延伸功能。

（1）资产负债管理。汇率、利率的波动，既影响金融机构的资产，又影响其负债。保持适宜的资产负债结构，对于金融机构特别是商业银行而言，可谓生存发展之本。品种繁多的金融衍生工具为资产负债管理提供了多种有效的方法和工具。商业银行就经常运用金融期货、金融期权对资产负债进行缺口管理，用利率互换来规避资产与负债到期时间不匹配而产生的利率风险。

（2）筹资投资。因为存在许多不确定因素，不少投资项目都令投资者望而却步，恰当地运用衍生交易，往往能降低投资风险，使筹资由难变易。

（3）产权重组。通过产权重组提高企业的经营效益，这在现代市场经济中十分普遍。其中，民营化和职工持股是最常见的方式。然而，有时受个人购买力的限制，或者因个人对企业前景缺乏信心，投资欲望不强，产权重组障碍重重，用银行的融资功能向投资者提供资金，再用衍生交易手段避险，可以帮助个人投资者参与产权交易。

（4）激励功能。一些企业所有者用期权作为激励经营管理人员的工具，给予经营管理人员较长期限的该企业股票的买入期权，合约规定的买入价一般与当时的股价接近。这样，经营管理人员只要努力工作，使企业经济效益不断提高，股票价格就会随之上涨，股票买入期权的价格同样会上升，经营管理人员便可以从中获益。

第二节　金融期货市场

期货作为金融衍生工具中交易最为活跃、应用最为广泛的一类，在商品期货不断完善和发展的基础上，20 世纪 70 年代产生了金融工具期货。在短短的几十年时间里，金融期货市场便显示出了强大的生命力和影响力。

金融期货市场是国际资本市场创新和发展的产物，也可以说它是具有比传统商品期货市场更新的交易品种的市场，它仍然保留着价格发现、套期保值等风险转移、附加提供投机平台等有效市场功能，并继承了期货市场已有的法律监管机制。20 世纪 70 年代，由于布雷顿森林体系国际货币制度的崩溃以及金融自由化和金融创新浪潮的冲击，国际资本市场上利率、汇率和股票价格指数波动幅度加大，市场风险急剧增加。为了规避这些风险，金融期货市场应运而生，为保证资本市场的良性运转发挥了不可替代的作用。

一、金融期货市场概述

金融期货是指在特定的交易所通过竞价方式成交，承诺在未来的某一日或某一期限内，以事先约定的价格买进或卖出某种金融商品的契约。它主要包括外汇期货、利率期货、股票指数期货三种。

金融期货是 20 世纪 70 年代产生和发展起来的，它产生的根本原因是为了防止和避免因汇率、利率、股价等金融产品价格的频繁变化而带来的风险。金融期货主要有套期保值、价格发现、信息传递和投机等功能，其中前两者是金融期货的两大基本功能。

金融期货市场是在市场经济发展过程中产生的，金融期货交易者买卖金融期货的场所。它可以分为两种类型：一种是专门为开展金融期货交易而设立的专业性金融期货市场，如东京金融期货交易所；另一种是传统的或原有的期货市场或证券市场由于增加金融期货业务而形成的金融期货市场，如芝加哥期货交易所。

一个完整的金融期货市场由交易所、清算所、保证公司和交易者四大部分构成。客户首先要选定经纪公司（经纪公司应该是期货交易所的会员，在交易中派有出市代表）与其签订有关协议，开设交易账户并存入保证金。进行交易时，客户先将委托单交给经纪公司的业务员，业务员再传递给出市代表。在采用自动撮合方式的交易所中，出市代表将委托指令输入计算机，由计算机自动完成公开竞价。如果是人工交易，出市代表用手势与其他公司的出市代表进行公开竞价，成交后由出市代表将成交情况传递给业务员，业务员再告知客户。

二、外汇期货市场

外汇期货市场是最早出现的金融期货品种。随着国际贸易的不断增加和经济全球化进程的推进，外汇期货市场一直保持着良好的发展势头。

（一）外汇期货的定义

外汇期货是为了回避汇率波动的风险而创新出来的。它是指外汇交易所内，交易双方通过公开竞价确定汇率，在未来的某一时期买入或卖出某种货币。外汇期货涉及的主要币种有美元、英镑、日元、瑞士法郎、加拿大元等。

远期外汇交易是外汇市场上另一大类交易，它与外汇期货既有联系又有区别，二者各有所长。其中，外汇期货比较规范，它采用标准化的合约，交易的价格具有公平性、公正性和公开性，有专门的交易所和清算所作为中介，流动性较强。而远期外汇交易一般由银行和其他金融机构相互通过电话、传真等方式达成协议，没有交易所和清算所作为中介，合约也没有固定的规格，但灵活性比较大，用于套期保值时针对性较强，往往可以使风险全部对冲。

（二）外汇期货的用途

外汇期货有两大基本用途：套期保值和套利。

1. 套期保值

所谓外汇期货套期保值，是指人们为了确保外币资产或外币负债的价值不受或少受汇率变动带来的损失，通过外汇期货交易将外汇汇率锁定于某一既定的水平，从而将外汇汇率变动所造成的风险转移出去的行为。它可以分为买入套期保值和卖出套期保值。买入套期保值又称多头套期保值，即先在期货市场上买入而后卖出。一般应用于在未来某日期将发生外汇支出的场合，如人们从国外进口商品、出国旅游，跨国公司的母公司向其设在国外的子公司供应资金等。卖出套期保值又称空头套期保值，即先在期货市场上卖出而后买进。一般应用于在未来某日期取得外汇收入的场合，如向国外出口商品、提供劳务、对外投资、到期收回贷款等。

2. 套利

在外汇市场上，利用价格的波动来获得收益的行为称为套利。套利可以分为跨期套利、跨市套利和跨品种套利三种。跨期套利又可以分为买空套利（牛市套利）和卖空套利（熊市套利）两种。买空套利的操作方法是买进即期合约，而卖出远期合约。卖空套利的操作方法与之相反，是买进远期合约，而卖出即期合约。

（三）外汇期货市场的特点

在外汇期货市场上，外汇期货交易是在交易所内、按照交易规则、通过公开竞价方式进行的。交易外汇期货合约的特点有以下几项。

（1）买卖外汇期货合约的交易者把买卖委托书交给经纪商式交易所成员公司，由它们传递到交易大厅，经过场内经纪人之间的"公开喊价"或电子计算机的自动撮合，决定外汇期货合约的价格。

（2）买卖期货合约时，不需要实际付出买入合约面值所标明的外汇，只需要支付手续费。合约生效后，按照当天收市的实际外汇期货市价作为结算价，进行当日盈亏的结算。如果结算价格高于该期货合约交易时的成交价格则为买方盈利；反之，则买方亏损，卖方受益。

（3）外汇期货价格实际上是预期的现货市场价格，在投机者的参与下，期货价格会向预期的现货市价移动，两个市场价格具有趋同性。

（4）外汇期货以外币为交割对象，到期末对冲掉的合约，卖方必须从现货市场购入即期外汇，交给买方以履行交割义务。

三、利率期货市场

利率期货是继外汇期货之后产生的又一个金融期货类别，它的标的物是货币市场的各种利率产品。

（一）利率期货的定义及种类

利率期货是指交易所通过公开竞价买入或卖出某种价格的有息资产，在未来的一定时间按合约交割。以期限一年为界，利率期货可以分为长期利率期货和短期利率期货。其中，短期利率期货按分割方式又可以分为以现金交割的三个月期限银行利率期货和以实物交割的短期利率期货。

1. 短期利率期货

短期利率期货是指期货合约标的的期限在一年以内的各种利率期货，即以货币市场的各类债务凭证为标的的利率期货均属短期利率期货，包括各种期限的商业票据期货、国库券期货及欧洲美元定期存款期货等。

短期利率期货以短期利率债券为基础资产，一般采用现金结算，其价格用 100 减去利率水平表示。两种最普遍的短期利率期货是短期国债期货和欧洲美元期货。

短期国库券的期限分为 3 个月（13 周或 91 天）、6 个月（26 周或 182 天）或 1 年不等。其中，3 个月期和 6 个月期的国库券一般每周发行，一年期的国库券一般每月发行。与其他政府债券每半年付息一次不同，短期国库券按其面值折价发行，投资收益为折扣价与面值之差。

2. 长期利率期货

长期利率期货是指期货合约标的的期限在一年以上的各种利率期货，即以资本市场的各类债务凭证为标的的利率期货均属长期利率期货，包括各种期限的中长期国库券期货和市政公债指数期货等。

美国财政部的中期国库券偿还期限在 1～10 年，通常以 5 年期和 10 年期较为常见。中期国库券的付息方式是在债券期满之前，每半年付息一次，最后一笔利息在期满之日与本金一起偿付。长期国库券的期限为 10～30 年，以其富有竞争力的利率、保证及时还本付息、市场流动性高等特点吸引了众多外国政府和公司的巨额投资，其购买者主要是美国政府机构、联邦储备系统、商业银行、储蓄贷款协会、保险公司等。在各种国库券中，长期国库券价格对利率的变动最为敏感，正是由于 20 世纪 70 年代以来利率的频繁波动才促成了长期国库券二级市场的迅速扩张。

（二）利率期货的基本功能

1. 价格发现

利率期货交易是以集中撮合竞价方式，产生未来不同到期月份的利率期货合约价格。同时，和绝大多数金融期货交易一样，利率期货价格一般领先于利率现货市场价格的变动，并有助于调节债券现货市场的价格，可通过套利交易促进价格合理波动。

2. 规避风险

投资者可以利用利率期货来达到如下保值目的。

（1）固定未来的贷款利率。利率期货合约可以用来固定从经营中所获得的现金流量的投资利率或预期债券利息收入的再投资率。

（2）固定未来的借款利率。债券期货合约可以用来锁定某一浮动借款合同的变动利息支付部分。

3. 资产优化

利率期货交易具有优化资金配置的功能，具体表现在以下几个方面。

（1）降低交易成本，利率期货的多空双向交易制可以使投资者在债券价格涨跌时都可以获利，以避免资金在债券价格下跌时出现闲置。

（2）利率期货可以方便投资者进行组合投资，从而提高交易的投资收益率。

（3）提高资金使用效率，方便进行现金流管理。由于期货交易的杠杆效应能极大地提高资金使用效率，使得投资者建立同样金额头寸的速度要比现货市场快得多。

（三）利率期货交割方式

利率期货交割一般有实物交割和现金交割两种方式。

1. 实物交割

实物交割是指期货合约的买卖双方于合约到期时，根据交易所制定的规程，通过转移期货合约标的物的所有权，将到期未平仓合约进行了结的行为。实物交割也是利率期货中国债期货交易一般所采用的方式。

由于国债期货的标的是名义债券，实际上并没有完全相同的债券，因此在实物交割中采用指定一揽子近似的国债来交割的方式，符合条件的交割券通过转换因子进行发票金额计算，并由卖方选择最便宜可交割债券，通过有关债券托管结算系统进行操作。由于这种交割制度在实践中操作便捷，在一定程度上不仅推动了国债期货交易的发展，也提高了现货市场的流动性。

由于期货交易不是以现货买卖为目的，而是以买卖合约赚取差价来达到保值的目的，因此，实际上在期货交易中真正进行实物交割的合约并不多。交割过多，表明市场流动性弱；交割过少，表明市场投机性强。在成熟的国际商品期货市场上，交割率一般不超过 5%。国债期货采用实物交割的最大问题在于可交割国债数量。对机构投资者来说，平日持有的国债头寸，或是通过现货交易系统所取得的国债头寸，足以保证可交割国债数量的充足。不过，市场一旦出现多头囤积国债逼空的情况，便会出现麻烦。在国外的市场上就曾出现过类似的问题，这需要交易所事先制定合理的交易和交割制度。

2. 现金交割

现金交割是指到期未平仓期货合约进行交割时，用结算价格来计算未平仓合约的盈亏，以现金支付的方式最终了结期货合约的交割方式。这种交割方式主要用于金融期货中期货标的物无法进行实物交割的期货合约，在利率期货中主要用于短期利率期货的交割。短期利率期货合约的价格是按照市场的价格指数来计算的。具体的计算方法是 1 减去贴现率（一般是现货市场的报价）再乘以 100，即报价指数=(1-贴现率)×100，一张 91 天到期交割的短期国债的实际价格应为：$100-(100-报价指数)×90/360$（单位：万美元）。例如，如果贴现率为 7%，期货合约的价格指数就为 93，到期日的实际价格就是

$$100-(100-93)×90/360=98.25（万美元）$$

国外一些交易所也在尝试将现金交割的方式用于国债期货，不过采用现金交割方式的国家暂时只有澳大利亚、韩国和马来西亚等，而且合约交易量并不大。

现金交割制度的主要成功条件在于现货指导价格的客观性，因为期货合约最后结算损益时

是按照现货指导价格计算的，交易者有可能利用操纵现货价格以达到影响现金结算价格的目的，因此如何设计最后结算价的采样及计算非常重要。

四、股票价格指数期货市场

股票价格指数期货是金融期货中产生得最晚的一个品种，也是 20 世纪 80 年代金融创新过程中出现的最重要、最成功的金融工具之一。自 1982 年 2 月美国堪萨斯市期货交易所推出价值线综合指数期货合约后，股票价格指数期货已成为全球金融市场上一个重要的投资品种。

股票价格指数期货也称股价指数期货、股指期货，股指期货就是将某一股票指数视为一个特定的、独立的交易品种，开设与其对应的标准期货合约，并在保证金交易（或杠杆交易）体制下，进行买空、卖空交易，通常股指期货都使用现金交割。

股价指数期货是金融期货的一种。期货交易就是交易双方通过买卖期货合约并根据合约规定的条款，约定在未来某一特定时间和地点，以某一特定价格买卖某一特定数量和质量的标的物的交易。期货交易的最终目的往往不是标的物所有权的转移，而是通过买卖期货合约，规避现货价格风险。

股价指数期货合约就是以货币化的股价指数为标的物的期货合约。股价指数期货最重要的功能，就是投资者可以利用它对股票现货投资进行套期保值，规避系统风险。这里的投资者是相对于投机者而言的。投资者投资股票的目的在于通过所投资的股票价格随上市公司的实质性成长而上升，获得长期的资本利得，同时通过上市公司的历年分配，赚取投资收益。他们希望避免因股票市场的波动，特别是突发事件引起的剧烈波动而导致的损失。

如果没有一个卖空机制，一旦股市出现剧烈波动，就有可能发生投资者纷纷抛售股票的连锁反应，从而推波助澜，进一步加剧股价的下跌，而股价指数期货交易正是为投资者提供了一个能够规避市场系统风险的机制，其原理是根据股价指数和股票价格变动的同方向趋势，在股票的现货市场和股价指数的期货市场上作相反的操作来抵消股价变动的风险。这样，在市场可能出现波动的时候，投资者可以在不卖出股票本身的情况下对其投资进行保值，从而起到稳定市场、保护投资者的利益、维护证券市场健康发展的作用。

股价指数期货交易的标的物是货币化的某种股票价格指数，合约的交易单位是以一定的货币与标的指数的乘积来表示，以各类合约的标的指数的点数来报价的。股指期货的交易主要包括交易单位、最小变动价位、每日价格波动限制、合约期限、结算日、结算方式及价格等。以香港恒生指数交易为例，交易单位是 50 港元×恒生指数，最小变动价位是 1 个指数点（即 50 港元），即恒生指数每降低一个点，则该期货合约的买者（多头）每份合约就亏 50 港元，卖者每份合约赚 50 港元。

投资股指期货的总的策略就是在预测股指将下跌时卖出股指期货合约，在预测股指上升时买入股指期货合约。利用股指期货进行套期保值分为空头套期保值和多头套期保值。当投资者持有股票时，为避免因股市下跌而造成的损失，可卖出一定数量和一定交割期的某种股价指数期货合约，若股市真的下跌，则投资者持有现货股票的损失将被期货的盈利所抵销，这就是空头套期保值。当投资者准备在将来某一时间买入股票时，为避免股价上升而导致的损失，可以买入股指期货合约，进行多头套期保值。

第三节　金融期权市场

一、金融期权及其相关概念

金融期权是期权（又叫选择权）的一种。期权是一种能在未来某特定时间内或特定地点以特定价格买进或卖出一定数量的某种特定商品的权利。金融期权是以金融工具或是金融期货合约为标的物的期权交易形式。

（一）期权购买者与期权出售者

期权购买者也称期权持有者，其在支付一笔较小的费用（期权费）后，就获得了能在合约规定的未来某特定时间，以事先确定的价格（协议价格）向期权出售者买进或卖出一定数量的某种金融商品或金融期货合约的权利。在期权有效期内或合约所规定的某一特定的履约日，期权购买者既可以行使其拥有的这项权利，也可以放弃这一权利，即对期权购买者而言，期权合约只赋予其可以行使的权利，而未规定其必须履行的义务。期权出售者也称期权签发者，其在收取期权购买者所支付的期权费以后，就承担着在合约规定的时间内或合约所规定的某一特定履约日，只要期权购买者要求行使其权利，就必须无条件履行合约的义务，即对期权出售者而言，除了在成交时向期权购买者收取一定的期权费以外，期权合约只规定了其必须履行的义务，而未赋予其任何的权利。

在期权交易中，期权购买者与期权出售者在权利与义务上存在着明显的不对称性，这决定了期权交易不同于期货交易的许多特点。

（二）买入期权与卖出期权

买入期权也称看涨期权，是指期权购买者可以在约定的未来日期以协定价格向期权出售者买进一定数量的某种金融商品或金融期货合约的权利。一般来说，期权购买者之所以买进这种期权是因为预测到该期权的标的物——某种金融商品或金融期货合约的价格将上涨，从而能以较低的协定价格买入这种金融商品或金融期货合约，避免市场价格上涨带来的损失。卖出期权也称看跌期权，是指期权卖出者可以在约定的未来某日期以协定价格向期权出售者卖出一定数量的某种金融商品或金融期货合约，从而避免市场价格下降所带来的损失。

无论是买入期权还是卖出期权，都只是对期权合约购买者赋予不同的权利，而对期权出售者规定不同的义务。必须注意，这里的"买入"与"卖出"不是针对期权本身的买卖，而是针对期权被执行时，期权的标的物的买卖。

（三）协定价格

协定价格又称"履约价格"或"执行价格"，在金融期权交易中是指期权合约规定的期权购买者向期权出售者买进或卖出一定数量的某种金融商品或金融期货合约的价格。价格一经确定，在期权期内，无论期权指标的价格上涨或下降到什么水平，只要期权购买者要求行使权利，期权出售者都必须以此协定价格履行其义务。

（四）期权费

期权费又称保险费，是指期权购买者为获得期权合约所赋予的权利而向期权出售者支付的费用。此费用一经支付，不管期权购买者执行或放弃该期权，均不予退回。期权交易中，购买者之所以买进期权，是担心市价发生对其不利的变动，买进期权后，他就获得了能在合约期内，以已知价格向期权出售者买进或卖出一定数量的某种金融商品或金融期货合约的权利，从而将自己所面临的风险转移出去，而期权出售者则因卖出期权而承担了市价变动的风险。可见，期权费是期权购买者为回避风险，达到保值的目的而付出的代价。

（五）实值、虚值与平价

协定价格与市场价格（以下简称市价）的关系有实值、虚值和平价三种情况。首先须知"内在价值"，即期权购买者通过执行期权可获得的收益。所谓实值、虚值和平价分别指期权的内在价值为正、负、零。对看涨期权而言，市价高于协定价格为实值，市价低于协定价格为虚值；对看跌期权而言，市价低于协定价格为实值，反之为虚值。若市价等于协定价格，则无论是看涨期权还是看跌期权，都为平价。

二、金融期权交易制度

金融期权市场有场外市场和场内市场之分，且场内市场有着比场外市场更高的效率，这是因为场内市场有一整套严格而规范的交易制度。

（一）标准化合约

凡在集中性的市场上上市的金融期权合约都是标准化合约。在这些标准化合约里，交易单位、最小变动价位、每日价格波动限制、协定价格、合约月份、交易时间、最后交易日、履约日等均由交易所进行统一规定。

1. 交易单位

金融期权的交易单位由各交易所分别加以规定，因此，相同标的物的期权合约在不同交易所上市，其交易单位也不一定相同。

2. 协定价格

协定价格是指期权合约被执行时，交易双方实际买卖标的物的价格。一般来说，当交易所上市某种金融合约时，将首先根据合约标的物的最近收盘价，以某一特定形式确定一个中心协定价格，然后再根据既定的幅度在该中心协定价格上下设定若干个级距的协定价格。因此，在合约中，交易所通常只规定协定价格的级距。

3. 最后交易日和履约日

最后交易日是指某种即将到期的金融期权合约在交易所交易的最后截止日。如果期权购买者在最后交易日还不做对冲交易，则其或者放弃期权，或者在规定时间内执行期权。履约日是期权合约所规定的、期权购买者可以实际执行该期权的日期。由于有欧式期权和美式期权之分，不同合约的履约日不尽相同。在金融期权交易中，由于期权购买者既可以执行期权也可放弃执行期权，故最后交易日和履约日必须有明确的规定。就履约日而言，要分清所购期权是欧式期权还是美式期权再进行规定。就交易日而言，对不同期权有不同的规定。

（二）保证金制度

为了确保期权交易的履约，期权出售者须交纳一定数额的保证金。期权交易的保证金制度中只有期权出售者须交纳保证金，因为期权购买者并没有履约的义务。另外，即使是期权出售者，也不是非以现金交纳保证金不可，如果期权出售者在出售某种看涨期权时实际拥有该期权的标的资产，并预先存放于经纪人处作为履约的保证，则可以免交保证金。保证金的计算随期权的种类和交易所的不同而有所变化。

（三）对冲与履约

在场内期权交易中，如果交易者不想继续持有未到期的期权部位，那么，在最后交易日或在最后交易日之前，可以通过反向交易来加以结清。相反，如果在最后交易日或最后交易日之前，交易者持有的期权部位并未平仓，那么，期权购买者就有权要求履约，而期权出售者就必须做好履约的准备。不同的期权有不同的履约方式。一般来说，除指数期权以外，各种现货期权都将以协定价格进行实物交收；各种指数期权依协定价格与市场价格之差进行现金结算；各种期货期权依协定价格将期权部位转化为相应的期货部位。在场内交易中，无论是对冲还是履约，交易双方都将通过交易所的结算单位来加以配对和结清。

（四）部位限制

所谓部位限制，是指交易所对每一账户所持有的期权部位规定最高限额。交易所之所以这样规定，是为了防止某一投资者承担太大风险或市场有过大的操纵能力。

三、金融期权的种类

按不同的划分标准，金融期权有不同的分类。

（一）根据交易所是否集中以及期权合约是否标准化来划分

与金融期货不同，金融期权未必是集中性的场内交易形式，也未必是标准化的金融期权合约的交易形式。因此，根据交易所是否集中以及期权合约是否标准化，金融期权可以分为场内期权和场外期权，二者的不同类似于期货交易与远期交易的区别，这种区别是多方面的，但其中最主要的是期权合约是否标准化。场内期权是一种标准化的金融期权合约交易，其交易数量、协定价格、到期日及履约时间等均由交易所统一规定；场外期权则是一种非标准化的金融期权合约的交易，其交易数量、协定价格、到期日及履约时间等均可由交易双方议定。

（二）根据标的物的性质来划分

根据标的物的性质，金融期权可以分为现货期权和期货期权。现货期权是一种以金融工具本身作为期权合约的标的物的期权，如各种股票期权、股价指数期权、外汇期权等；期货期权是一种以金融期货合约作为期权合约的标的物的期权，如各种外汇期货期权、利率期货期权及股价期货期权等。二者在具体的交易规则、交易策略及定价原则等方面有很大不同，而且这两类期权通常由不同主管机关分别管理。

（三）根据对履约时间的不同规定来划分

在金融期权交易中，根据对履约时间的不同规定，金融期权可以分为欧式期权和美式期权两种类型。欧式期权是指期权购买者只能在期权到期日这一天行使其权利，既不能提前也不能推迟。美式期权型是指期权购买者既可以在期权到期日这一天行使其权利，也可以在期权到期日之前的任何一个营业日行使其权利。可见，欧式期权和美式期权并没有地理位置上的区别，而只是对期权购买者执行期权的时间有着不同的规定。对期权购买者来说，美式期权比欧式期权更为有利，因为其可以在期权有效期内根据市场价格的变动和自己的实际需要比较灵活主动地选择有利的履约时间。对期权出售者来说，美式期权比欧式期权需要承担更大的风险，而且其必须随时为履约做好准备。因此，在其他情况一定时，美式期权的期权费通常比欧式期权的期权费要高一些。目前，在世界主要金融期权市场上，美式期权的交易量远大于欧式期权的交易量。

（四）根据金融期权交易买进和卖出的性质来划分

根据金融期权交易买进和卖出的性质，金融期权可以分为看跌期权、看涨期权与双重期权。关于看涨期权与看跌期权前面已做过介绍，这里介绍一下双重期权。双重期权是指期权买方有权以协定价格买入或卖出金融资产的合约，它等同于同一成交价格的看涨期权与看跌期权的组合。对买方而言，在双重期权下是双获利，所以期权费高于看涨期权和看跌期权。这种期权交易通常只有在市场十分混乱、价格波动剧烈时才有人做。

（五）根据期权合约标的物来划分

1. 外汇期权

外汇期权是以某种外币或外汇期货作为标的物的期权。其中以外币本身作为标的物的称为外汇现货期权，以外汇期货合约作为标的物的称为外汇期货期权，它的交易单位即为一张相关的外汇期货合约，即履约后一个看涨期权的购买者（出售者）成为一张外汇期货合约的购买者（出售者），一个看跌期权的购买者（出售者）成为一张外汇期货合约的出售者（购买者）。

2. 利率期权

利率期权是 20 世纪 80 年代以来交易最活跃的金融期权之一，它是以各种利率产品（即各种债务凭证）或利率期货合约为标的物的期权，其中利率期货占有相当大的比重。

利率期权的交易有的在期权交易所内完成，有的通过场外交易完成，因此，期权费的确定有交易所内公开竞价和场外协议定价两种基本途径。

利率期权同样分为买入期权和卖出期权，由于利率金融商品的价格标示通常是以 100 为基数减去隐含的利率，所以，利率上升，其价格下降，反之，其价格上升。近年来，利率期权运用中又出现了利率下限期权、利率封顶期权和利率双向期权三种特殊形式，并被广泛采用。

（1）利率封顶期权是由买卖双方确定一个协定利率，定期与实际利率比较，若实际利率高于协定利率，期权买方即可得到卖方的补偿，这一协定利率即为该利率的顶。封顶利率的买方一般为资金需求者，通过购入利率封顶期权达到锁定筹资成本的效果。利率封顶期权实际上可看作是一系列欧式卖出期权的组合。

例如，甲乙两家公司签订协议，以 3 个月的伦敦同业拆借利率（LIBOR）为参照，有效期为 2 年，利率最高限为 9%，规定每 3 个月交割一次，名义本金为 1 500 万英镑，购买"封顶"期权费用为名义本金的 1.0%。在此，甲公司付给乙公司 15 万英镑（即 1 500×1.0% =15）即成为"封顶"的买方，而乙公司成为卖方。如交割日 3 个月 LIBOR 的实际利率为 10%，则乙公司要将超过部分的利息付给甲公司，即 1 500×(10% – 9%)×90/360=3.75 万英镑；如果 3 个月 LIBOR 与最高的 9%相等或低于最高限，乙公司无须做任何支付。这种交易的目的是为了防止利率过高或过低的风险。

（2）利率下限期权又称地面期权或保底期权，即通过固定一个最低利率回避利率降低的风险。利率下限期权出售者保证购买者可以在一定时期内获得一个最低利率，购买者支付期权费。如果在结算日参考利率低于期权合约中最低利率，则期权出售者将利差付给购买者。对利率下限期权的买者来说，他支付了一定期权费后，不管市场利率如何下降，他都能以商定利率得到利息，消除利率大幅度下跌导致的风险；对利率下限期权的卖者来说，他收取一定的期权费，只要市场利率不跌到商定利率减期权费之差以下，他就有利可图。但当市场利率跌到这个水平之下，他就亏损了，利率越跌，他损失越大。

（3）利率双向期权又称双重期权，是指投资者可同时购买某一证券或期货的买入期权和卖出期权，以便在证券或期货价格频繁涨跌变化时获益，使买方获得在未来一定期限内根据合约所确定的价格买进或卖出某种商品或资产的双向权利，即买方同时买进了延买期权和延卖期权，买方事实上获得了买进和卖出某种商品或资产的权利。

当投资交易者预测某种商品或资产的未来市场价格将有较大波动，并且波动方向捉摸不定时，便乐于购买双向期权。双向期权的保险费一般要高于单向期权的保险费。

3．股价指数期权

股价指数期权是发展得最成功的金融期权。履约时，交易双方将根据协定价格把期权部位转化为相应的期货部位，并在期货合约到期前根据当时市场的价格实行逐日结算，而于期货合约到期时再根据最后结算价格实行现金结算，以最后了结交易。看涨期权、看跌期权和双向期权是股票指数期权交易的三种形式。

（1）看涨期权是指期权买方买到一种权利，他可以在规定时间内按某一种协定价格买进一定数量的股票。若股价上涨，他可按约定的低价买入，在市场上以高价卖出，从中获利；反之，若股价下降则要承受损失。

例如，期权买方与卖方签订一份 6 个月期的合约，协定价格是每份股票 16 美元，出售股数为 100 股，期权费是每股 1.5 美元，共 150 美元，股票面值为每股 15 美元。买方在这个交易当中有以下两种选择。

① 执行期权。若在规定期内股价果然上涨，涨为每股 18 美元，在这时候，买方就执行期权，即按照协定价格买入卖家的 100 股，支付 1 600 美元，然后在交易所按市场价卖出 100 股，收进 1 800 美元，获得利益 200 美元，扣除期权费 150 美元，净利为 50 美元。

② 出售期权。当股价上涨，与此同时看涨期权费也升高，比如涨至每股 3.5 美元，那么，买方也可以出售期权，收进 350 美元，净利为 200 美元。相反，如果若股价走势和预测相反，买方则就会损失掉所付的期权费。

（2）看跌期权是指在规定的时间内按一种协定的价格出售一定数量的股票，若股价下跌，期权的买方有权按协定价格卖给期权的卖方约定数量的股票，然后在交易所以下跌的价格购入股票，从中获利。

（3）双向期权是指股票期权的买方既有权买也有权卖，即在股价下跌时有权买，在股价上升时有权卖。在双向期权下是两头获利，所以，其保证金要高于看涨期权和看跌期权。这种期权交易通常在股价波动剧烈、反复无常时才有人去做。

四、金融期权与金融期货的区别

（一）标的物不同

金融期权与金融期货的标的物不尽相同。一般地说，凡可以进行期货交易的金融商品都可以进行期权交易，然而，可进行期权交易的金融商品却未必可以进行期货交易。在实践中，只有金融期货期权，而没有金融期权期货，即只有以金融期货合约为标的物的金融期权交易，而没有以金融期权合约为标的物的金融期货交易。一般而言，金融期权的标的物种类多于金融期货的标的物种类。

随着金融期权的日益发展，其标的物还有日益增多的趋势，不少金融期货无法交易的东西均可以作为金融期权的标的物，甚至连金融期权合约本身也成了金融期权的标的物，即所谓复合期权。

（二）对称性不同

金融期货交易双方的权利与义务对称，即对任何一方而言，都既有要求对方履约的权利，又有自己对对方履约的义务。而金融期权交易双方的权利与义务存在着明显的不对称性，期权的买方只有权利而没有义务，而期权的卖方只有义务而没有权利。

（三）履约保证不同

金融期货交易双方均需开立保证金账户，并按规定交纳履约保证金，而在金融期权交易中，只有期权出售者，尤其是无担保期权的出售者才需开立保证金账户，并按规定交纳保证金，以保证其履约的义务。至于期权购买者，因期权合约未规定其义务，其无须开立保证金账户，也就无须交纳任何保证金。

（四）现金流转不同

金融期货交易双方在成交时不发生现金收付关系，但在成交后，由于实行逐日金融期权交易结算制度，交易双方将因价格的变动而发生现金流转，即盈利一方的保证金账户余额将增加，而亏损一方的保证金账户余额将减少。当亏损方保证金账户余额低于规定的保证金金额时，必须按规定及时交纳追加保证金。因此，金融期货交易双方都必须保有一定的流动性较高的资产，以备不时之需。

在金融期权交易中，成交时，期权购买者为取得期权合约所赋予的权利，必须向期权出售者支付一定的期权费；但在成交后，除了到期履约外，交易双方均不发生任何现金流转。

（五）盈亏特点不同

金融期货交易双方都无权违约，也无权要求提前交割或推迟交割，而只能在到期前的任一时间通过反向交易实现对冲或到期进行实物交割。而在对冲或到期交割前，价格的变动必然使其中一方盈利而另一方亏损，其盈利或亏损的程度取决于价格变动的幅度。因此，从理论上说，金融期货交易中交易双方潜在的盈利和亏损都是无限的。

相反，在金融期权交易中，由于期权购买者与出售者在权利和义务上的不对称性，他们在交易中的盈利和亏损也具有不对称性。从理论上说，期权购买者在交易中的潜在亏损是有限的，仅限于所支付的期权费，而可能取得的盈利却是无限的；相反，期权出售者在交易中所取得的盈利是有限的，仅限于所收取的期权费，而可能遭受的损失却是无限的。当然，在现实的期权交易中，由于成交的期权合约事实上很少被执行，因此，期权出售者未必总是处于不利地位。

（六）作用与效果不同

金融期权与金融期货都是人们常用的套期保值的工具，但它们的作用与效果是不同的。

人们利用金融期货进行套期保值，在避免价格不利变动造成的损失的同时，也必须放弃若价格发生有利变动而可能获得的利益。人们利用金融期权进行套期保值，若价格发生不利变动，套期保值者可以通过执行期权来避免损失；若价格发生有利变动，套期保值者也可以通过放弃期权来保护利益。这样，通过金融期权交易，既可以避免价格不利变动造成的损失，又可以在相当程度上保住价格有利变动而带来的利益。

但是，这并不是说金融期权比金融期货更为有利。这是由于如从保值角度来说，金融期货通常比金融期权更为有效，成本也更为便宜，而且要在金融期权交易中真正做到既保值又获利，事实上也并非易事。

所以，金融期权与金融期货可谓各有所长、各有所短，在现实的交易活动中，人们往往将两者结合起来，通过一定的组合或搭配来实现某一特定目标。

第四节　金融互换市场

一、金融互换市场概述

互换交易起源于 20 世纪 70 年代，但真正意义上的互换是 1981 年由所罗门兄弟投资公司为世界银行与美国国际商用机器公司（IBM）安排的一笔货币间交易，该笔交易揭开了典型的互换交易的序幕。互换交易市场上有两类广义的参与者：最终用户和中介机构。最终用户出于经济与财务方面的目的参与互换业务以避免利率或汇率的敞口风险，中介机构（或交易机构）从事互换活动主要是为了获取手续费或交易利润。互换交易的合约金额都较大，一般在 1 亿美元以上。

互换交易的特点主要在于它具有其他衍生产品所不可比拟的优越性。首先，互换的期限相当灵活，一般为 2～10 年，最长可为 30 年；其次，互换能满足交易者对非标准化交易的要求，掌握起来可随心所欲；最后，使用互换进行套期保值可以省去使用期货、期权等产品对头寸的日常管理，使用起来十分方便。

互换交易的基础主要是比较优势和分享利益。这里的比较优势是指交易方在自己所熟悉的领域拥有信誉、信息等优势，利用这些优势能以更有利的条件获取某种金融商品。互换交易的本质在于分配由比较优势而产生的全部经济利益。如果一家公司在甲货币借贷市场上具有比较优势，另一家公司在乙货币借贷市场上具有比较优势，交易双方就可以商定，各自在自己具有比较优势的市场筹措资金，然后相互交换，合理分享利益。

随着互换"初级市场"的发展，为了满足各种最终用户的需求，互换二级市场也在实践中逐渐形成了。互换二级市场又称为"互换交易市场""互换次级市场"，是相对于互换的"初级市场"（融资互换等）而言的，指的是对已经发生的互换契约进行买卖、转让和流通的市场。

互换二级市场的交易内容包括互换出售、互换自动终止及反向互换。互换市场随着放款市场的发展而得到加强。

二、金融互换市场的特点

表面上看，互换是一种新型的衍生工具，但实际上，互换可以分解为衍生工具的组合，如利率互换可以看成是几个远期合约的组合，所以金融互换市场兼具传统衍生工具市场的一些特征，但也有自身的特点，具体如下。

（一）货币种类多

金融互换市场上大部分互换交易是以美元、英镑、德国马克、瑞士法郎、日元、荷兰盾、欧元（欧元流通后）、加拿大元或澳大利亚元等货币进行的，也有一些交易以其他货币进行，但是市场的流动性相对较小。

（二）期限较长

绝大部分互换交易的期限是 3～10 年，少数也有比较长的期限。期限短于 3 年的互换交易相对来说较少，因为在期限较短的情况下，通过期货交易进行货币和利息套期，通常在成本方面比互换交易更具有优势。期货市场、远期市场以及债务期权市场时间长度不超过 4 年。总的来说，互换交易的期限较长，相比较下，远期合约和期货合约的期限一般较短。

（三）金额较大

单个互换业务的额度通常在 500 万美元到 3 亿美元之间，有时也采用辛迪加式的互换进行较大数额的交易。此时，互换的一方是"银团"，它们通过互换金额的共同分担来减少单个银行所承担的风险。

（四）形式灵活

互换交易的形式十分灵活，可以根据客户现金流量的实际情况做到"量体裁衣"。互换市场交易的不是交易所式的金融商品，因此互换交易的形式、金额、到期日等完全视客户需要而定，是一种按需定制的交易方式，只要互换双方愿意，他们可以"白手起家"，从互换内容到互换形式都可以完全按需要来设计，由此形成的互换交易可以完全满足客户的特定需求，因此互换交易比起交易所交易的其他金融工具更能满足投资者的需求。互换的对手方既可以选择交易额的大小，也可以选择期限的长短。互换交易的灵活性是期权期货市场所不具备的。

（五）成本低

互换协议只需签订一次，就可以在以后若干年内进行多次交换支付；而如果签订远期合约的话，这样的合约就必须签订多次，所以互换协议的交易成本较低。

标准合同的互换市场具有一定的流动性，其行情活跃，了结合同几乎没有困难，可以出售或中途废止等，市场的流动性一般强于远期合约。

在互换市场上，只有互换对手知道互换交易的具体详情，这种不公开化的交易有助于提高交易的保密性。

（六）无政府监管

从市场交易受管制的程度来看，在互换市场上，实际上不存在政府监管；而期货等衍生工具市场或多或少都受到政府的管制。

三、金融互换市场的主要类型

根据基础产品的不同，互换可以分为货币互换、利率互换、股票互换、商品互换，而最常见的是货币互换和利率互换。下面我们主要介绍这两种互换，以及在此基础上产生的一些衍生互换产品。

（一）货币互换

货币互换是指交易一方拥有一定数量的资本和由此产生的利息支付义务，另一方拥有另一种货币相应的资本以及由此承担的利息支付义务，交易双方将各自拥有的资本和付息义务进行交换。实现交换的前提是，首先交易双方要分别需要对方拥有的币种，其次是所持资本的数值、期限相同。货币互换的主要类型有以下几种。

1. 定息—定息货币互换

它是指两个参与互换的交易者在交易期间，均按固定利率相互交换支付利息，又被称为"双方总货币交换"，是货币交换业务中最重要的一种形式。固定利率货币互换的合同较为简单，在互换开始时，合同双方按即期汇价互换本金，并且决定两种货币本金的利率，同时确定将来到期日重新互换回来的利率。接下来便是一系列的利息交换。按照合同双方同意的利率，以最初互换的本金进行利息计算并分期支付。在到期日，本金金额重新按照事先决定的汇价互换回来。

2. 定息—浮息货币互换

定息—浮息货币互换是指在货币互换过程中，互换中的一方承担按固定利率支付利息的义务，与此同时，另一方承担按浮动利率支付利息的义务。

3. 浮息—浮息货币互换

浮息—浮息货币互换又称为"双浮息货币互换"，其过程与前两种货币互换相仿，只是互换双方彼此承担对方按浮动利率付息的义务。这一互换形式产生的背景是随着国际经济金融一体化的加强以及汇率、利率风险的加大，各国银行、投资公司及跨国企业为了消除货币汇率和利率变动的风险，发挥各自筹融资的比较优势，从而衍生出这样一种货币互换种类。

货币互换是基于交易双方的互补需求，相互交易不同种类的货币的本金和利息的交易行为。它一般分为三个阶段：第一，本金互换，即交易之初，双方按协定的汇率交换两种不同币种的本金，以便计算应支付的利息。初期交换可以即期汇率为基础，也可以交易双方协定的远期汇率为基础。第二，期中利息互换，即双方按交易前的协定利率，以未偿还本金为基础，支付交易利息。第三，期末本金互换，即到期日本金的再次互换。在合约到期日，交易双方换回交易开始时所确定的本金。

现以 A、B 两家公司进行货币互换为例，讲述其原理：A 公司要筹措一笔美元资金以便能发展海外业务，考虑到美元短期利率呈下降趋势，因此，A 公司决定以浮动利率借入 5 年期的美元资金，利率为 LIBOR+0.35%，但该公司在本国的日元市场上有较好的声誉，能以优惠的固定利率筹集到 5 年期的日元资金，利率水平为 4.4%。此时，5 年期日元固定利率的互换利率为 5%，该公司所得到的优惠利率比同期的日元互换利率低 0.6%（即 5%-4.4%），按当时的货币市场的行情分析，美元 6 个月 LIBOR 可以与日元固定利率 5%平等交换。

与此同时，B 公司想筹措一笔日元资金，但该公司的情况正好和 A 公司相反，它可以在美元市场上以美元 6 个月期 LIBOR-0.3%的优惠利率筹集到美元资金，但在日元市场上却无法以这种优惠筹集到资金。于是，在 C 银行的安排下，A、B 两公司进行了货币互换，互换的结果是：A 公司按美元 6 个月期 LIBOR-0.3%的优惠利率替 B 公司支付利息，比它直接到美元市场上筹措资金节约 0.3%(LIBOR-(LIBOT-0.3%))，而 B 公司则按 4.4%的日元固定利率替 A 公司支付利息，比它直接到日元市场上筹措资金节约 0.6%（即 5%-4.4%），双方都得到了互换的好处。

（二）利率互换

利率互换是指交易双方按照事先商定的规则，以同一种货币、相同金额的本金、在相同的期限内，相互交换以不同利率计算的资产或货币的支付行为。在利率互换中，初期或到期日都没有实际本金的交换，交易双方只是按照事先商定的本金交换利息的支付。在利率互换中，市场浮动利率是以伦敦同业银行拆借利率（LIBOR）为基准的，参与交易的各方根据各自的情况在 LBOR 上附加一点加息率作为自己的浮动利率。利率互换的主要类型有以下几种。

1. 息票互换

息票互换是固定利率对浮动利率互换，这是利率互换的最基本的交易方式。在息票互换中，一方向另一方支付一笔固定利率利息，同时收到对方支付的一笔浮动利率利息；而另一方相应收到固定利率利息，支付浮动利率利息，双方不交换本金的现金流量。

2. 基础互换

基础互换是以某种利率为标的物的浮动利率的互换，互换的利息支付额以两种不同的浮动利率指数进行核算，如 3 个月的美元伦敦银行同业拆借对美国商业票据混合利率进行核算。

3. 交叉货币互换

交叉货币互换是以不同货币，并按不同的利率基础，如浮动利率对固定利率进行支付的交换。一般来说，该货币是把非美元固定利率利息支付换成美元浮动利率利息支付。

利率互换的基础是交易双方在不同的利率借贷市场上所具有的比较优势。假设甲、乙两个公司，甲公司的信用等级是 Aaa，乙公司的信用等级是 Bbb，由于信用等级不同，所以两个公司在资金市场上的筹资成本也不相同。信用等级高的甲公司无论在固定利率市场还是在浮动利率市场，都可以较低的成本筹措到资金，而信用等级较低的乙公司则无论在固定利率市场还是在浮动利率市场，其筹资成本都高于甲公司。但是，相对而言，乙公司在浮动利率市场上具有比较优势，即它在浮动利率市场上比甲公司付出的利率要比它在固定利率市场上比甲公司付出的少。于是，乙公司将在浮动利率市场上筹资，然后与甲公司在固定利率市场上所筹集的资金互换。

四、金融互换工具的应用

（一）控制市场风险的有效工具

远期合约具有控制利率、汇率风险的作用。从某种意义上讲，互换是远期合约的组合，而且是比远期和期货更有效率、流动性更高的交易工具。例如，运用货币互换不仅可以更好地达到锁定汇率、防范外汇风险的目的，还可以进行套头交易或管理成本，比运用远期合约的成本更低。

（二）降低融资成本的手段

互换的发展就在于利用比较优势可以大幅度降低融资成本，互换市场为最佳筹资市场，这是其他衍生工具所不可比拟的。

（三）金融机构可以利用互换进行资产负债管理

运用货币互换可以优化资产与负债的货币结构，运用利率互换可以使存款机构将资产负债的现金流量特征从以固定利率为基础变为以浮动利率为基础或相反，通过这种资产互换式负债互换，可以优化资产与负债的货币与期限结构，转移和防范中长期利率和汇率风险，实现资产与负债的最佳匹配。此外，互换作为表外业务，可以在不增加负债的情况下获取利润、扩充资本，起到提高资本充足率的作用。

（四）投资银行家可以利用互换创造证券

互换多是在场外交易，可以规避外汇、利率及税收等方面的管制，加之它有较强的灵活性，可以做到"量体裁衣"，所以，使投资银行更能够创造出一系列的证券，满足投资者的需要。

知识巩固：

1. 简述金融衍生工具的分类。
2. 外汇期货市场的用途有哪些？
3. 利率期货交割方式是什么？
4. 简述金融互换市场的特点。

案例讨论：

狮子金融多方位助力全球衍生品大赛

狮子金融为知名多元金融服务驱动的一站式互联网交易平台，该平台旗下全资子公司狮子国际证券集团有限公司、狮子期货有限公司、狮子资产管理有限公司为中国香港证监会持牌法团；狮子财富管理有限公司为中国香港专业保险经纪协会会员（PIBA：0624），狮子国际有限公司（Lion Brokers Limited）为英属开曼群岛金融管理局（CIMA）持牌法团，以上持牌公司可为投资者提供全球范围内的证券、期货、衍生品、财富管理、保险经纪、资产管理、金融科技等多元化、全方位的服务，为投资者直达全球市场、把握世界财富机遇架起了坚实的桥梁。

2019年8月以来，国际金融市场风云变幻，交易不确定性因素持续增加，受此影响，由《期货日报》主办的第六届全球衍生品交易大赛（简称全球赛）总体成绩欠佳。截至2019年8月15日，全球赛累计盈利账户数占比为18.5%，较前一周有所回落。作为大赛指定交易商，狮子金融对此始终高度重视，并积极给予有效的支持，旨在以专业服务助力参赛者斩获佳绩。

对于当前的复杂市场环境，狮子金融在最新观点中表示，当前美联储降息、全球贸易紧张局势及英国的硬脱欧风险，都是市场动荡的重要因素。同时，多重复杂因素此消彼长、变幻莫测，使得交易难度不断加大。此时，投资者更要稳态心态，控制情绪。真正的胜者是以胜己而胜人，真正的交易是以不败而制胜。同时，狮子金融指出，当前随着全球各大股市行情的上涨，避险情绪有所消减，但市场对2019年美联储政策宽松幅度的预期几乎没有变化，且对全球经济的担忧仍在持续，黄金后市或仍有很好的上升空间，投资者应注意把握其中的机会。

在及时分享交易观点与理念之外，狮子金融始终严守安全防线，旨在让交易没有后顾之忧。据悉，狮子金融客户每笔出入资金都经由四大会计师事务所中的安永、德勤这两家全球领先的专业服务事务所严格审计，客户所有资金均以客户资产托管的形式托管在中国银行（香港）的托管账户内，安全透明；此外，狮子金融还联手 JLT、Chubb 等国际知名保险公司，开启投保总额近 1.5 亿元的安全保障计划，为用户资金安全保驾护航。

得益于平台极高的专业度、安全性以及服务水准，狮子金融在上届实盘大赛中摘得"优秀投资者服务奖"，其用户"佛系操作"也取得了首次参赛便跻身大赛十强的亮眼成绩。而此前，狮子金融则接连斩获"最佳创新服务商奖""最佳交易环境平台商奖""年度最佳外汇交易平台"等多项业内重量级大奖；近期，狮子金融更是荣获业界标杆企业泛海控股集团旗下中国通海金融战略投资，再获权威认可。

资料来源：凤凰网 http://ah.ifeng.com/a/20190822/7689688_0.shtml

和讯网 https://shandong.hexun.com/2019-08-22/198303304.html

讨论题：

你对衍生品交易大赛有哪些了解？通过查找资料进行小组讨论，并给出自己的观点。

国际金融

知识目标:

➢ 了解国际收支的含义;

➢ 掌握国际结算的支付工具;

➢ 掌握国际货币体系的构成。

能力目标:

➢ 能够理解国际收支平衡表的主要内容;

➢ 能够解析国际结算的主要方式;

➢ 能够认知汇票、本票、支票的异同。

任务提出:

加快提高上海金融市场国际化程度

2019年11月3日,中共中央总书记、国家主席、中央军委主席习近平在上海考察时强调,要推动经济高质量发展,强化全球资源配置功能,积极配置全球资金、信息、技术、人才、货物等要素资源,以服务共建"一带一路"为切入点和突破口,加快提高上海金融市场国际化程度。

目前,上海已建立起包括商业银行、证券公司、保险公司、保险资产管理公司、基金管理公司、信托公司、期货公司、金融租赁公司、货币经纪公司、汽车金融公司、企业财务公司、银行资金营运中心、票据业务中心等在内的类型比较齐全的金融机构体系。落户上海的基金管理公司数量占全国总量的50%,管理资产约一万亿元,占全国资产的三分之一左右;银行机构总数突破3100家,是中国银行业机构门类最齐全的地区,也是不良资产率最低的地区之一;保险资产管理公司数量占全国总量的60%,管理资产占全国保险业资产的一半左右;我国的私募证券基金、QFII、QDII以及私人银行业务也主要集中于上海,其资产规模、盈利能力等均位居全国前列。

资料来源:证券时报网•中国 http://kuaixun.stcn.com/2019/1103/15475803.shtml

360 百科 https://baike.so.com/doc/1867740-1975458.html

任务分析:

你认为,上海在全球国际金融市场中占有什么样的地位?

第一节 国际收支

一、国际收支的概念

随着经济全球化，国与国之间的经济往来日益增多。为全面认识一国与其他国家之间的商品、劳务、资本等要素的国际流动情况，掌握一国对外经济交往全貌，需要利用国际收支这一工具。

国际收支的概念有狭义和广义之分。狭义的国际收支是指一国居民在一定时期内与外国居民之间必须立即结算的各种到期支付的差额，它仅仅包括必须立即结算和支付的款项。广义的国际收支包括一个国家一定时期内的全部国际经济交易，把不涉及外汇收支的经济交易包括在内，如无偿援助、捐款、易货贸易等。国际货币基金组织（International Monetary Fund，IMF）为了便于各成员通报国际交易数据，要求采用广义的国际收支概念。根据 IMF 的解释，国际收支（Balance of Payment）是指一国（或地区）的居民在一定时期内（一年、一季度、一月）与非居民之间的经济交易的系统记录。

要正确理解国际收支这一概念，应从以下几个方面加以把握。

（1）国际收支是一个流量概念。无论是狭义还是广义的国际收支概念，都必须指明是哪一段时期。这段时期可以是一年，也可以是一个季度、一个月，各国通常以一年为报告期。

（2）国际收支所反映的内容是经济交易。所谓经济是指经济价值从一个经济单位向另一个经济单位的转移。根据转移的内容和方向，经济交易可以划分为以下几类：商品、劳务与商品、劳务之间的转换，即易货贸易；金融资产与商品、劳务之间的转换，即商品、劳务的买卖；金融资产与金融资产的转换；商品、劳务由一方向另一方的无偿转移；金融资产由一方向另一方的无偿转移。

（3）国际收支记载的经济交易是一国居民与非居民之间发生的。只有居民与非居民之间的经济交易才是国际经济交易，才是国际收支所反映的内容。居民是指一国经济领土内具有经济利益的经济单位，也就是在该国经济领土上从事经济活动或交易时间达到一年以上的政府、个人、企业或事业单位，否则就是该国的非居民。一国的经济领土包括政府所管辖的地理领土、该国的天空、水域和国际水域下的大陆架，以及该国在世界其他地方的飞地，如大使馆、领事馆等；不包括坐落在一国地理边界内的外国政府或国际机构使用的领土飞地。依照这一标准，一国的大使馆等驻外机构是所在国的非居民，国际组织是任何国家的非居民。

二、国际收支平衡表

（一）国际收支平衡表的概念

国际收支平衡表是系统记录一国或地区一定时期内各种国际收支项目及金额的统计报表。

（二）国际收支平衡表的编制原则

国际收支平衡表按复式簿记原理编制，即以借、贷作为符号，按"有借必有贷，借贷必相等"的原则来记录国际经济交易。每笔交易需要从借方（Debit）和贷方（Credit）两个方向同时反映，且借方金额与贷方金额相等。借方记录资产的增加或负债的减少，贷方记录资产的减少或负债的增加。具体的表示方法为：凡是引起本国外汇收入的项目计入贷方，用"＋"号表示；凡是引起本国外汇支出的项目计入借方，用"－"号表示。

例如，英国向美国出口一笔价值为 20 万美元的货物，由此产生英国对美国的一笔货币收入，计入经常账户商品项目的贷方；同时，这笔货币收入相应地计入资本账户下对外短期资产的借方，因为英国对外的短期资产（美元）增加了。因此，从英国的角度看，应做以下记录：

借：对外短期资产　　　　　200 000 美元

　　贷：商品出口　　　　　　　200 000 美元

又如，英国向美国进口价值 20 万美元的货物，由此产生英国对美国的一笔货币支出，那么计入经常账户商品项目的借方；同时，这笔货币支出相应地计入资本账户下对外短期资产的货币，因为英国对外的短期资产（美元）减少了。因此，从英国的角度看，应做以下记录：

借：商品进口　　　　　　　200 000 美元

　　贷：对外短期资产　　　　　200 000 美元

（三）国际收支平衡表的主要内容

为了便于会员国统一编制国际收支平衡表，并使其具有可比性，IMF 出版了《国际收支手册》（自 1993 年起已出至第 6 版），制定了国际收支平衡表的标准格式。目前，我国的国际收支平衡表基本上也是按照 IMF 提供的标准格式及项目编制的。我国的国际收支平衡表的项目分成四大类，即经常项目、资本和金融项目、储备资产、净误差与遗漏。

1. 经常项目

经常项目主要反映一国与他国之间实际资源的转移，是国际收支中最重要的项目，包括货物和服务、收益、经常转移三个科目。

（1）货物和服务。货物又称为有形贸易收支项目，是经常项目和整个国际收支平衡表中最重要的科目，包括一般用于加工的货物、货物修理、各种运输工具、在港口购买的商品及非货币黄金。货物的贷方记录出口总额，借方记录进口总额，贷方减去借方的差额，称为贸易差额。贸易差额为正，称为贸易顺差；反之，则为贸易逆差。

服务又称为无形贸易收支项目，记录服务的输出和输入，包括运输、通信、建筑、保险、金融、计算机及信息服务、专利使用权的转让、咨询等。该科目贷方记录服务的输出，借方记录服务的输入。

（2）收益。收益记录由于生产要素在国际流动而引起的要素报酬收支。国际生产要素流动包括劳工的输出、入和资本的输出、入，因此，收益包括职工报酬和投资收益两个细目：职工报酬主要包括现金或实物形式的工资、薪金和其他福利；投资收益包括利润、股利、租金及其他形式的投资收入。该科目贷方记录本国居民从非居民处取得的收益，借方记录本国居民对非居民支付的收益。

（3）经常转移。经常转移又称无偿转移，反映所有非资本转移，属于单方面转移的国际收支活动。所谓单方面转移，是指国际上单方向的、无偿的经济交易。经常转移可以分为政府转移和私人转移两大类。政府转移，一般是指政府间的经济或军事援助、战争赔款、捐赠等；私人转移主要包括侨民汇款、养老金、私人赠予等。该科目贷方记录外国向本国的无偿转移，借方记录本国向外国的无偿转移。

2. 资本和金融项目

资本和金融项目反映金融资产在居民与非居民之间的转移，可以分为资本项目和金融项目两类。

（1）资本项目。资本项目主要包括资本转移和非生产、非金融资产的获得或处置。其中，资本转移包括涉及固定资产所有权的转移、同固定资产交易相联系或以其为条件的资金转移、债权人对债务无条件的豁免等；非生产、非金融资产的获得或处置主要是指各种无形资产（如专利、租赁合同、商誉或其他可转让合同）的获得与处置。

（2）金融项目。金融项目反映居民与非居民之间投资与借贷的增减变化。根据投资功能类型可以分为直接投资、证券投资和其他投资。

直接投资是指投资者对在国外投资的企业拥有 10%或 10%以上的普通股或投票权，从而对该企业的管理拥有有效发言权，包括本国在外国的直接投资和外国在本国的直接投资。

证券投资是指居民与非居民之间投资于债券、股票（不属于直接投资的）等金融工具。证券投资与直接投资不同，证券投资者主要关心的是资本所带来的收益，而直接投资者的主要目的是为了控制企业或参与企业的经营管理。

其他投资是指直接投资和证券投资未包括的其他金融交易，如贷款、预付款和存款等。

3. 储备资产

储备资产又称为官方储备，是指一国政府所持有并可直接动用的国际储备资产，包括外汇、货币化黄金、特别提款权、在基金组织的储备头寸、其他债权等。储备资产是平衡经常项目、资本和金融项目的一个项目。

应当指出，国际收支平衡表中反映的储备资产，不是一国储备资产的存量，而是该年度储备资产的增减额。借方记录储备资产的增加，用" - "号表示；贷方记录储备资产的减少，用"+"号表示。

4. 净误差与遗漏

净误差与遗漏是一个人为设置的平衡项目。按照复式簿记原理，国际收支平衡表所有项目的借方总额与贷方总额是相等的，但由于统计资料不完整、统计数据估算不准确等原因常常造成国际收支平衡表借贷总额不相等。为此，设立"净误差与遗漏"项目进行人为调整，使得国际收支平衡表在账面上得以平衡。当经常项目、资本和金融项目、储备资产这三项贷方金额大于借方金额时，就在净误差与遗漏的借方填写与其余额相等的数目；反之，则相反。

三、国际收支的失衡

（一）国际收支失衡的表现

国际收支失衡是与国际收支平衡相对的概念，在实际经济生活中，国际收支失衡是绝对的，平衡只是相对的。在国际金融的理论与实践中，人们更重视对国际收支失衡的分析研究。基于国际收支平衡表的实际分析，按照人们的传统习惯和国际货币基金组织的做法，国际收支失衡可以按下述口径来加以观察。

1. 贸易收支失衡

贸易收支是指包括货物与服务在内的进出口之间的收支差额，它是传统意义上衡量国际收支是否失衡的重要依据。即使在第二次世界大战之后出现许多新的国际收支调节理论的背景下，贸易收支仍可作为国际收支的代表。贸易账户实际上仅仅是国际收支的一个组成部分，在国际经济往来日益频繁的今天，贸易收支绝对不能代表国际收支的整体。但是，对某些国家来说，贸易收支在全部国际收支中所占的比重相当大，因此，出于简便，可将贸易收支作为国际收支的近似代表。另外，贸易收支在国际收支中还有它的特殊重要性，商品的进出口情况综合反映了一国的产业结构、产品质量和劳动生产率状况。因此，即使是资本与金融账户交易比重相当大的美国，也十分重视贸易收支的差额。

2. 经常项目收支失衡

经常项目收支包括服务、收入和经常转移收支。前两项构成经常项目收支的主体，国际货币基金组织特别重视各国经常项目的收支状况，虽然经常项目收支不能代表全部国际收支，但它综合反映了一个国家的进出口状况（包括无形进出口，如劳务、保险、运输等），因而被各国广泛使用，并被当作是制定国际收支政策和产业政策的重要依据。

3. 资本与金融项目收支失衡

资本与金融项目收支反映了一国财富的变动及变动途径。在分析资本与金融项目收支时，最重要的一点是考虑决定金融流量的诸多因素。这些因素主要是指影响国外和国内资产收益率和风险的各种因素，其中包括利息率、直接投资和其他投资的回报率、预计的汇率走势和税收方面的规定。同时应注意经常项目收支与资本和金融项目收支是互为融资的关系，因为资本与金融账户的差额可以准确反映出一国经常账户的状况和融资能力。

4. 综合账户收支或总收支失衡

综合账户差额是指经常账户与资本和金融账户中的资本转移、直接投资、证券投资、其他投资账户所构成的余额，也就是将国际收支账户中的官方储备账户剔除后的余额。由于综合账户差额必然导致官方储备的反方向变动，所以可以用它来衡量国际收支对一国储备造成的压力。当一国实行固定汇率制时，综合账户差额的分析意义更为重要。因为国际收支中的各种行为将导致外国货币与本国货币在外汇市场上的供求变动，影响到两个币种比价的稳定性。为了保持外汇市场上的汇率不发生变动，政府必须利用官方储备介入市场，以实现供求平衡。所以，综合账户差额在政府有义务维护固定汇率制度时是极其重要的。在浮动汇率制度下，政府原则上可以不动用储备而听任汇率变动，或是使用储备调节的任务有所减轻，所以这一差额在现代的分析意义上略有弱化。但这一概念比较综合地反映了自主性国际收支的状况，是全面衡量和分析国际收支状况的指标，具有重大的意义。

综上所述，分析、判断国际收支是否失衡的口径有许多种，但每种口径实际上仅仅反映了国际收支状况的一个方面，不可能就一项指标断言一个国家国际收支平衡或失衡以及国际收支状况是否良好。有时，分析、判断国际收支状况，还要结合一个国家的经济结构和其在世界经济中的地位，如美国近年来贸易收支出现大量逆差，考虑到服务贸易、高新技术的发展，并不能简单地断言其国际收支存在严重的问题。但同样的情况若发生在发展中国家，即使综合账户收支处于平衡状态，也应考虑国际收支存在的结构性不平衡问题。

（二）国际收支失衡的原因

国际收支失衡是一种经常性的现象。一般而言，国际收支失衡的原因主要表现在以下几个方面。

1. 临时性失衡

临时性失衡是指短期的、季节性的、偶然性的因素引起的国际收支失衡。例如，自然灾害、地区间的冲突、地震或传染病等偶然因素可能会冲击一国正常的经济运行，引发国际收支失衡。又如某些农产品出口国，其贸易的季节性变化十分明显，由此可导致季节性的国际收支失衡。

2. 周期性失衡

周期性失衡是指一国经济周期波动所引起的国际收支失衡。由于受经济周期的影响，一国经济会周而复始地出现繁荣、衰退、萧条、复苏的周期性变化。经济周期的不同阶段会对国际收支状况产生不同的影响。例如，一国经济衰退而使出口受阻、资本外流，会出现国际收支的逆差；而经济繁荣时期可能使得出口增加、资本流入，出现国际收支的顺差。

3. 货币性失衡

货币性失衡是指由于价格水平、利率等货币性因素变动造成国际收支的失衡。例如，一国货币数量发行过多，该国商品价格上升，引起该国商品相对于外国商品昂贵，从而导致出口减少、进口增加，引发国际收支出现赤字。另外，该国货币发行过多，利率水平下降，造成资本外流，也会引起国际收支出现赤字。

4. 收入性失衡

收入性失衡是指由于经济条件的变化引起国民收入的变动而产生的国际收支失衡。例如，一国国民收入增加可能引起该国对国外商品和劳务支出的增加，导致国际收支失衡。

5. 结构性失衡

结构性失衡是指当国际分工的结构发生变化时，一国产业结构的变化不能适应这种变化而产生的国际收支失衡。例如，一国产业结构单一，不及时开发新产品或发展新产业，可能会长期依附于他国，出现结构性失衡。另外，经济或产业结构变动滞后和困难也可能会引起国际收支失衡。

（三）国际收支失衡的调节

若一国国际收支出现持续的、大量的逆差或顺差，会给该国经济带来不利的影响。国际收支失衡可以通过市场机制的自发作用使国际收支自动恢复平衡，但所需时间长，作用程度和效果无法保证。因此，政府需要主动地采取各种政策措施对国际收支进行调节，各国政府可以选择的国际收支调节手段包括财政政策、货币政策、汇率政策、直接管制政策和其他奖出限入措施等，这些措施不仅会改变国际收支状况，而且会给国民经济带来其他影响。各国政府可根据国情采取不同措施对国际收支进行调节。

1. 财政政策

当一国出现国际收支顺差时，政府可以通过扩张性财政政策促使国际收支平衡。首先，减税或增加政府支出，通过税收乘数或政府支出乘数成倍地提高国民收入，由于边际进口倾向的存在，导致进口相应增加。其次，需求带动的收入增长通常伴随着物价水平上升，后者具有刺激进口、抑制出口的作用。此外，在收入和物价上升的过程中，利率也有可能上升，从而刺激资本流入。一般来说，扩张性财政政策对贸易收支的影响超过它对资本项目收支的影响，因此它有助于一国在国际收支顺差的情况下恢复国际收支平衡。

2. 货币政策

货币政策是指一国政府和金融当局通过调整货币供应量实现对国民经济需求的管理的政

策。在发达国家，政府一般通过改变再贴现率、改变法定准备率和进行公开市场业务来调整货币供应量。由于货币供应量变动可以改变利率、物价和国民收入，所以货币政策成为国际收支调节手段。

3. 汇率政策

汇率政策是指一国通过调整本币汇率来调节国际收支的政策。当一国发生国际收支逆差时，政府实行货币贬值（Devaluation）可以增强出口商品的国际竞争力并削弱进口商品的竞争力，从而改善该国的贸易收支。当一国长期存在国际收支顺差时，政府可以通过货币升值（Revaluation）来促使国际收支平衡。为了保证国际汇率相对稳定，国际货币基金组织曾规定各会员国只有在国际收支出现基本不平衡时才能够调整汇率。

4. 直接管制政策

直接管制政策是指政府直接干预对外经济往来以调节国际收支的政策措施。前述国际收支调节政策都有较明显的间接性，更多地依靠市场机制来发挥调节作用。直接管制政策可以分为外汇管制政策、财政管制政策和贸易管制政策。

5. 国际收支调节政策的国际协调

各国政府调节国际收支都以本国利益为出发点，一国采取的调节措施可能对他国经济产生不利影响，并使其他国家采取相应的报复措施。为了维护世界经济的正常秩序，各国政府加强了对国际收支调节政策的国际协调。

（1）通过各种国际经济协定确定国际收支调节的一般原则。《关税及贸易总协定》规定了非歧视原则、关税保护和关税减让原则、取消数量限制原则、禁止倾销和限制出口贴补原则、磋商调解原则等，《国际货币基金协定》规定了多边结算原则、消除外汇管制和制止竞争性货币贬值原则等，这些原则以贸易和金融自由化为核心，通过限制各国采取损人利己的调节政策来缓和各国之间的矛盾。

（2）建立国际经济组织或通过国际协定向逆差国家提供资金融通，以缓解国际清偿力不足的问题。国际货币基金组织向会员国发放多种贷款用于解决暂时性国际收支困难，并创设特别提款权用于补充会员国的国际储备资产。《借款总安排》和《互换货币协定》要求有关国家承诺提供一笔资金，由逆差国在一定条件下动用以缓和国际收支逆差问题和稳定汇率。

（3）建立区域性经济一体化集团以促进区域内经济一体化和调节国际收支。当前世界经济中的区域性经济一体化集团主要有优惠贸易安排、自由贸易区、关税同盟、共同市场和经济共同体等类型。其中最为成功的是欧盟，它已经实现了商品和要素国际流动的自由化，制定了共同农业政策，统一了货币。

（4）建立原料输出国组织以改善原料输出国的国际收支状况。不等价交换是许多发展中国家出现长期国际收支逆差的重要原因。为了反抗原料消费国垄断集团对原料价格的操纵，以发展中国家为主的原料出口国建立了许多原料输出国组织，如阿拉伯石油输出国组织、铜矿业出口政府联合委员会、可可生产者联盟等。特别是阿拉伯石油输出国组织通过限产提价等斗争手段，显著地提高了石油价格，对扭转石油输出国的国际收支状况发挥了极大的作用。

（5）通过各种国际会议协调多种经济政策，以提高经济政策特别是国际收支调节政策的效力。

各国的经济政策可以相互影响，有可能使其作用相互抵消。各国领导人通过国际会议进行政策协调，可以提高政策的效力。例如，西方七国首脑定期举行最高级会议，对财政、货币、汇率等多种政策进行协调,在一定程度上缓解了各国之间的矛盾,提高了国际收支调节措施的效力。

四、国际收支的经济影响

(一)持续的、大规模的国际收支逆差对一国经济的影响

首先,不利于对外经济交往。存在国际收支持续逆差的国家会增加对外汇的需求,外汇的供给不足会促使外汇汇率上升,本币贬值,本币的国际地位降低,可能导致短期资本外逃,从而对国家的对外经济交往带来不利影响。

其次,如果一国长期处于逆差状态,不仅会严重消耗该国的储备资产,影响其金融实力,而且还会使该国的偿债能力降低,如果陷入债务困境则不能自拔,从而进一步影响该国的经济和金融实力,并令其失去国际信誉。如20世纪80年代初期爆发的国际债务危机,在很大程度上就是因为债务国出现长期国际收支逆差,不具备足够的偿债能力所致。

(二)持续的、大规模的国际收支顺差对一国经济的影响

首先,持续性顺差会使一国所持有的外国货币资金增加,或者在国际金融市场上发生抢购该国货币的情况,这就必然会导致该国货币需求量的增加,由于市场法则的作用,该国货币对外国货币的汇价就会上涨,不利于该国商品的出口,对该国经济的增长产生不良影响。

其次,持续性顺差会导致一国通货膨胀压力加大。因为如果国际贸易出现顺差,那么就意味着国内大量商品被用于出口,可能导致国内市场商品供应短缺,带来通货膨胀的压力。另外,出口公司将会出售大量外汇兑换本币收购出口产品,从而增加了国内市场货币投放量,带来通货膨胀压力。如果资本项目出现顺差,大量的资本流入,该国政府就必须投放本国货币来购买这些外汇,从而也会增加该国的货币流通量,带来通货膨胀压力。

最后,一国国际收支持续顺差容易引起国际摩擦,不利于国际经济关系的发展,因为一国国际收支出现顺差也就意味着其他一些国家因其顺差而出现国际收支逆差,从而影响这些国家的经济发展,它们要求顺差国调整国内政策,以调节过大的顺差,这就必然导致国际摩擦。例如,20世纪80年代以来愈演愈烈的欧、美、日贸易摩擦就是因为欧共体国家、美国、日本之间国际收支状况的不对称。

可见,一国国际收支持续不平衡时,无论是顺差还是逆差,都会给该国经济带来危害,政府必须采取适当的调节措施,以使该国的国内经济和国际经济能够健康地发展。

五、国际收支的意义

国际收支的变化是一国经济运行变化的结果,反过来又会对经济运行产生重要影响。因此,研究一国的国际收支状况,进而加强对国际收支的管理具有重要意义。

(一)国际收支状况直接影响一国货币汇率的波动

随着国际收支状况的变化,一国的货币汇率将呈现波动状态。一般情况下,若一国的国际收支有顺差,则该国的货币汇率将上升;如有逆差,货币汇率将呈下降趋势。监测和辨别汇率波动是否异常是国际收支分析的主要任务。根据国际货币基金组织对各危机发生国的研究,当一国的

名义汇率贬值比率超出 25%且这种状态持续数周时，基本可以认定该国为货币危机发生国。

（二）国际收支全面反映了一国外部经济的均衡状况

国际收支是一国对外经济往来的缩影，利用国际收支统计中的相关数据，可以生成反映一国涉外经济状况的综合指标，如贸易条件指数、实际汇率偏离度、经常家户赤字可持续性、资本流动性风险和储备充足性指标等。

（三）国际收支为一国分析经济内部失衡提供线索

经济的内外部均衡相互影响，内部失衡状况主要通过外部失衡来反映和放大。如贸易状况可以反映一国国内需求不足或膨胀，资本跨境流动可以引发国内信贷扩张或金融膨胀等。国际收支为客观、全面评价内部经济发展进而调控宏观经济奠定了基础。

（四）国际收支状况是一国制定货币金融政策的重要依据

随着开放程度的扩大，各国在制定国内货币金融政策时，总是要充分考虑到国际收支状况，当国际收支处于逆差状态时，一般会采取紧缩性货币金融政策；当国际收支处于顺差状态时，一般会采取扩张性金融政策。

第二节　国际结算

一、国际结算的概念与结算制度

（一）国际结算的概念

国际结算是指通过货币的收付，清算国际上由于政治、经济、文化等活动而产生的债权债务关系。

国际结算分为贸易结算和非贸易结算。在很长的一段时期内，贸易结算是国际结算的主要组成部分。目前，非贸易结算，特别是金融交易的结算发展异常迅速，其交易发生笔数和金额已远远超过贸易结算。结算按其使用手段不同，分为现金结算和非现金结算。国际结算中广泛使用的是非现金结算，即转账结算，就是通过银行买卖不同货币、不同金额、不同支付时间的汇票等支付凭证，把国际上债权债务集中到银行账户上加以转移或冲销。传统的国际结算业务依靠航空邮递或电报、电传方式进行结算，手续多、速度慢、效率低，自 20 世纪 50 年代后，发达国家的银行把现代通信技术和电子计算机结合起来，建立了银行间电子清算系统，使国际结算的工具发生了重大变革，大大提高了国际结算的速度和效率。

（二）国际结算制度

国际结算制度是指国际清算过程中的规范、准则及约定俗成的制度。目前，国际结算制度主要有以下几种类型。

1. 自由的多边结算制度

自由的多边结算制度是指在转账结算条件下，将各国之间的债权债务关系汇集到少数跨国银行或国际清算银行的账户上，以轧抵冲销的方式进行全面清算。例如，甲国对乙国的债权通常表现为它在乙国银行账户的存款余额，甲国为偿付对丙国的债务，通常将这笔存款转移到丙国在乙国的银行账户上。于是，甲、乙、丙之间的债权债务关系得以全面了结。

自由的多边国际结算制度必须以有关国家的货币自由兑换为前提。外汇可以自由买卖，资本可以在国际上自由流动，这些条件与多边结算相结合，形成了以跨国银行为中心的自由多边国际结算制度。

2. 协定多边结算制度

在国际结算中，一个国家固然有权选择适合于本国情况的结算方式，但前提是必须征得结算关系的另一方的同意。因此，有关国家之间通过签订国际协定，对有关事宜加以确认，其中包括清算机构、清算账户、清算货币、清算范围、清算差额保值、相互提供信用的限额、清算账户差额处理等事项。国际清算支付协定的缔约国如果是两个国家，该协定为双边支付协定；如果是两个以上的国家，则称为多边支付协定。

3. 协定双边结算制度

双边结算是指由两国政府签订支付协定，开立清算账户，对两国之间的进出口贸易及非贸易往来产生的债权债务关系，用相互抵销的方式进行清算。

二、国际结算的支付工具

国际结算使用的支付工具主要为票据，票据是出票人签发的无条件约定自己或要求其他人支付一定金额，经背书可以转让的书面支付凭证。票据一般包括汇票、本票和支票。

（一）汇票

汇票是国际结算的主要支付工具，是一个人向另一个人签发的要求对方于见票时或将来某一时间，对某人或持票人无条件支付一定金额的书面支付命令。汇票本质是债权人提供信用时开出的债权凭证，其流通使用要经过出票、背书、提示、承兑、付款等法定程序，若遭拒付，可以依法行使追索权。

（二）本票

本票是指一个人向另一个人签发的保证于见票时或于一定时间向收款人或持票人无条件支付一定金额的书面凭证。当事人只有出票人和收款人。

（三）支票

支票是银行存款户对银行签发的授权其见票对某人或指定人或持票人即期无条件支付一定金额的书面支付命令。

（四）汇票、支票、本票的异同点

1. 相同点

（1）具有同一性质。

① 都是设权有价证券，即票据持票人凭票据上所记载的权利内容来证明其票据权利以取得财产。

② 都是格式证券。票据的格式（形式和记载事项）由法律严格规定，不遵守格式规定将对票据的效力有一定的影响。

③ 都是文字证券。票据权利的内容以及票据有关的一切事项都以票据上记载的文字为准，不受票据上文字以外事项的影响。

④ 都是可以流通转让的证券。一般债务契约的债权，如果要进行转让，必须征得债务人的同意，而作为流通证券的票据，可以经过背书或不作背书仅交付票据的简易程序而自由转让与流通。

⑤ 都是无因证券，即票据上权利的存在只依票据上的文字确定，权利人享有票据权利只以持有票据为必要，至于权利人取得票据的原因、票据权利发生的原因均可不问。这些原因存在与否、有效与否，与票据权利原则上互不影响。由于中国目前的票据还不是完全《票据法》意义上的票据，只是银行结算的方式，因此这种无因性不是绝对的。

（2）相同票据功能。

① 汇兑功能。凭借票据的这一功能，解决现金支付在空间上的障碍。

② 信用功能。票据的使用可以解决现金支付在时间上的障碍。票据本身不是商品，它是建立在信用基础上的书面支付凭证。

③ 支付功能。票据的使用可以解决现金支付手续繁杂的问题。票据通过背书可以多次转让，在市场上成为一种流通、支付工具，减少现金的使用。而且由于票据交换制度的发展，票据可以通过票据交换中心集中清算，简化结算手续，加速资金周转，提高社会资金使用效益。

2. 不同点

（1）本票是自付（约定本人付款）证券；汇票是委付（委托他人付款）证券；支票是委付证券，但受托人只限于银行或其他法定金融机构。

（2）我国的票据在使用区域上有区别。本票只用于同一票据交换地区；支票可以用于同城或票据交换地区；汇票在同城和异地都可以使用。

（3）付款期限不同。本票付款期为两个月，逾期兑付，银行不予受理。我国汇票必须承兑，因此承兑到期，持票人方能兑付。商业承兑汇票到期日付款人账户不足支付时，其开户银行应将商业承兑汇票退给收款人或被背书人，由其自行处理。对于银行承兑汇票到期日付款，但承兑到期日已过，持票人没有要求兑付的情况，我国《银行结算账户办法》没有规定处理方法，各商业银行都自行做了一些补充规定。如中国工商银行规定超过承兑期日 1 个月，持票人没有要求兑付的，承兑失效。支票付款期为 10 天。

三、国际结算的单据

结算中的单据分为基本单据和附属单据。基本单据是指出口方向进口方提供的单据，有商业发票、运输单据、保险单据。附属单据是指出口方为符合进口方政府法规或其他原因而提供的特殊单据。

四、国际结算的主要方式

国际上通行的结算方式包括汇款、托收和信用证，这三种结算方式都通过银行进行结算，前两种属于商业信用，信用证属于银行信用。

按资金流向和结算工具传递方向的不同，结算方式可以分为顺汇和逆汇。

顺汇由债务人或付款人主动将款项交给当地银行，通过一定的结算工具和传递方式，委托国外银行付款给收款人。结算工具的传递方向和资金流动方向一致，故称为"顺汇"，又称为"汇付法"。各种汇款，如电汇、信汇、票汇，均属顺汇。

逆汇是指收款人按应收金额签发汇票，交当地银行，通过国外银行向付款人收取款项。在此方法下，结算工具的传递方向与资金流动方向相反，故称为"逆汇"，又称为"出票法"，托收、信用证等结算方式，均属逆汇。

（一）汇款

汇款是指一国的付款人委托银行以一定方式，将一定金额的货币汇付给国外收款人的结算方式。

汇款有四个基本当事人：汇款人，即付款人，是委托银行将款项汇付收款人的当事人，在进出口贸易中，一般是买方；汇出行，是指接受汇款人委托，汇出款项的银行，通常是汇款人所在地的银行，即进口地银行；汇入行，是指接受汇出行委托，并解付一定金额给收款人的银行，一般为出口地银行；收款人，是指收取汇款的当事人，一般是卖方。

汇款分为电汇、信汇、票汇三种。

1. 电汇

电汇是汇款人委托银行（汇出行）用电报、电传或 SWIFT（环球同业银行金融电信协会，Society for Worldwide Interbank Financial Telecommunications）通知其委托行在国外的分行或代理人（汇入行）授权解付时银行结算使用的专业术语，意思是把款项支付出去，是把一定金额给该地的指定收款人的一种汇款方式，其特点是安全、迅速。银行不能占用资金，所以汇率最高。目前，电汇是汇款使用得最普遍的方式。

2. 信汇

信汇是汇款人向当地银行交付本币，银行开具付款委托书，用航邮寄交国外汇入行，办理资金转移业务。信汇的特点是费用低、时间长。目前，信汇使用的范围日趋缩小。

3. 票汇

票汇是汇出行应汇款人的申请，开立以汇入行为付款人的即期银行汇票，交由汇款人自行寄送给收款人或亲自携带出国，凭票取款的一种汇款方式。

票汇与信汇、电汇不同，首先，信汇和电汇的收款人只能从汇入行一家取款，而票汇方式，汇票的持有人可以将汇票卖给任何一家银行而取得现款。其次，信汇和电汇的收款人要等汇入行的通知才能收款，而票汇是收款人主动持票到银行收款。最后，信汇和电汇凭汇款通知取款，汇款是不能转让的，而票汇使用的是银行汇票，经背书可以转让。

（二）托收

托收是收款人（出口商）主动向付款人（进口商）开立汇票，向出口地银行提出托收申请，委托其转托国外分行或代理人，向国外债务人（进口商）取得货款的一种结算方式。

托收有四个基本当事人：委托人，即委托银行进行收款的当事人，在进出口贸易中，委托人一般是卖方（出口商）；托收行，是指接受委托人的委托，并通过国外代理行办理托收的银行，托收行通常是收款人所在地的银行，即出口地银行；代收行，是指接受委托行的委托，向付款人办理收款并交单的银行，代收行一般为付款人所在地的银行，即进口地银行；付款人，是指根据托收委托书被提示按单据要求付款的当事人，一般是买方（进口商）。

在托收过程中，无论是托收行还是代收行，都不承担付款人的付款责任，出口商能否收到款项，主要取决于付款人（进口商）的信誉。因此，托收方式对出口商来说风险较大，很可能由于进口商的种种借口而遭到拒付或被要求降低商品价格等，致使出口商蒙受损失。

托收分为光票托收和跟单托收两种。

光票托收是指汇票不附带任何单据的托收。光票托收一般用于收取出口货款尾数、佣金、样品费、代垫费用、其他贸易从属费用、进口索赔及非贸易的收款。

跟单托收是指出口商将附有货运单据（包括提单、保险单、商业发票等）的汇票或其他收款凭证委托银行代为收款的一种结算方式。跟单托收一般是按出口商与进口商之间的买卖合同办理的。根据贸易合同，若规定采用跟单汇票托收，出口商则按合同发货或装船，在取得提单和其他单据后，开出汇票，填写托收申请书，交托收行。托收行填制托收委托书，连同汇票和单据寄往国外代收行，由代收行提示付款人按规定条件付款。付款人根据合同规定，检验单据无误后，按付款赎单（D/P）或承兑赎单（D/A）到期付款。

（三）信用证

前面提到的汇款和托收都属于商业信用。在这两种情况下，交易双方谁也不愿意在没有可靠保证的条件下交货或付款。这种由单方面承担风险、建立在商业信用基础上的支付方式已不能完全适应贸易发展的需要，于是出现了银行为交易双方提供资金融通和信用担保的信用证结算方式。

1. 信用证的概念及特点

信用证是进口商所在地的银行应进口商的请求和指示，向出口商开立的、有一定金额的、在一定期限内凭规定的单据、在指定地点付款的书面保证。

信用证的特点是：① 以银行信用为基础。开证银行以自己的信用作为付款保证，承担第一位的付款责任。② 信用证是一项独立的保证文件，它源于贸易合同，但又不依附于贸易合同，银行并不对合同负责，合同条款是否与信用证条款一致，所交单据是否符合合同要求等，银行一律不过问。③ 信用证业务是单据化业务，在信用证业务中的各方，包括银行和商人，所处理的都是单据而非货物。

与汇款和托收相比，信用证解决了贸易双方互不信任的问题。采用信用证结算，由银行出面担保，出口商按合同规定交货就可以拿到货款，而买方也无须在卖方履行合同规定的交货义务前支付货款。这种支付方式使得不在交货现场的买卖双方在履行合同时处于同等地位。

2. 信用证的当事人

信用证涉及的当事人较为复杂，主要如下。

（1）开证申请人，是指向银行申请开立信用证的人，一般为进口商。

（2）开证行，是指接受开证申请人委托开立信用证的银行，一般为进口地银行。

（3）受益人，是指信用证中所指定的有权使用该证的人，一般为出口商。

（4）通知行，是指受开证行委托，将信用证通知受益人的银行，一般为出口地银行。它只证明信用证的真实性，并不承担其他义务。

（5）议付行，是指买入或贴现受益人按信用证规定提交的汇票或单据的银行。信用证中指定特定银行为议付行的，称为限制议付信用证；可由任何银行议付的信用证为自由议付信用证。在信用证业务中，议付行通常以受益人的指定人和汇票的善意持有人的身份出现。因此，当付款人拒付时，议付行对出票人（出口商）享有追索权。

（6）付款行，是指信用证上规定的汇票付款人，在多数情况下，就是开证行。付款行也可以是接受开证行委托代为付款的另一家银行。

3. 信用证的种类

信用证可依据不同的标准进行分类。

（1）根据开证行所负的责任，信用证可分为不可撤销信用证和可撤销信用证。不可撤销信用证是指信用证一经开出，在有效期内，未经信用证当事人同意，开证行不能单方面撤销或修改的信用证。不可撤销信用证是国际贸易中普遍使用的结算工具。可撤销信用证是指开证行对其开出的信用证无须征得有关当事人同意，就可以随时修改或推销的信用证。

（2）根据信用证有无另外保证，信用证可分为保兑信用证和不保兑信用证。保兑信用证是指除了开证行提供付款保证外，应开证行或受益人要求，由另一家银行参与对信用证的付款担保的信用证。不保兑信用证是指未经另一家银行担保，仅是开证行对付款提供保证的信用证。资信卓著的大银行大多不愿意由其他银行加具保兑，以免影响其信誉。

（3）根据信用证的权利可否转让，信用证可分为不可转让信用证和可转让信用证。不可转让信用证是指受益人不能将信用证的权利转让给他人的信用证。可转让信用证是指开证行授权通知行在受益人的要求下，将信用证的全部或部分权利转让给第三者及第二受益人的信用证。

（4）根据所使用汇票的期限，信用证可分为即期信用证和远期信用证。即期信用证是开证行或付款行收到符合信用证条款的汇票和单据后，立即履行付款义务的信用证。这种信用证的特点是出口商收汇迅速安全，有利于资金周转，是国际贸易中货款收付使用最普遍的一种信用证。远期信用证是指开证行或付款行收到符合信用证条款的汇票和单据后，不立即履行付款义务，而是等汇票到期才履行付款义务的信用证。

第三节　国际货币体系

一、国际货币体系的含义

国际货币体系是规范国家间货币行为的准则，是在世界范围内需要各国共同遵守的货币制度。它包括根据某种国际协定或国际惯例对国际经济往来的货币汇兑、债务清算、资本转移、国际收支调节、储备资产供应等问题所做出的安排措施，也包括相应的管理国际货币体系的组织机构。国际货币体系或制度是对国际货币关系的集中反映，是国际金融活动的总框架，是各国开展对外金融活动的重要依据。如同一国国内经济要正常运行和健康发展需要有一个完善的货币制度一样，世界经济和各个国家之间的关系要正常运行与发展，也需要在国际范围内有一个良好的，符合世界多数国家共同利益的国际货币制度。

二、国际货币体系的形成途径

国际货币体系是组织国际货币运作、协调各国金融关系的整体行为，是一个复杂的系统工程，它的形成、发展与不断完善有其深刻的世界经济发展背景和历史根源。

追溯历史，归纳国际货币体系的形成途径，基本有两种：一种是通过惯例或习惯演变而成的。这种体系的形成是一个长期的、缓慢的发展过程。当相互联系的习惯或程序形成以后，一定的活动方式就会得到公认，当越来越多的参与者共同遵守某些程序或惯例并给予其法律约束力时，这种体系就发展起来了，国际金本位货币制度就是这样形成的国际货币体系。另一种是通过国际性会议建立的。这种体系具有通过有约束力的法律条文在短期内能够建立起来的特点。当然，这样的体系也不能完全排斥某些约定俗成的传统做法，相反往往是现行的法律与传统的习惯相结合的产物。

第二次世界大战后建立的布雷顿森林货币体系和现行的牙买加国际货币体系就是通过上述第二种途径建立起来的。无论是通过哪种途径形成的国际货币体系，都是世界经济发展的必然产物。当然，国际货币体系的形成还必须具备相应的条件。从根本上讲，国际货币体系是商品货币经济在世界范围内发展的必然产物。没有商品货币经济的广泛深入发展，就没有国际货币体系存在的必要性和可能性。国际贸易和国际金融活动的发展要求建立一个统一的国际货币体系，这是产生国际货币体系的基本条件。此外，建立国际货币体系还需要具备国际货币使用的范围必须能够保证国际货币正常运行的有力的经济基础、保证国际货币市场稳定的得当措施和国经济利益等。

三、国际货币体系的构成要素

构成国际货币体系的基本要素有以下四个。

（一）确定关键货币或国际货币

理想的国际货币体系结构一定要有法定的或明确的国际货币或关键货币，如同一国国内货币制度中法定的本位货币一样。所谓关键货币或国际货币，是指在国际货币体系中充当基础性价值换算与支付的货币或工具。关键货币或国际货币是构成国际货币体系最为基本的要素，因为一种货币体系只有有了国际货币或关键货币才能名副其实。

从理论上讲，各国汇率计算中的关键货币与货币体系中的关键货币应是统一的，但由于世界经济发展和各国之间经济与政治关系的复杂性，使得两者往往不一致，如体系中的关键货币原则上应是一成不变的，而汇率计算中的关键货币则可以根据世界经济形势和国情变化适时调整。确定关键货币的重点是确定关键货币的发行根据或价值基础及如何为他国（即世界）所接受的问题。

（二）确定汇率制度安排

确定汇率制度安排就是确定关键货币与其他货币之间的兑换办法与兑换关系。也就是说，关键货币成为关键货币或国际货币并为各国所接受的前提是，必须在国际货币体系或制度中对其与其他货币之间的价值联系和兑换办法有明确规定。只有确定了汇率制度安排，国际货币才能得以正常运作。各国货币之间价格的确定与变化调整机制（即汇率制度安排）也是国际货币体系最重要的内容或构成要素之一。

关键货币币值的稳定与有效运转取决于两个方面：一是关键货币与其价值基础之间的联系，即关键货币赖以流通的物质保证；二是各国货币兑换率的波动幅度。

从第一方面来看，如果关键货币与其价值基础之间的联系程度较松弛，即货币的票面价值与其实际价值发生背离，最终必将导致该种货币作为关键货币地位的丧失乃至整个体系的崩溃。

从第二方面来看，如果兑换率的波动幅度很大，也会给关键货币的物质保证造成压力，进而影响到关键货币的流通，同时也会直接牵涉各国之间经济利益的再分配。因此，作为国际货币体系，必须对各国货币比价或汇率的确定、汇率波动的范围与调整措施等问题做出安排。

（三）确定国际收支的调节机制

国际收支是一国对外经济交易及其结果的系统记录。如果一国存在着巨额的国际收支差额，不论是逆差还是顺差，都是该国国内经济发展不平衡的表现，将影响该国经济的健康发展，而且也必将影响到世界经济的健康发展。

因此，确定国际收支调节机制，帮助和促进国际收支出现不平衡的国家进行调节，并使各国在国际范围内公平合理地承担国际收支的调节责任，保证各国经济平衡发展和世界经济的稳定，就成为国际货币体系的重要内容或重要任务。如果国际收支调节机制不健全或失灵，整个国际货币体系就难以保持稳定。

（四）确定国际储备资产

为适应国际支付和维持汇率稳定的需要，一国必须保存一定数量的、为其他各国普遍接受的国际储备资产。确定哪些资产可以充当国际储备，其供应方式和数量规模如何，需要有国际性的规则予以妥善安排，因此，确定国际储备资产及其供应方式也成为国际货币体系的重要内容。此外，国际货币体系对货币的可兑换性、黄金外汇转移的自由性、国家政府间对外债权债务清偿的原则等有关问题也应做出相应的安排或规定。

四、国际货币体系的作用

国际货币体系的存在与发展对国际贸易和国际金融活动有着深刻而广泛的影响，对各国及世界经济的稳定与发展有着积极促进作用，这种作用是通过国际货币体系的相应组织机构发挥其组织职能或者说运用货币体系的各种构成要素来实现的。主要表现在以下几个方面。

（1）为世界贸易支付清算和国际金融活动提供统一规范的国际货币及其运行规则。统一的国际货币体系不仅为世界经济的运行确定必要的国际货币，而且还对国际货币发行依据、数量、兑换方式与标准等问题做出明确规定，同时还为各国的国民经济核算提供统一的计价标准等，这就为世界各国的经济交往提供了较为规范的标准，可以促进世界经济的健康发展。

（2）稳定汇率。建立合理的汇率机制，促进汇率的稳定，防止竞争性的货币贬值，是国际货币体系的首要任务之一。国际货币体系为各国汇率的确定提供了统一的计价标准，为各国汇率制度的安排提供意见与管理措施，维持了世界汇率的稳定。同时，统一的国际货币体系为世界各国免受国际金融投机活动的冲击，稳定各国货币的对内价值，稳定各国国内货币流通，健康地发展对外经济，提供了良好的外部环境条件，这反过来也为国际汇率的稳定奠定了更坚实的基础。

（3）调节国际收支。确定国际收支调节机制，保证世界经济均衡健康发展，是国际货币体系的基本目的和主要作用。确定国际收支调节机制一般涉及汇率机制、对逆差国的资金融通机制、对国际货币（储备货币）发行国的国际收支的纪律约束机制三方面的内容。国际货币体系通过对这三种机制发挥作用，必然会对各国的国际收支产生重要的影响并发挥调节作用。

（4）监督与协调有关国际货币金融事务。国际货币体系的建立与运作需要有相应的有权威的协调或组织管理机构。国际货币体系管理机构的重要职责是协调与监督世界各国有关的国际货币或金融事务,保证国际货币体系稳定汇率与调节国际收支等作用的实现,这也是国际货币体系本身发挥作用的重要方面。在当代世界经济及国际金融市场不断迅猛发展、各国之间经济联系日益频繁的情况下,如何采取有效的国际政策和国际合作来切实保证国际货币体系的有效运作,已成为当代国际货币体系的重要任务,不容忽视。

知识巩固:

1. 国际结算的支付工具有哪些?
2. 简述国际收支平衡表的主要内容。
3. 国际结算的主要方式有哪些?
4. 简述国际货币体系的构成。

案例讨论:

阿布扎比国际金融中心与中国主要机构建立合作伙伴关系

2019 年 7 月 22 日,在中国—阿联酋经济论坛上,阿布扎比国际金融中心宣布与中国国家发展和改革委员会、中国光大集团股份公司、中国核工业集团有限公司(以下简称中核集团)建立合作伙伴关系,并现场与壹账通金融科技有限公司(平安集团成员)签署谅解备忘录。

阿布扎比国际金融中心致力于加强中国与阿联酋的积极经济联系,支持两国之间的可持续合作。值此中阿建交三十五周年之际,这一合作备忘录的签订具有里程碑式的意义。

阿联酋国务部长、阿布扎比国际金融中心主席艾赫迈德·阿里·阿尔·沙耶赫表示:本次的四项合作着重体现了两国在关键行业和优势行业的深入合作。作为金融自由区、国际金融中心和商业生态系统建设者,阿布扎比国际金融中心将继续在两国之间创造可持续的商业和投资机会,支持"一带一路"倡议发展。

在与中国国家发展和改革委员会的合作中,阿布扎比国际金融中心将与中国国家发展和改革委员会共同鼓励并支持中国优势产能企业依托两国良好关系在阿联酋开展投资。阿方将为开拓阿联酋及中东和北非市场的中方优势产能企业提供政府关系、监管便利、营商资源、投资伙伴、金融服务等方面的多层次支持。双方鼓励并支持有条件的中国企业积极参与阿布扎比国际金融中心建设,打造辐射中东和北非的"一带一路"投融资中心,更好地服务于中阿两国重要机构和重大项目,落实两国之间重大合作战略和倡议。

在与中国光大集团股份公司的合作中,阿布扎比国际金融中心将全力支持中国光大集团股份公司以阿布扎比为战略支点,在阿联酋及中东和北非地区积极探索打造"一带一路"框架下"金融+产业+海外市场"的国家级和地区级产融合作模式,为中阿两国及中东和北非市场客户提供全方位的优质产品和服务等。

在与中国核工业集团有限公司的合作中,阿布扎比国际金融中心将全力支持中核集团建立阿布扎比财资及投融资中心,展开面向全球的财资管理和投融资工作以及探索海外"产融"创新,布局全球资本市场。

在与壹账通金融科技有限公司的合作中,阿布扎比国际金融中心将支持壹账通在阿布扎比设立基地,巩固和扩大壹账通及其相关实体在中东和北非地区以及"一带一路"沿线的金融服务、金融科技业务,构建金融科技生态系统以及跨境支付和交易生态系统。双方还将共同参与开发或应用人工智能、区块链和分布式账本、应用程序界面等技术及其他新技术领域的联合创新项目。

自 2018 年 5 月阿布扎比国际金融中心及金融服务监管局中国办公室成立至今，阿布扎比国际金融中心已与中国主要金融监管机构、经济管理部门和企业实体建立了强有力的合作伙伴关系。

资料来源：中国新闻网 http://www.chinanews.com/cj/2019/07-22/8903508.shtml

讨论题：

你对国际金融中心有哪些了解？中国与阿布扎比国际金融中心合作有什么重要意义？通过查找资料进行小组讨论，并给出自己的观点。

第九章

互联网金融

知识目标：

➤ 了解互联网金融的发展前景；

➤ 掌握互联网金融的含义；

➤ 掌握货币制度的内容。

能力目标：

➤ 能够理解互联网金融的特征；

➤ 能够解析互联网金融的发展基础；

➤ 能够认知互联网金融的基本业务。

任务提出：

支付宝（中国）网络技术有限公司（以下简称支付宝）是国内领先的第三方支付平台，致力于提供"简单、安全、快速"的支付解决方案。支付宝公司从 2004 年建立开始，始终以"信任"作为产品和服务的核心，旗下有"支付宝"与"支付宝钱包"两个独立品牌。自 2014 年第二季度开始，支付宝逐渐成为当前全球最大的移动支付厂商。

支付宝主要提供支付及理财服务，包括网购担保交易、网络支付、转账、信用卡还款、手机充值、水电煤缴费、个人理财等多个领域。在进入移动支付领域后，支付宝为零售百货、电影院线、连锁商超和出租车等多个行业提供服务，还推出了余额宝等理财服务。

任务分析：

你认为，你的生活被支付宝、微信等类似的移动支付软件改变了吗？

第一节　互联网金融的概念与特征

一、互联网金融的概念

互联网金融的本质是金融，无论是互联网企业开展金融业务，还是金融机构运用互联网技术改造传统金融服务，两者并无本质上的区别。互联网企业在金融业务中，广泛运用互联网技术以及大数据与云计算等现代科技，降低了信息获取、加工与处理的成本，使金融活动的交易成本与信息不对称程度都显著下降，大大提高了普通民众和企业开展金融业务的便利性。例如，聊天工具、第三方支付创办理财产品，使普通民众的闲置、小额资金可以更便利地进入金融市场，分享收益。再如，P2P、众筹等互联网融资模式，为中小企业获得融资提供了可能。

所谓的互联网金融是传统金融机构与互联网企业（以下统称从业机构）利用互联网技术和信息通信技术实现资金融通、支付、投资和信息中介服务的新型金融业务模式。互联网与金融深度融合是大势所趋，将对金融产品、业务、组织和服务等方面产生更加深刻的影响。互联网金融对促进小微企业发展和扩大就业发挥了现有金融机构难以替代的积极作用，为"大众创业、万众创新"打开了大门。促进互联网金融健康发展，有利于提升金融服务质量和效率，深化金融改革，促进金融创新发展，扩大金融业对内对外开放，构建多层次金融体系。作为新生事物，互联网金融既需要市场驱动以鼓励创新，也需要政策助力以促进发展。

实际上，从现在来看，任何涉及金融领域的互联网应用，都可以称为互联网金融，既包括我们所熟悉的支付宝、财付通等第三方支付业务，也包括目前被广泛推广的 P2P 网络贷款及影响范围日益广泛的众筹、互联网虚拟货币、网络保险、网络理财等融资模式。

P2P（Personal to Personal）网络借贷就是其中一种融资模式，其通常的运作模式是个人通过网络借贷平台以第三方支付方式向他人借出小额资金并收取利息。例如阿里小贷，它是阿里巴巴集团为其电商会员提供的一款纯信用贷款产品，产生于 2010 年，其通过互联网数据化运营模式，为电子商务平台上的小微企业、个体创业者提供具有可持续性的普惠制电子商务金融服务，向较难获得贷款的弱势群体提供"金额小、期限短、随借随还"的纯信用小额贷款服务。又如众筹平台，它是指创意人向公众募集小额资金或寻求其他支持，再将创意实施结果反馈给出资人的平台。网站为网友提供发起筹资创意、整理出资人信息、公开创意实施结果的平台，收取一定比例的手续费，其核心就是在互联网上通过大众来筹集新项目或开办企业的资金，典型的代表有美国的 Kickstarter、我国的众筹网等。由此可见，互联网金融基于网络信息技术，在通过大数据、云计算等手段发掘相关金融数据，对资金需求者的信用状况做出分析和判断方面显现出了一定的优势。

在我国，互联网金融的盛行实际上与我国的金融抑制有关。第三方支付和货币市场基金等各类在线理财产品的活跃，一定程度上是因为我国的利率市场化改革滞后，以银行为代表的传统金融机构赚取了很高的利润，在技术创新基础上给互联网企业制造了分食利润的机会。但随着我国利率市场化改革的推进，这种大规模的套利机会可能会消失。

互联网金融发展的目的在于满足客户的三大基本金融需求：支付、投资、融资。

二、互联网金融的发展前景

互联网金融是实现普惠金融的重要一环，能服务于传统金融机构未能覆盖的空白人群，为中小微企业带来高效的、定制化的融资服务，有效地填补传统金融机构的不足，同时可降低信息不对称性，提升金融资源配置效率和风险管理水平，转变传统金融服务的理念和业务方式。在互联网金融模式下，传统金融的分工和专业化程度得以淡化，市场参与者更为广泛，普通大众也可以通过互联网进行各种金融交易，复杂的交易因此被大大简化，变得易于操作，同时业务处理速度更快、更智能。因此，互联网金融是一种更为平民化、更惠及大众的，而不是受少数专业精英控制的金融模式。

中国证监会公开表示，要鼓励互联网金融创新和发展，包容失误，不搞"一刀切"，对互联网金融评价要留有一定的观察期，传统金融行业和互联网金融应形成一种相互博弈、相互促进、共同发展的态势。互联网金融的发展不单单吸引大众目光，国家政府对于其发展同样极为重视。早在 2015 年，中央银行等十部委印发的《关于促进互联网金融健康发展的指导意见》被视为互联网金融发展的"基本法"，互联网金融也首次被纳入"十三五"规划战略中。

当下以 P2P 网贷、众筹融资、第三方支付、互联网保险等为代表的互联网金融行业发展尤为火热，并朝着健康、理性、合规的方向快速发展，吸引着众多社会资本争相进入互联网金融领域，俨然已成为互联网行业中的"种子选手"。互联网金融发展到今天，已逐渐从野蛮生长时代过渡到规范有序发展的时代。伴随着移动互联网、人工智能技术的持续发展，互联网金融也将从中吸收精华，寻找新一轮发展机遇，未来几年内必将迎来蓬勃发展阶段，市场规模将不断扩大，未来发展前景广阔。具体来看，未来互联网金融可能将在以下几个领域有较为深入的发展。

（一）移动支付

智能手机的快速普及促进了移动支付这个巨大行业的发展，我国作为一个拥有 10.8 亿手机用户、6.2 亿手机网民的互联网大国，移动支付有可能变革传统的商品交易模式。例如，Apple Pay 进入中国后，上线两天即完成了 300 万张银行卡的绑定。

目前互联网实现的一大金融功能便是移动支付。随着手机、iPad 等移动工具的使用，以及支付宝、财付通等网络支付软件的运用，人们随时随地都可以上网支付。支付宝正是因为其方便快捷的支付方式，才牢牢抓住了客户，最终获得了认可。除了支付宝之外，越来越多的第三方机构介入支付市场，第三方支付市场正日益蓬勃发展着。

在移动支付的年代，企业只有尽量实现账户的多功能性，集购物、支付、投资理财等服务功能于一身，才能给客户带去最大的便利性，产生强大的客户黏性，达到锁定客户的目的。

（二）大数据分析与挖掘

随着产生数据的终端与平台的快速发展，大数据成了 2015 年科技界最为火热的话题，依托新兴的大数据分析与挖掘技术，从现有数据平台的海量数据中提取出数据的价值，提供数据分析与挖掘服务，可以帮助企业在提升营销与广告的精准性等方面进行探索。指数级膨胀的大数据看似是负担，实则是无价之宝。借助先进的工具挖掘和分析数据，对用户的行为模式进行提炼和分析，可能为公司在发现新的商机、拓展业务等方面带来极大的惊喜。

移动互联网的应用与发展，金融行业整体业务和服务的多样化，金融市场的整体规模的扩大和金融行业的数据收集能力的提高，将形成时间连续动态变化的金融海量数据，其中不仅包括用户的交易数据，也包括用户的行为数据。对金融数据进行分析才能快速匹配供需双方的金融产品交易需求，发现隐藏的信息和趋势，进一步发现商机。

在金融领域，越来越多的机构正在充分运用大数据进行分析，阿里小贷公司就是运用交易数据提供信用评估，据此为申请贷款的客户发放贷款的，华尔街的投资高手也曾通过挖掘数据来预判市场走势。例如，根据民众的情绪指数来抛售股票，对冲基金根据购物网站的顾客评论来分析企业产品销售状况；银行根据求职网站的岗位数量来推断就业率；投资机构搜集并分析上市企业信息，从中寻找企业破产的蛛丝马迹。麦肯锡在一份名为"大数据：下一轮创新、竞争和生产力的前沿阵地"的专题研究报告中提出：对于企业来说，海量数据的运用将成为未来竞争和增长的基础。

（三）线上线下互动营销

互联网的应用和新的商业模式的产生将带动金融服务新方式的产生与发展。近年来，线上线下互动模式，即 O2O 模式，简单地说，便是线上线下互动的一种新型的商业模式，已经广泛被互联网关注。在过去，现实世界的传统零售企业和虚拟世界的互联网企业是泾渭分明的两个世界，而虚实互动的 O2O 新商业模式带动了新的营销、支付和消费体验方式的产生。

2015 年，移动互联网加速了对用户生活的渗透，而 O2O 模式很好地结合了线上信息资源与线下实体资源，以用户生活为核心，关注用户细分需求的移动 O2O 生活服务也取得了较大发展。

金融服务相比传统零售行业，更容易采用线上线下互动的商业模式。金融服务的产品大都为虚拟产品，不需要实体的物流运输，规避了物流损耗风险等问题。例如，运用二维码进行营销推广将大幅度提高营销的直接性以及到达率。可以想象，每个金融产品配置一个二维码，当一个客户对某公司的资管产品满意度较高并愿意推荐给朋友时，只需要让朋友用手机扫一下产品的二维码，便可以直接进入产品页面进行详细了解和订购支付，其他客户的评价也可以直观地显示在产品页面上，供客户参考。再如，企业对客户的调查活动也可以通过扫描二维码、点击提交的方式进行操作。比起此前的电话、马路调研等人工方式，这一方式将大大降低调研成本，移动终端显示的客户身份信息让调研过程与结果更可靠、有效，解决方案也更具针对性。

（四）大平台运用

建立支付体系以及大交易平台，让投资者在平台上实现自助式投资理财、交易融资等一站式的金融服务功能，这或许是多数金融机构的终极目标。

在运用上，资源自主实现优化配置是大平台核心的价值。大量的供求信息集合在平台上，在信息对称、交易成本极低的条件下，形成"充分交易可能性集合"，如资金供求信息的交集与配置使得中小企业融资、民间借贷、个人投资渠道等问题迎刃而解。对于证券公司而言，互联网首先只是一个接触客户的渠道，专业化服务才是让其在竞争中脱颖而出的核心要素。通过大平台上展示其个性化的、满足客户需求的金融产品与服务，才是证券公司的核心竞争力。

三、互联网金融的特征

互联网金融是互联网技术与金融功能的有机结合，这种结合虽然没有改变互联网金融作为金融的本质，但是依托大数据、云计算、搜索引擎、社交网络等技术，互联网金融将在金融业态和服务体系方面有新的表现。互联网金融是一种创新性金融形式，具有普惠金融等不同于传统金融的特征。同时，随着互联网技术的不断发展及其对金融的不断渗透，互联网金融的新模式层出不穷，业务范围不断扩大，表现出发展的动态性和阶段性。

（一）互联网金融是一种新型金融服务模式，具有创新性

"中国式"互联网金融借助互联网平台提供金融服务，它是一种新兴金融业态，相比传统金融，在金融服务模式方面具有创新性。这主要体现在以下几个方面。

1. 支付结算工具的创新

第三方支付是"中国式"互联网金融发展得最早、最成熟的模式。第三方支付是伴随着电子商务的发展而发展起来的，最初是为了解决电子商务企业与各银行之间的结算，以及消费者与卖家之间的支付问题。随着电子商务在我国快速发展，互联网企业获得了海量数据，它们借助大数据和云计算技术分析和挖掘这些数据隐藏的金融需求，逐渐向转账支付、小额信贷、供应链金融、理财产品销售等传统金融领域渗透和扩张。

随着互联网技术和移动互联网技术的发展，支付结算工具从银行柜台发展到计算机，后又延伸到移动终端。在这个工具创新过程中，伴随着交易成本的降低以及支付结算效率的提升，金融服务实体经济的能力大大提高，极大地促进了第三方支付，尤其是第三方网络支付和第三方移动支付的发展。

2. 投融资模式的创新

互联网金融通过互联网平台将资金需求方和资金供给方连接起来，实现金融"脱媒化"，即摆脱传统的金融中介而进行资金融通。互联网金融借助大数据、云计算等技术拥有快速处理海量信息的能力，能够更快捷地获取资金供求双方的信息，实现更有效的资金期限匹配和风险匹配，提高资源配置效率。

互联网金融降低了投融资门槛。P2P 网络借贷模式对投资者起始投资金额的要求很低，100元甚至 50 元就可以起投；对融资额要求也相对较低，1 万元以下项目也可以成功融资。

3. 风险管理的创新

在互联网时代，互联网金融运营主体通过互联网平台获取和积累交易双方的信息，将交易双方的资金流动置于有效的监控之下，降低信息处理和加工成本，提高风险管理水平，降低信用违约风险。

相比传统金融，互联网金融通过更加分散化的投资实现了风险的分摊。P2P 网络借贷、众筹模式均是集众人的小额资金为某一项目融资，这样就使得个体投资者的风险。但需要注意的是，信息技术的复杂性和易传播性可能会引发互联网金融的系统性风险。

（二）互联网金融是一种普惠金融，体现金融民主化

普惠金融也称包容性金融，核心是为社会所有阶层和群体提供有效和全方位的金融服务，尤其是那些被传统金融所忽视的农村地区、城乡贫困群体以及小微企业。联合国 2006 年《建设普惠金融体系蓝皮书》指出，普惠金融的目标是：在健全的政策、法律和监管框架下，每一个发展中国家都应有一整套的金融机构体系，共同为所有层面的人口提供合适的金融产品和服务。

互联网金融是普惠金融理念下具有代表性的金融创新，是"开放、平等、分享、协作"的互联网精神与传统金融服务业相结合产生的一个新兴领域。诺贝尔经济学奖获得者希勒教授认为"互联网是推动金融民主化的重要力量"，信息技术可以让金融实现更复杂的功能，例如，可以利用大数据来精细计算合同价值等。互联网金融具有普惠特性，体现了金融的民主化进程。

从金融服务主体角度看，互联网金融的普惠性表现在增加了金融服务提供者的数量，打破了垄断的传统金融体系，使得越来越多的电子商务平台和互联网企业进入金融行业，增加了市场竞争主体，提升了市场竞争程度。

从金融服务客体角度看，互联网金融的普惠性表现在如下方面：一是表现在金融服务的多

样性。由于互联网技术和移动互联网技术的发展，及其对传统经济活动的渗透和颠覆，涌现出越来越多的新型产品和新兴行业。支付结算与互联网结合产生了诸如支付宝、财付通等第三方网络支付软件；货币基金与互联网结合产生了诸如"余额宝"等各类"宝宝"；民间、个人间借贷与互联网结合产生了诸如宜信、人人贷等 P2P 网络借贷……凡此种种金融产品和服务均是借助互联网技术而产生，借助互联网平台而传播的。二是表现在金融服务对象的广泛。互联网金融服务对象以被传统金融所排斥的众多中小微企业和小额投资者为主。互联网金融以计算机网络、网络平台为载体，通过分布式协作，为用户提供低成本、高效率、更便捷的金融产品和服务，覆盖了传统金融业服务不到的范围。三是表现在金融交易地理范围的拓展。互联网金融通过互联网基础设施的普遍覆盖性使金融覆盖地理范围大大扩展。传统金融机构网点虽然很多，但还无法达到覆盖每个村、镇，移动互联网技术的成熟和终端设备的普及极大地拓展了互联网金融服务的地理边界，无线信号覆盖之处皆可开展互联网金融业务。四是表现在金融服务的低成本。无论是传统金融机构通过互联网、移动互联网等开展金融业务，还是互联网企业通过自身已有的平台开展金融业务，均是将一部分或全部业务放在网络上进行，降低了金融服务的提供成本。金融服务的低成本使得金融服务更易于被众多中低收入者接受，因为这些人群对成本的敏感性更高，即对金融服务的需求弹性较高，相应地，较便利和低成本的金融服务对这些人群带来的边际效用更大。

（三）互联网金融是一种平台金融，具有双边市场性

由于监管严格、垄断性强，银行等传统金融机构缺乏足够的创新空间和动机，互联网企业成为"中国式"互联网金融主体。互联网金融业务是具有双边市场特征的平台企业在依靠各自核心业务成功地聚合庞大用户数量的基础上发展起来的，这一独特的发展路径使我国互联网金融具有双边业务特征。

双边市场具有如下特征：一是平台企业连接两个不同的用户群体；二是双边用户之间具有交叉网络外部性，即一边用户数量的增加会导致另一边用户数量的增加和效用水平的提高；三是价格总水平不变时，平台企业向两边用户定价结构的不同会影响使用该平台的用户数量。电子商务平台具有典型双边市场特征。买卖双方构成电商平台的双边用户群体，入驻该电商平台的卖家数量越多，竞争就会越激烈，买家选择空间越大，就越能够以低价格获得商品和服务；反之，越多的买家选择某一电商平台进行消费，卖家获益就越大。而电商平台为扩展市场、提高用户数量，往往向买家免费，甚至在发展初期向买家给予大量优惠，即向买家定负价格，而向卖家收取一定费用。

利用电子商务平台，双边用户的交易过程其实是一个资金支付和管理过程，在这个过程中，电商平台积累了双边用户大量商业信誉、交易规模、支付结算等包含金融需求的信息，这使得电子商务企业有先天优势和基础提供金融产品和服务，也使得互联网金融业务具有双边市场特征。第三方（网络）网络借贷和众筹具有典型的双边市场性，以第三方网络支付为例，收款方和付款方构成支付平台的双边用户，越多的收款方使用该支付平台，会激励越多的付款方使用该平台。同时，支付平台通常不向付款方收费，而向收款方收费，这会促使更多的付款方选择免费的支付平台。

（四）相比传统金融，互联网金融加速了金融的深化

首先，互联网金融极大地提高了金融运行效率。随着平板电脑、手机的普及，其随时上网、

携带方便、易于操作的特点，使客户可以随时随地享用互联网金融提供的金融服务。在互联网金融模式下，资金供求双方通过网络平台自行完成信息分析、市场匹配、结算清算、交易转账等业务，操作流程简单，业务处理速度快，客户不需要排队等候，甚至不需要亲自前往，大大提高了金融运行效率。

其次，互联网金融扩展了金融交易边界。在互联网金融模式下，客户能够突破时间和地域的约束，通过互联网寻找需要的金融资源，使金融服务更直接，客户基础更广泛。例如，在传统金融模式中一直困扰着人们的小微企业贷款难问题上，互联网金融模式通过其有效运作向人们展示了美好的前景。不管是"融 360"、好贷网这类作为互联网金融门户的网站模式，还是像巨汇财富、GTG 网站和拍拍贷网站这类网络贷款（P2P）模式，其共同点都是通过互联网金融方式为小微企业提供融资贷款服务，覆盖了部分传统金融业的金融服务盲区。

再次，互联网金融降低了交易成本。互联网金融业务主要由计算机处理，比起传统金融业务，其操作流程简便，信息对称，凡计算机系统能处理的金融交易尽量不用人力，凡电子渠道能销售的金融产品尽量不用网点，凡远程集中能处理的业务尽量借助互联网，凡数据挖掘能找到的目标客户尽量用移动互联网方式获取客户，从而大大降低了交易成本。

最后，互联网金融是凸显需求推动的金融创新。在传统金融模式下，金融创新的主体是金融机构自身，产品与服务的创新模式单一化、同质化、标准化，例如理财、基金、证券、信托等，产品一旦设计出来，就可以在同业间迅速推广普及，投资者或消费者被动接受这一产品和服务，这是一种明显的供给型金融创新。而在互联网金融模式下，来自于用户、消费者的个性化、细分化、非标准化的金融需求成为金融创新的新动力，互联网金融企业根据消费者的消费习惯、风险偏好、信用情况、支付能力等来设计开发个性化金融产品和服务，消费者选择的范围更加广泛，市场竞争也呈现多元化、异质化的趋势。

第二节　互联网金融的发展基础

一、互联网金融的技术基础

（一）移动互联网

移动互联网是指通过各种智能移动终端（如智能手机、PDA、电子书等）接入无线网络（如 2G、3G、4G 移动网络，WLAN、WiMax 等）进行数据交换，从而获得商务、生活、娱乐等互联网应用服务。根据中国工业和信息化部电信研究院发布的《移动互联网白皮书》，移动互联网包括三个要素：移动终端、接入网络和应用服务。移动终端是移动互联网的前提，接入网络是移动互联网的基础，而应用服务则成为移动互联网的核心。

一方面，移动互联网将移动通信与互联网连接在一起，用户可以直接在移动终端上实现对互联网的访问，无线移动通信网络（如 2G 网络、3G 网络、WLAN、WiMax 等）是数据传输的媒介；另一方面，移动互联网终端具有可移动、可随身携带、可定位等特性，伴随着这些特性产生了大量个性化的移动应用服务，拓宽了用户的体验范围。

随着宽带无线接入技术和移动终端技术的飞速发展，人们迫切希望能够随时随地乃至在移动过程中都能方便地通过互联网获取信息和服务,由此移动互联网应运而生并迅猛发展。然而,移动互联网在移动终端、接入网络、应用服务、安全与隐私保护等方面还面临着一系列的挑战,对其基础理论与关键技术的研究对于国家信息产业整体发展具有重要的现实意义。

(二)大数据

大数据即一个体量特别大、数据类别特别丰富的数据集,并且这样的数据集无法用传统数据库工具对其内容进行抓取、管理和处理。金融业是大数据的创造者,同时金融业也高度依赖信息技术,是典型的由大数据驱动的行业。在互联网金融行业,数据已经成为金融核心资产,大数据的技术基础极大地撼动了传统客户关系、抵质押品在金融业务中的地位。

大数据可以分成大数据技术、大数据工程、大数据科学和大数据应用等领域,目前人们谈论最多的是大数据技术和大数据应用。

大数据的"大"通常是为了突出数据规模庞大的特点,指数据量大到超过传统数据处理工具的处理能力,同时它也是一个相对的、动态的概念。后来,大数据又被引申为解决问题的方法,即通过收集、分析海量数据获得有价值的信息,并通过实验、算法和模型等手段,从而发现规律、收集有价值的见解和帮助形成新的商业模式。

(三)云计算

云计算(Cloud Computing)是分布式计算技术的一种,是计算机技术和网络技术结合发展的产物。云计算是指 IT 基础设施的交付和使用模式,即通过网络以按需、易扩展的方式获得所需的资源(硬件、平台、软件)。提供资源的网络被称为"云","云"中的资源是可以无限扩展的,并且可以随时获取、按需使用,随时扩展、按使用付费。

云计算的特点有:① 超大规模。目前 Google 云计算已拥有 100 多万台服务器,Amazon、IBM、微软、Yahoo 等的"云"均拥有几十万台服务器,企业私有云一般拥有数百上千台服务器,"云"能赋予用户超大规模的计算能力。② 虚拟化。云计算支持用户在任意位置、多种终端获取应用服务,所请求的资源来自"云",而不是固定的有形实体。用户只需一台计算机或者一部手机就可以通过网络服务获得需要的资源。③ 高可靠性。"云"使用了数据多副本容错、计算节点同构可互换等措施来保障服务的高可靠性。④ 通用性。云计算不针对特定的应用,同一个"云"可以同时支撑不同的应用运行。⑤ 高可扩展性。"云"的规模可以动态伸缩,满足应用和用户规模增长的需要。⑥ 按需服务。"云"是一个庞大的资源池,用户需要按需购买。⑦ 廉价性。基于"云"的特殊容错措施可以采用非常廉价的节点来构成,其自动化集中式的管理模式大大降低了数据管理成本,其通用性使资源的利用效率较传统系统有大幅提升,用户可以只花费几百美元、在几天时间完成以前需要数万美元、数月时间才能完成的任务。

互联网金融在诞生之初,就是为了将互联网技术与金融两个因素相结合,用互联网技术来突破金融行业业务发展的瓶颈,这也限定了它是以云计算和大数据为基础的一种全新金融模式。在互联网金融所使用的技术中,云计算和大数据是相辅相成的,云计算为大数据的存储、处理和分析技术的实现提供了技术基础,通过对大数据的收集、整理、分析、挖掘和深度应用来创新产品、技术,进行营销和风险的管理。

(四)信息技术

信息技术(Information Technology,IT),是指主要用于管理和处理信息所采用的各种技术的总称,是以电子计算机和现代通信为主要手段实现信息的获取、加工、表达、交流、管理和评价等功能的技术的总和。按表现形态的不同，信息技术可以分为硬技术（物化技术）与软技术（非物化技术）。前者是指各种信息设备及其功能，如显微镜、电话机、通信卫星、多媒体计算机。后者是指有关信息获取与处理的各种知识、方法与技能，如语言文字技术、数据统计分析技术、规划决策技术、计算机软件技术等。信息技术主要包括传感技术、通信技术和计算机技术。

（1）传感技术——信息的采集技术。传感技术的作用是扩展人类获取信息的功能，其包括信息识别、信息提取、信息检测等技术。信息识别包括文字识别、语音识别和图形识别等；信息提取即为信息抽取，是指把文本里包含的信息进行结构化处理，变成表格一样的形式；信息检测是指将所得到的信息进行筛选和识别。传感技术、测量技术与通信技术相结合而产生的遥感技术，会进一步加强人类感知信息的能力。

（2）通信技术——信息的传递技术。通信技术的主要功能是实现信息的快速、可靠、安全转移。

（3）计算机技术——信息的处理和存储技术。计算机信息处理技术主要包括对信息的编码、压缩、加密和再生等技术。计算机存储技术主要包括着眼于计算机存储器的读写速度、存储容量及稳定性的内存储技术和外存储技术。

目前，信息技术的核心是微电子技术和软件技术。现在每个芯片上包含上亿个元器件，构成了"单片上的系统"（SOC），模糊了整机与元器件的界限，极大地提高了信息设备的功能，并促使整机向轻、小、薄和低功耗方向发展。软件技术已经从以计算机为中心向以网络为中心转变。软件与集成电路设计的相互渗透使得芯片变成"固化的软件"，进一步巩固了软件的核心地位。软件技术的快速发展使得越来越多的功能通过软件来实现，"硬件软化"成为趋势，软件技术已成为推进信息化的核心技术。

（五）区块链技术

区块链（Block Chain）是一个去中心化的数据库，作为比特币的底层技术，区块链是与比特币相关的一个重要概念。区块链是一串使用密码学方法产生的数据块，每一个数据块中包含了一次比特币网络交易的信息，用于验证信息的有效性（防伪）和生成下一个区块。

区块链技术在金融领域的重大应用体现在物联网方面。顾名思义，物联网是物物相连的互联网，其核心和基础仍是互联网，它在互联网的基础上延展到物与物之间进行信息交换。物联网的应用场景非常广泛，如院方可以远程监控、调节患者病情；工厂能自动化处理生产线；酒店可以根据客人的个人偏好调节房间内的温度。传统的物联网模式是由一个中心化的数据中心收集所有已连接设备的信息，但这样一来，在生命周期成本、收入方面会有严重缺陷。为了解决这个问题，每个设备都必须能自我管理，这样就无须经常做人工维护，这意味着，设备的运行环境应该是去中心化的，它们彼此相连，形成分布式云网络，而要打造这样一种分布式云网络就得解决节点信任问题——在传统的中心化系统中，信任机制比较容易建立，毕竟存在一个中央机构来管理所有设备和各个节点的身份，但对于潜在数量在百亿级的联网设备而言，这几乎不可能做到。然而区块链技术却可以完美地解决这一问题，区块链技术解决了著名的拜占庭将军问题（Byzantine Failures）——它提供了一种无须信任单个节点，还能创建共识网络的方法。区块链有着广阔的应用前景，它在金融领域的应用还涉及数字货币、数字资产、支付等方面。

二、互联网金融的市场基础

互联网金融发展的市场基础可以从两个方面进行描述：一个是互联网相关产业的成熟与充分发展，它从技术层面提供金融创新的供给侧可能性，也培育了以互联网方式寻求各种需求满足的消费群体；另一个是现有金融体系中市场空白、垄断高价与套利空间的存在。

（一）发展成熟的互联网相关产业

互联网相关技术和产业的发展毫无疑问是互联网金融创新的技术基础，互联网相关产业的发展与普及培育了大批熟悉和信任互联网、习惯于通过线上方式满足自身需求的消费群体，这是互联网金融产品早期市场化过程中最重要的用户群体。

互联网金融产品用户的线下向线上迁移的典型路径是：上网浏览新闻或搜索——网上购物——开通网银并关联支付宝或者财付通账号——使用手机终端进行支付或使用其他金融服务。也就是说，互联网金融的用户基本上来自其他互联网产业用户的迁移。如果没有其他互联网应用领域的丰富经验，如果用户没有因习惯于网上购物而产生网络支付依赖，互联网金融产品很难能在短时间里吸引大批的用户。更为重要的是，早期发展的互联网应用产业所培育的用户群体以低龄和白领人口为主，当他们转化为互联网金融的消费者时，随着年龄和资历的提高，其收入水平和投资能力都处在生命周期的快速发展期，这个用户群体的金融需求非常旺盛。互联网金融是典型的网络产业，早期面临用户基础建立的难题，但如果能够达到临界规模（Citical Scale）和行业"触点"（Tip Point）就会引发爆发式增长，而其他互联网行业恰恰为我国的互联网金融培育了这批用户。

（二）金融行业的市场空白、垄断高价与套利空间

互联网金融的另一个市场基础在于金融领域本身未被满足的潜在市场需求，以及由于金融管制或机构垄断所形成的套利空间。正是由于这一市场基础的不同，世界各个经济体的互联网金融产品形态、平台的运行主体和模式呈现出不同的特点。

互联网金融创新在早期的发展阶段以填补金融体系的市场空白，连接金融网络中的断点为市场切入点。例如，我国的网上第三方支付工具的大规模使用源于网上购物的支付需求。在一些发达国家，如日本，信用卡是网购的首选支付方式，但我国的支付市场情况是信用卡使用率很低，支付方式的缺乏成为电商发展的巨大障碍。近年来，美国市场 Apple Pay 和 Square 支付的发展也基于相似的原因。在线下交易中，由于成本或系统的问题，一部分商家没有安装 POS 机，不能使用银行卡支付，Apple Pay 和 Square 支付通过智能手机、读卡器和移动通信网络建立了持卡人银行卡和商家银行账号之间的连接关系，在小额零售市场支付中占据了一席之地。

最后，互联网金融的市场基础不仅仅在于其他互联网相关行业的发展，以及现有金融体系中市场空白的存在等外部因素，更重要的是互联网金融开拓者们基于互联网思维、不受传统金融模式桎梏的创新精神。近十年来，互联网金融开拓者盯住"长尾市场"，不断试错，基于实体经济的各种场景开发金融产品，以改善消费者体验为至上目标来设计流程和整合产品。他们的创新植根于对技术的真正理解、对消费者的充分尊重，这才是真正推动互联网金融发展的市场基础。

第三节　互联网金融的相关实务

一、网络贷款实务

网络贷款（简称网贷）又称为 P2P 网络借贷。P2P 是英文 Peer to Peer 的缩写，即个人对个人、点对点信贷，在我国又称为"人人贷"。P2P 网络借贷是指个人或法人通过独立的第三方网络平台相互借贷，一般来说，是由 P2P 网贷平台作为中介机构或平台，借款人在平台发放借款标，投资者进行竞标向借款人放贷的行为。它一般需要借助电子商务专业网络平台帮助借贷双方确立借贷关系并完成相关交易手续。借款者可以自行发布借款信息，包括金额、利息、还款方式和时间，实现自助式借款，借出者根据借款人发布的信息，自行决定借出金额，实现自助式借款。

这种债权债务关系的形成脱离了银行等传统的融资机构，资金出借人可以明确地获知借款人的信息和资金的流向。在 P2P 网贷模式中，P2P 网贷平台在借贷过程中充当服务中介的角色，通过安排多位出借人共同分担一笔借款额度来分散风险，同时也可以帮助借款人以较优惠的利率条件获得融资。2015 年 7 月 18 日，中央银行会同有关部委牵头、起草、制定互联网金融行业"基本法"——《关于促进互联网金融健康发展的指导意见》（以下简称《指导意见》），其中规定："网络借贷包括个体网络借贷（即 P2P 网络借贷）和网络小额贷款。个体网络借贷是指个体和个体之间通过互联网平台实现的直接借贷。在个体网络借贷平台上发生的直接借贷行为属于民间借贷范畴，受合同法、民法通则等法律法规以及最高人民法院相关司法解释规范。个体网络借贷要坚持平台功能，为投资方和融资方提供信息交互、撮合、资信评估等中介服务。个体网络借贷机构要明确信息中介性质，主要为借贷双方的直接借贷提供信息服务，不得提供增信服务，不得非法集资。网络小额贷款是指互联网企业通过其控制的小额贷款公司，利用互联网向客户提供小额贷款。网络小额贷款应遵守现有小额贷款公司监管规定，发挥网络贷款优势，努力降低客户融资成本。网络借贷业务由银监会负责监管。"

2015 年 12 月 28 日，《网络借贷信息中介机构业务活动管理暂行办法（征求意见稿）》正式公开征求意见，网贷作为互联网金融业态中的重要组成部分，其近几年的发展呈现出机构总体数量多、个体规模小、增长速度快以及分布不平衡等特点。许多业内人士表示，网贷行业形成以来由于监管政策和体制缺失、业务边界模糊、经营规则不健全等因素，在快速发展的同时也暴露出一些问题和风险隐患。

从《指导意见》中我们可以看出，P2P 平台在互联网金融领域只是一个中介角色，仅仅承担信用认定、信息匹配、利率制定以及法律文本起草的责任，不仅不能介入借贷交易，也不能替出借人分担借款人的信用风险，借贷违约的风险全部由出借人自己承担。

二、众筹实务

众筹翻译自 Crowdfunding 一词，即大众筹资或群众筹资。众筹由发起人、跟投人、平台构成，具有低门槛、多样化、依靠大众力量、注重创意等特征，它是指一种向群众募资，以支持发起的个人或组织的行为。一般而言，众筹是通过网络上的平台连接赞助者与提案者，它利用互联网和 SNS（Social Networking Services，社交网络服务）传播的特性，让小企业或个人能够向公众展示他们的创意，争取大家的关注和支持，进而获得所需要的资金援助。

相对于传统的融资方式，众筹更为开放，项目的商业价值高低不再是判断其能否获得资金的唯一标准。只要是网友喜欢的项目，都可以通过众筹方式获得项目启动资金，为更多小本经营者或创作者提供无限的可能。

一般来说，众筹具有以下特征。

（1）低门槛。无论身份、地位、职业、年龄、性别，任何有想法、有创造能力的个人都可以发起项目。

（2）多样性。众筹的方向具有多样性，在我国，众筹网站上的项目类别包括设计、科技、音乐、影视、食品、漫画、出版、游戏、摄影等。

（3）依靠大众力量。支持者通常是普通民众，而非公司、企业或风险投资人。

（4）注重创意。发起人必须让自己的创意（设计图、成品、策划等）可展示，这样才能通过平台的审核，而不单单是一个概念或者一个点子，要有可操作性。

筹资项目必须在发起人预设的时间内达到或超过目标金额才算筹资成功。筹资成功后，发起人可以获得资金；筹资项目完成后，跟投人将得到发起人预先承诺的回报，回报方式可以是实物，也可以是服务；如果筹资项目失败，那么已获得资金全部退还跟投人。众筹不是捐款，跟投人一定要有相应的回报。

三、互联网支付实务

随着经济的发展和支付手段的增加，各国先后对第三方支付机构进行了定义。1999 年美国《金融服务现代化法案》将第三方支付机构界定为非银行金融机构，将第三方支付视为货币转移业务，认为其本质上是对传统货币服务的延伸；1998 年欧盟《电子货币指令》规定第三方支付的媒介只能是商业银行货币或电子货币，将类似 PayPal（贝宝）的第三方支付机构视为电子货币发行机构；2005 年欧盟《支付服务指令》规定第三方支付机构为"由付款人同意，借由任何电信、数码或者通信设备，将交易款项交付电信、数码或网络运营商，并作为收款人和付款人的中间交易人"；中国人民银行 2010 年颁布的《非金融机构支付服务管理办法》将非金融机构支付服务定义为，在收付款人之间作为中介机构提供以下部分或全部货币资金转移服务：网络支付、预付卡的发行与受理、银行卡收单和中国人民银行确定的其他支付服务。

从电子交易、电子货币和电子认证技术三大角度综合来看，第三方支付机构概念为：运用信息网络、电子货币及电子认证技术，提供个人、企业和机构用户之间支付结算、资金清算等货币资金转移及其延伸服务，从而实现电子交易中资金流与信息流高效匹配的现代非银行金融中介服务机构。

所谓第三方支付，就是一些与产品所在国家以及国内外各大银行签约，并具备一定实力和信誉保障的第三方独立机构提供的交易支持平台。在通过第三方支付平台的交易中，买方选购商品后，使用第三方平台提供的账户进行贷款支付，由第三方通知卖家货款到达、进行发货；买方检验物品后，就可以通知第三方付款给卖家，第三方再将款项转至卖家账户。

第三方支付机构通常可以在用户之间提供银行卡收单、互联网支付、移动支付、预付卡支付、电话支付、数字电视支付等多种形式的支付服务。

四、互联网消费金融实务

（一）互联网消费金融的概念

互联网消费金融是"互联网+消费金融"的新型金融服务方式。它是指银行、消费金融公司或互联网企业等市场主体出资成立的非存款性借贷公司，以互联网技术和信息通信技术为工具，以满足个人或家庭对除房屋和汽车之外的其他商品和服务的消费需求为目的，向其出借资金并可分期偿还的信用活动。在我国，互联网消费金融有着特定的经营服务范围。《关于促进互联网金融健康发展的指导意见》将互联网金融业态分为互联网支付、网络借贷、股权众筹融资、互联网基金销售、互联网保险、互联网信托和互联网消费金融七大类。其中，互联网支付、网络借贷和互联网消费金融属于广义消费金融范畴。但是从《指导意见》的表述看，我国对互联网消费金融采取了相对严格的界定：一是互联网消费金融不包括互联网支付，互联网消费属于银保监会监管，互联网支付属于中国人民银行监管；二是互联网消费金融不包括网络借贷，特别是 P2P 网络借贷；三是互联网消费金融业务的缩小化。

（二）互联网消费金融的产业链

完整的互联网消费金融产业链包括上游的资金供给方、消费金融核心圈及下游的催收方或坏账收购方，其中消费金融核心圈又包括消费金融服务提供商、零售商、消费者和征信与评级机构四部分。

上游的资金供给方包括消费金融服务商的股东、消费金融服务商的资产受让方、P2P 网贷平台投资人等。消费金融服务提供商包括银行、互联网消费金融公司、大学生消费分期平台、提供消费分期服务的电商平台、P2P 网贷平台等。零售商是广义的零售商，包括各种消费品和服务的经销商。下游的催收方是专业的催收公司，坏账收购方是专门收购坏账的金融机构。

其中，消费金融核心圈分为消费者支付和消费金融服务提供商支付两大模式。

消费者支付模式是消费金融服务提供商先给消费者发放贷款，消费者在消费时自行支付给零售商，这种模式的产品主要有信用卡和综合性消费贷款，对于综合性消费贷款，消费金融服务提供商难以控制消费者的资金流向。

消费金融服务提供商支付模式是消费者在进行相应消费时，消费金融服务提供商直接向零售商支付，这一模式可以保证专款专用，但需要消费金融服务提供商拓展更多合作商户。目前，互联网消费金融平台"美利金融"采用的就是消费金融服务提供商支付模式，其旗下的力蕴汽车金融和深圳有用分期，在消费者提出购买二手汽车和 3C 电子产品的借款申请后，直接将钱款支付给零售商，贷款目的更为明确且真实。

在消费金融核心圈中，第三方征信与评级是消费金融服务提供商进行风险控制的关键环节，但目前国内信用体系建设滞后，个人征信与信用评级体系在现阶段处于缺位状态。

五、互联网信托实务

互联网信托理念的提出是基于互联网理论及在互联网金融发展的背景下，与信托天然的制度框架及金融特性相契合发展出来的一种理念。所谓的互联网信托，就是在互联网的生态环境下，信托公司作为金融机构在信托制度及法律框架下通过不断强化自身的能力以适应市场环境，不断创新业务模式，提高信托业务能力和金融资源的配置能力。互联网金融给信托公司的创新业务发展构建了良好的生态圈，为互联网信托业务创新提供了可能，借助于互联网，信托公司可以进行商业模式的重塑，从由融资人主导向委托人主导转变，根据委托人的内在需求，寻找合适的对接业务及项目，并进行产品设计。

信托公司商业模式的改变，一方面需要加强技术、工具的支撑，如加强与互联网公司的合作，充分利用其大数据及其分析能力进行客户挖掘；另一方面也需要信托公司从战略、组织架构、人员等各方面进行调整和适应，从战略上明确互联网推动创新业务发展的重要作用，以切实提高产品设计能力，满足委托人多样化、个性化的需求，从而助推互联网信托业务的开展。互联网信托既与一般的互联网金融具有共性，同时也有独特的方面，即互联网信托就是通过网络平台进行的信用委托。互联网信托业务一般涉及三个方面的当事人，即投入信用的委托人、受信于人的受托人，以及受益于人的受益人。互联网信托业务是基于信托制度的框架由委托人依照契约或网站条款的规定，为了自己的利益，将自己财产上的权利通过受托人（即互联网平台）转给受益人（即中小微企业）作为资金周转，受益人按规定条件和范围通过受托人转给委托人其原有财产以及过程中所产生的收益。

六、互联网保险实务

互联网保险又称为网络保险，是指实现保险信息咨询、保险计划书设计、投保、交费、核保、承保、保单信息查询、保全变更、续期交费、理赔和给付等保险全过程的网络化，实践中表现为保险公司或新型第三方保险网以互联网和电子商务技术为工具来支持保险销售的经营管理活动的经济行为。互联网保险是一种新兴的以计算机互联网为媒介的保险营销模式，有别于传统的保险代理人营销模式。

就目前互联网保险品种来看，现阶段占比较高的为理财型业务和车险，但从近阶段互联网保险的业务开展情况来看，目前的这些险种与渠道并非互联网保险真正的突破点，也不能将其视为未来互联网保险的发展方向，而在互联网生态链上的保险、技术驱动保险及空白领域的保险等或是下一步的主流。从风险管理的角度看，互联网保险的功能应该从目前简单的风险转移、转嫁向风险降低过渡，这同时也是保险本质的真正体现。

七、互联网基金销售实务

互联网基金销售是指基金销售机构与其他机构通过互联网合作或自行销售基金等理财产品的行为。与传统的基金销售相比，该模式充分利用了互联网的便捷性。传统的基金销售采用的是基金管理机构自行销售或委托第三方渠道进行代销理财产品的模式，主要利用门店及渠道来推广销售。这些销售方式具有明显的地域性及时间性，受制于物理网点的时间与空间，营业网点的关门停业及位置均会影响基金的销售，而互联网大大拓宽了时空维度，不受物理网点的时间与空间的限制，大大提高了交易的效率，降低了销售的成本。

互联网基金销售平台是指通过互联网和电子商务技术为工具开展理财产品业务的媒介或渠道,这个平台在实践中大概有四种情形:第一类是包括基金管理公司在内的财富管理公司自己利用互联网技术开展理财产品业务而搭建的平台,其实质是"理财产品+互联网";第二类是财富管理公司借助第三方互联网平台开展理财产品销售业务,主要是大型的电子商务平台或互联网比价平台等;第三类是大型的互联网公司开展理财产品销售业务;第四类是独立的第三方机构运用互联网开展理财产品销售业务。

八、互联网金融征信实务

互联网金融下的征信模式可以在传统金融征信模式的基础上进行创新,有以中国人民银行征信中心为代表的政府主导型模式、以电商征信机构和金融征信机构为代表的市场主导型模式、以互联网金融协会信用信息中心为代表的行业会员制模式三种选择。

(1)丰富政府主导型模式下征信中心的数据库,中国人民银行征信中心采集的金融机构的贷款、信用卡等记录,有系统技术成熟、信息保密性强等优势,在互联网金融下,可逐步接入 P2P、众筹等网络贷款平台,并征集相关信用记录,在为互联网金融企业提供服务的同时,丰富中国人民银行征信中心的数据库。

(2)以电商征信机构和金融征信机构为主,设立市场主导型模式的征信机构。电商组建征信机构利用自身用户多、交易数据包含的信息量大的特点,通过大数据、云计算充分挖掘数据信息,控制信贷风险,并对外提供征信服务。金融机构组建征信机构,通过组建电商平台,并利用综合牌照、风险管理能力等方面的优势,将交易数据和传统资产负债、抵押物等信息综合,充分挖掘银行、证券、保险、信托、基金等相关信息,控制信贷风险,并对外提供征信服务。

(3)以互联网金融协会为依托,设立行业会员制模式征信机构。互联网金融协会设立征信机构,通过采集互联网金融企业信贷、物流信息开展征信活动,并免费实现会员共享,也可向非会员开放并收取金融中介服务费用。

在互联网金融征信业务发展初期,以政府主导型模式为主,互联网金融企业可充分利用中国人民银行征信系统,了解借款信用,控制信贷风险。随着互联网金融企业逐步成熟,中国人民银行征信中心系统可逐步接入 P2P、众筹等平台,收集信用数据,完善征信系统的数据库,逐步引导市场主导型模式健康发展,鼓励互联网电商平台、金融机构组建征信机构,在充分保护个人信息和企业商业秘密的前提下,开展征信活动,条件成熟的可以对外提供征信服务。同时,要完善相关法律,加快建设互联网金融征信行业标准。

知识巩固:

1. 互联网金融的含义有哪些?
2. 货币制度的内容有哪些?
3. 互联网金融的发展基础是什么?
4. 简述互联网金融的基本业务。

案例讨论：

陆金所的风险监控模式

陆金所的全称是上海陆家嘴国际金融资产交易市场股份有限公司，它于 2011 年 9 月成立于上海，注册资本达 8.37 亿元，是中国平安保险（集团）股份有限公司旗下成员之一。美国 Lend Academy 调查报告显示，截至 2019 年 10 月，陆金所已经成为世界上第三大 P2P 平台，并且是发展速度最快的平台。2012 年 8 月，陆金所正式推出"稳盈-安 e 贷"时，月交易额仅不足 4 000 万元，到 2014 年 7 月，日交易额已接近 3 000 万元，这是传统金融产品难以企及的成长速度。陆金所是全球第三大 P2P 平台，但陆金所绝不满足于此，它对自己的定位是大金融资产交易平台，为达到此目标，陆金所倾力打造了两大交易平台：网络投融资平台（Lufax）和金融资产交易服务平台（Lfex）。

Lufax 是陆金所的个人金融服务（即 P2P 网贷业务）平台，它提供了多种产品，包括稳盈-安 e、稳盈-安业、富盈人生、专项理财和 V8 理财五种产品。尽管陆金所也采用 P2P 模式，但其与 Lending Club 等存在一些差异，主要体现在"线上+线下"模式、平安全额担保、标准化产品等方面。

"线上+线下"模式：陆金所的投资者全部是从网站上直接获客而来，但部分借款人仍然是来源于线下的渠道，由线下门店推荐上来的借款申请人需在网站提交借款申请后，再在网点提交纸质申请资料（陆金所在国内有 26 个服务网点）。面对面的资料审核虽然有助于陆金所控制信用风险，但也给陆金所获客造成了地域性和实效性方面的不良影响。

平安全额担保：陆金所 Lufax 平台上的产品（除 V8 理财外）都由平安集团提供全额担保，平安集团的背书基本保证陆金所 P2P 网贷的零信用风险，平安集团拥有数十年的综合金融经验，在无抵押贷款方面较早进入市场，积累了多年经验，结合平安集团 7 000 多万客户的大数据，形成了成熟的个人金融消费风险管理数据模型。此外，陆金所及合作的担保公司还组建了国际化专业风控团队，邀请具百多年风控经验的风控专家加入，仅风控团队的人数就达 100 多人，由他们进行严格的风险管理。为防范欺诈风险，针对借款人，陆金所全部采用线下验证方式，要求借款人到指定渠道进行身份验证及资料核对，再将资料上传到后台进行统一风控审核。

资料来源：360 百科 https://baike.so.com/doc/7923831-8198347.html.

讨论题：

我国 P2P 网络借贷平台的发展现状如何？通过查找资料进行小组讨论，并给出自己的观点。

第十章

大数据与金融监管

知识目标：

➤ 了解大数据的发展历程；

➤ 掌握大数据的特征与意义；

➤ 掌握互联网金融监管的风险类型。

能力目标：

➤ 能够理解大数据在互联网金融中的应用；

➤ 能够认识互联网金融监管的目的；

➤ 能够解析互联网金融监管的原则。

任务提出：

现在的社会是个高速发展的社会，科技发达、信息流通，人们之间的交流越来越密切，生活也越来越方便，大数据就是这个高科技时代的产物。阿里巴巴创办人马云在演讲中就提到，未来的时代将不是 IT 时代，而是 DT 的时代，DT 就是数据科技（Data Technology），这表明大数据对于阿里巴巴集团来说举足轻重。

在 2017 年中国国际大数据产业博览会的"机器智能"高峰对话会上，当时的阿里巴巴集团董事局主席马云发表演讲，他认为在大数据时代，未来 30 年将重新定义"变革"，在这个"好时代、令人兴奋的时代"，企业需要做好准备。马云在演讲中反复强调，大数据时代的出现将在未来 30 年对计划经济和市场经济进行重新定义，对教育、知识重新定义。尽管他的发言引起了经济学者的争论，但他认为，"在大数据时代，人类获得数据的能力远远超过大家的想象，我们对世界的认识要提升到新的高度"。

资料来源：东方财富网 http://finance.eastmoney.com/news/1345,20170526742216057.html

任务分析：

你认为，在大数据的背景下，未来互联网金融将会如何发展？

第一节 大数据的发展背景

一、大数据的内涵与发展

在信息化建设过程中，数据可以分为三种类型：结构化数据、非结构化数据和半结构化数据。现实中，80%的数据属于企业业务过程中产生的非结构化数据。大数据是来源于交易数据、交互数据及传感数据的海量数据的集合，其中大部分是非结构化数据，其规模和复杂度都超越了现有常用技术能够处理的能力范围。从内涵上看，大数据主要可归纳为数据类型、技术方法与分析应用三个方面：① 数据类型方面，除了包括海量的结构化和半结构化的交易数据外，还包括海量的非结构化数据和交互数据；② 技术方法方面，大数据的核心是从各种各样的数据中快速获取有价值的信息的技术及其集成；③ 分析应用方面的重点是采用大数据技术对特定的数据集合进行分析，及时获取有价值的信息。

二、大数据的发展历程

（一）概念提出与酝酿阶段：1980—2008 年

尽管著名未来学家阿尔文·托夫勒在 1980 年就提出了"大数据"的概念，但是在很长一段时期内，由于 IT 产业发展能力以及信息资源的产业利用都还处于初级阶段，"大数据"的概念并没有得到应有的重视。

（二）概念延伸阶段：2008—2011 年

2008 年的金融危机使 IT 行业的跨国公司（如 IBM）提出"智慧城市"的概念，大力推行物联网以及云计算，从而使信息资料得以海量增长，同时在技术能力方面也面临着紧迫的需求。在这种情况下，美国的一些数据处理公司着眼于研发大规模的并行处理系统，在此需求的驱动之下，大数据技术很快得到应用，Hadoop 海量数据并行处理系统开始受到人们的广泛关注。从 2010 年开始，各大 IT 巨头加快了在大数据领域的产品推出进度，包括 EMC、惠普、IBM、微软在内的全球 IT 巨头纷纷通过收购大数据相关厂商来实现技术整合，亦可见其对大数据战略布局的重视。支撑大数据发展的因素主要来自一些大型公司，如谷歌、亚马逊、中国移动、阿里巴巴等，它们需要以更加优化的方式存储和分析数据。此外，一些来自健康医疗、地理空间遥感和数字媒体等行业的大数据需求也在一定程度上促进了大数据的发展。

（三）快速发展阶段：2012 年至今

美国是世界上应用大数据技术及其市场的领先国家。美国联邦政府于 2012 年 3 月发布了"大数据研究和发展计划"，该计划涉及美国国家科学基金、美国国家卫生研究院、美国能源部、美国国防部、美国国防部高级研究计划局、美国地质勘探局六个联邦政府部门，旨在提高从海量数字数据中提取知识和观点的能力，从而加快科学与工程发现的步伐，加强美国的安全并实现教学的变革。该计划也是美国为应对大数据革命带来的机遇，推进相关研究机构进行科学发现和创新研究的重大举措。

美国联邦政府将大数据开发上升到国家发展战略层面的举指,对世界各国产生了重大的影响。目前,欧洲的许多大型机构仍然处在大数据使用的早期阶段,而且严重缺乏有关大数据的技能,由于许多有关大数据的最新进展和技术都来自美国,因此部分欧洲的机构要想跟上大数据快速发展的步伐,仍然面临着一定的挑战。但是金融服务业,尤其是伦敦的投资行业是欧洲最早采用大数据的行业之一,其在大数据方面的经验和技能足以媲美美国的大数据领军机构,而且该行业在对大数据的投资方面一直维持着良好的势头,前景乐观。2013 年 1 月,英国政府宣布将在对地观测、医疗卫生等大数据和节能计算技术方面投资 1.89 亿英镑。

日本政府对于大数据战略的应对相对比较及时。2012 年 7 月,日本总务省推出新的 ICT (Information Communications Technology,信息通信技术)综合战略——"活力 ICT 日本",重点关注大数据应用。2013 年 6 月,安倍内阁正式公布了新 IT 战略——"创建最尖端 IT 国家宣言",这篇"宣言"全面阐述了 2013—2020 年以发展开放公共数据和大数据为核心的日本新 IT 国家战略。

大数据也引起了我国政府的高度关注。《国务院关于推进物联网有序健康发展的指导意见》(国发〔2013〕7 号)提出,要"加快传感器网络、智能终端、大数据处理、智能分析、服务集成等关键技术研发创新";2012 年 12 月,国家发展和改革委员会将数据分析软件开发和服务列入专项指南;科学技术部在 2013 年年初公布的"国家重点基础研究发展计划('973'计划,含重大科学研究计划)2014 年度重要支持方向"将大数据计算的基础研究作为其中的一项重要内容,要求"研究多源异构大数据的表示、度量和语义理解方法,研究建模理论和计算模型,提出能效优化的分布存储和处理的硬件及软件系统架构,分析大数据的复杂性、可计算性与处理效率的关系,为建立大数据的科学体系提供理论依据"。一些地方政府也在积极应对大数据的调整,加快本地区的大数据技术产业发展步伐。2012 年 12 月,广东省启动了《广东省实施大数据战略工作方案》,北京市成立"中关村大数据产业联盟";2013 年 7 月,上海市政府有关部门发布了《上海推进大数据研究与发展三年行动计划》(2013—2015 年),重点选取金融证券互联网、数字生活、公共设施、制造和电力等具有迫切需求的行业,开展大数据行业应用研究,探索"数据、平台、应用、终端"四位一体的新型商业模式,促进产业发展。

三、大数据的特征与意义

当前,较为统一的认识是大数据有四个基本特征:数据量大(Volume)、数据类型多样(Variety)、数据处理速度快(Velocity)和数据价值密度低(Value),即所谓的 4V 特性,这些特性使大数据区别于传统的数据概念。

(一)数据量大

大数据的数据量是非常大的,根据 IDC(Internet Data Center,互联网数据中心)的定义,至少有超过 100TB 的可供分析的数据。数据量大是大数据的基本特性,导致数据规模激增的原因有很多:首先,随着互联网的广泛应用,使用网络的个体、企业、机构增多,数据的获取、分享变得相对容易,以前只有少量的机构可以通过调查、取样的方法获取数据,同时发布数据的机构也很有限,人们难以在短期内获取大量的数据,而现在,用户可以通过网络非常方便地获取数据,同时用户有意地分享和无意地点击、浏览都可以快速地提供大量数据。其次,各种传感器数据获取能力的大幅提高使人们获取的数据越来越接近原始事物本身,描述同一事物的数据量激增。早期的单位化数据对原始事物进行了一定程度的抽象化处理,数据维度低,数据类型简单,多采用表格的形式来收集、存储、整理,数据的单位、量纲和意义基本统一,存储、处理的只是数值而已,因此数据量有限,增长速度慢。随着应用的发展,数据维度越来越高,描述相同事物所需的数据量越来越大。以当前最为普遍的网络数据为例,早期网络上的数据以文本和一维的音频为主,维度低,单位数据量小,近年来,随着图像、视频等二维数据的大规模涌现,和三维扫描设备以及 Kinect 等动作捕捉设备的普及,数据越来越接近真实的世界,数据的描述能力不断增强,而数据量本身必将以几何级数增长。此外,数据量大还体现在人们处理数据的方法和理念发生了根本的改变。早期人们对事物的认知受限于数据获取、分析的能力,一直利用采样的方法,以少量的数据来近似地描述事物的全貌,样本的数量可以根据数据获取、处理能力来设定。不管事物多么复杂,通过采样得到部分样本,数据规模变小,就可以利用当时的技术手段来进行数据管理和分析,因此,如何通过正确的采样方法以最小的数据量尽可能分析整体属性成了当时的重要任务。随着技术的发展,样本数据逐渐接近原始的总体数据,但在某些特定的应用领域,样本数据可能远不能描述整个事物,会丢掉大量重要细节,甚至可能会得到完全相反的结论,因此目前有直接处理所有数据而不是只考虑样本数据的趋势。使用所有的数据可以带来更高的精确性,从更多的细节来解释事物属性,同时必然会使要处理的数据量显著增多。

(二)数据类型多样

数据类型繁多、复杂多变是大数据的重要特性。以往的数据尽管数量庞大,但通常是事先定义好的结构化数据。结构化数据是将事物向便于人类和计算机存储、处理、查询的方向进行抽象处理的结果,在抽象的过程中,忽略在特定的应用下可以不考虑的细节,抽取有用的信息。处理此类结构化数据,只需事先分析好数据的意义以及数据间的相关属性,构造表结构来表示数据的属性,数据都以表格的形式保存在数据库中,数据格式统一,若有新增的数据,只需根据数据属性,将其存储在合适的位置,就可以方便地处理、查询,一般不需要为新增的数据显著地更改数据聚集、处理、查询方法,限制数据处理能力的只是运算速度和存储空间。这种关注结构化信息,强调大众化、标准化的属性,使处理传统数据的复杂程度一般呈线性增长,新增的数据可以通过常规的技术手段处理。而随着互联网与传感器的飞速发展,非结构化数据大量涌现,非结构化数据没有统一的结构属性,难以用表结构来表示,在记录数据数值的同时还需要存储数据的结构,增加了数据存储、处理的难度。而时下在网络上流动着的数据大部分是非结构化数据,人们上网不只是看看新闻和发送文字邮件,还会上传、下载照片、视频等非结构化数据,同时,遍及工作、生活各个角落的传感器也在不断地产生各种半结构化、非结构化数据,这些结构复杂、种类多样,同时规模又很大的半结构化、非结构化数据已逐渐成为主流数据。综上所述,非结构化数据量已占到数据总量的 75%以上,且非结构化数据的增长速度比结构化数据快 10~50 倍。在数据量激增的同时,新的数据类型层出不穷,已经很难用一种或几种规定的模式来表征日趋复杂多样的数据形式,这样的数据已经不能用传统的数据库表格来整齐地排列和表示。大数据正是在这样的背景下产生的,大数据与传统数据在处理方式上的最大不同就是重点关注非结构化信息,大数据关注包含大量细节信息的非结构化数据,强调小众化、体验化的特性,使传统的数据处理方式面临巨大的挑战。

(三)数据处理速度快

对于数据的快速处理要求是大数据区别于传统海量数据处理的重要特性之一。随着各种传感器和互联网等信息获取、传播技术的飞速发展和普及,数据的产生、发布越来越容易,产生数据的途径增多,个人甚至成为数据产生的主体之一,数据呈爆炸式的快速增长态势,新数据不断涌现,快速增长的数据量要求数据处理的速度也要相应地提升,这样才能使大量的数据得到有效利用,否则不断激增的数据不但不能为解决问题带来优势,反而会成为快速解决问题的负担。同时,数据不是静止不动的,而是在互联网中不断流动的,通常这样的数据的价值是随着时间的推移而迅速降低的,如果数据尚未得到有效的处理就失去了价值,大量的数据就没有了存在的意义。此外,在许多应用中要求能够实时处理新增的大量数据,如有大量在线交互的电子商务应用就具有很强的时效性,大数据以数据流的形式产生,快速流动,迅速消失,且数据流量通常不是平稳的,会在某些特定的时段激增,数据的涌现特征明显,而用户对于数据的响应时间通常非常敏感,心理学实验证实,从用户体验的角度出发,瞬间(3 秒钟)是可以容忍的最大极限,对于大数据应用而言,很多情况下都必须要在 1 秒钟或者瞬间内形成结果,否则处理结果就是过时和无效的,在这种情况下,对不断激增的海量数据的实时处理要求是大数据与传统海量数据处理技术的关键差别之一。

(四)数据价值密度低

数据价值密度低是大数据关注的非结构化数据的重要属性。传统的结构化数据依据特定的应用对事物进行了相应的抽象处理,每一条数据都包含该应用需要考量的信息,而大数据为了获取事物的全部细节,不对事物进行抽象、归纳等处理,直接采用原始的数据,保留了数据的原貌,且通常不对数据进行采样,而是直接采用全体数据,由于减少了采样和抽象,呈现所有数据和全部细节信息,大数据可以得到更多的信息,但也引入了大量没有意义的信息,甚至是错误的信息,因此,对于特定的应用,大数据的非结构化数据的价值密度偏低。以当前广泛应用的监控视频为例,连续不间断监控过程中,大量的视频数据被存储下来,许多数据可能是无用的,对于某一特定的应用,比如获取犯罪嫌疑人的体貌特征,有效的视频数据可能仅有一两秒,大量不相关的视频信息增加了获取这有效的一两秒数据的难度,故大数据的数据价值密度低是指:对于特定的应用,有效的信息相对于数据整体是偏少的。但信息有效与否是相对的,一些信息对于某些应用是无效的信息,但对于另外一些应用则可能成为最关键的信息,数据的价值也是相对的,有时一条微不足道的细节数据可能造成巨大的影响,例如,网络中的一条几十个字符的微博就可能通过转发而快速扩散,导致相关的信息大量涌现,其价值不可估量。因此,为了保证使新产生的应用有足够的有效信息,通常必须保存所有数据,这样一方面导致数据的绝对数量激增,另一方面使有效信息量的比例不断下降,数据价值密度偏低。

第二节 大数据在互联网金融领域的应用

一、大数据在传统金融领域的应用

(一)大数据在金融监管机构中的应用

我国的金融行业正处于大数据应用的初级阶段,国内的金融机构经过多年发展与积累,拥有数百余 TB 的海量数据,而且非结构化的数据量也在不断增长。金融机构在大数据应用方面具有天然优势：首先，金融企业在平时的业务开展中积累了大量高价值的数据，如客户的身份、资金收付交易、资产负债情况等，这些数据经过专业技术挖掘和分析之后，将产生巨大的商业价值；其次，金融机构相对而言有较为充足的预算，可以吸引了解大数据技术的高端人才，也有能力采用大数据的最新技术。

1. 大数据助力金融机构的战略转型

在宏观经济结构调整和利率逐步市场化的大环境下，目前国内的金融机构主要表现出盈利空间收窄、业务定位亟待调整、核心负债流失等问题。业务转型的关键在于创新，但现阶段我国金融机构的创新往往沦为监管套利，没有以挖掘客户内在需求、提供更有价值的服务为主，而大数据技术正是能够帮助金融机构深入挖掘既有数据，找准市场定位，明确资源配置方向，推动业务创新的重要手段。

此外，大数据及智能技术的逐渐成熟将会重塑未来金融监管的方式。以非法集资为例，在互联网时代，不法分子常会利用网络的虚拟性、广泛传播性等特点，通过承诺高收益来吸引广大投资者。特别是近年来，由于经济形势下行，非法集资案件频发，这对金融秩序和居民的合法权益造成了较大的影响。利用大数据建立非法集资监测预警平台能为打击非法集资提供有力工具，可以提高金融监管的效率和准确性。

非法集资监测预警平台的设计包括两个子平台：一是对正规金融产品进行登记的前台。前台通过对网站销售的金融产品的信息进行登记，做好数据收集工作。产品登记、信息披露、资金托管是互联网金融的三大监管措施，金融机构将产品的属地名称、属地编号、发行日期、机构编号、产品编号等信息在平台上进行登记、备案。二是发现非法集资线索的后台，这可以用来打击违法犯罪，守住底线。前台提供信息给消费者，后台打击非法集资。非法集资监测预警平台的基本建设思路如下：利用互联网收集信息，运用大数据挖掘、云计算技术，通过两次比对、一次干预、最终确认的一系列步骤，实现对疑似非法集资的企业进行不同级别的处置应对。

2. 大数据能够降低金融机构的管理和运行成本

通过大数据对信息的挖掘和分析，金融机构能够准确地定位内部的僵理缺陷、制定有针对性的改进措施，实行符合自身特点的管理模式，最终实现降低管理运营成本的目标。大数据还提供了全新的沟通渠道和营销手段，可以更好地了解客户的消费习惯和行为特征，及时、准确地把握市场营销行情。

3. 大数据有助于降低信息不对称程度，增强风险控制能力

金融机构可以摒弃原来过度依靠客户提供的财务报表来获取企业信息的业务方式，转而对其资产价格、账务流水、相关业务活动等流动性数据进行动态和全程的监控分析，从而有效提升客户信息透明度。目前，花旗、富国、UBS 等先进银行已经能够基于大数据整合客户的资产负债、交易支付、流动性状况、纳税和信用记录等信息，对客户行为进行 360° 全方位评价，计算动态违约概率和损失率，提高贷款决策的可靠性。

（二）大数据在银行业中的应用

1. 大数据能够帮助银行控制信贷风险

在传统方法中，银行对企业客户的违约风险评估多是基于过往的营业数据和信用信息，这种方式的最大弊端就是缺少前瞻性，因为导致企业违约的重要因素并不仅仅是企业自身的经营状况，还包括行业的整体发展状况，而大数据手段的介入使信贷风险评估更趋近于事实。西班

牙国家银行正是利用大数据来为企业客户提供全面、深入的信用风险分析的,该行先识别出影响行业发展的主要因素,然后对这些因素进行模拟,以测试各种事件对其客户业务发展的潜在影响,并综合评判每个企业客户的违约风险。这种做法不仅成本低,而且风险评估的速度快,同时显著提升了评估的准确性。

2. 大数据能够提升银行的中间收入

如今,坐拥海量数据的银行不再局限于使用数据服务其核心业务,而是把数据直接变成新产品并用来创造直接收入,使数据成为新的中间收入拓展渠道。澳大利亚联邦银行通过对支付数据的分析了解零售客户的"消费路径",即客户日常消费的典型顺序,包括客户的购物地点、购买内容和购物顺序,并对其中的关联进行分析。该银行将这些分析结果销售给公司客户,帮助公司客户更准确地判断合适的产品广告投放地点以及适合在该地点进行推广的产品。该银行通过这种方式获得了传统业务之外的收入,更重要的是,银行通过这样的创新为客户提供了增值服务,从而大大增强了客户黏性。

3. 大数据能够使零售银行业务差异化产品设计更加丰富

在零售银行业务中,大数据为判断客户行为并匹配营销手段提供了广阔的创新空间。例如,欧美国家的很多银行都围绕客户的"人生大事"进行了交叉销售,这些银行对客户的交易数据进行分析,由此推算出客户经历"人生大事"的大致节点。人生中的一些重要时刻往往能够激发客户对高价值金融产品的购买意愿。通过对客户的银行卡交易数据进行分析,银行很容易识别出即将添丁的家庭,在这样的家庭中,准妈妈会开始购买某些药品,而婴儿相关产品的消费也会不断出现,这些银行面向这一人群推出定制化的营销活动,获得了客户的积极响应,这种具有差异化的产品设计可以大幅提高交叉销售的成功率。

(三)大数据在证券行业中的应用

现代证券行业具有资本密集、信息密集、智力密集和技术密集的特点,大数据时代的数据不仅信息量大大增加了,而且数据的产生、传播、内容、速度、形式等方面都更加多样、复杂,越来越呈现出细节化、多维化、立体化的特点,对业务发展的影响也越来越大。

1. 大数据可以提升证券业的个性化服务水平

证券行业作为综合类金融服务产品的提供者,在大数据的背景下,将有能力快速收集高质量的信息,设计出更符合客户需求的产品组合,并且可以根据客户偏好的改变及时调整。同时,由于中介服务的竞争逐渐同质化,争夺的焦点将来必然落在价格上。如果标准化同质服务不再能够给券商带来正常利润,那么券商必须转变经营思路,将通道业务转变成包含增值服务的金融服务。

大数据能够通过对客户消费行为模式进行分析,提高客户转化率,开发出个性化的产品以满足不同客户的需求。越来越多的证券公司开始采用数据驱动的方法,通过对一系列信息的收集、存储、管理和分析,为客户提供更好的服务,这充分体现了以客户为中心的服务理念。

2. 大数据能够帮助证券公司避免客户的流失

证券公司依据客户历史交易行为和流失情况创建大数据分析模型,预测客户流失的概率。例如,海通证券自主开发的"基于数据挖掘算法的证券客户行为特征分析技术"主要应用于客户深度画像以及基于画像的用户流失概率预测,通过对自身 100 多万名样本客户及其半年交易记录的海量信息进行分析,海通证券建立了客户分类、客户偏好、客户流失概率等模型。上述技术的最大初衷是希望通过对客户行为的量化分析，来测算客户将来可能流失的概率。

3. 大数据在量化投资方面的应用

量化投资策略在欧美发达国家的金融市场中已经相对成熟，由于收益巨大，这是大数据最早获得应用的领域。证券业已经进入了一个大数据信息时代，证券的数据模型越来越复杂多样，数据的总量和种类都有了重大的突破。大数据在处理证券数据时，通过对主力和散户的行为、轨迹进行分析，追踪主力资金和散户资金的去向，理解主力、散户和市场之间的关系，能够很好地增加投资胜率。个人投资者将能够轻松地使用大数据获得实证支持，从而使交易风险降低，投资能力获得大幅提升。大数据也让科技公司第一次有机会能够挑战传统的金融分析师的地位，利用对各种数据的量化、重组和整合，提供不同的交易策略，让投资者能够科学地分析全球投资市场。

（四）大数据在保险行业中的应用

1. 大数据能够帮助保险公司减少赔付

赔付直接影响保险企业的利润，对于赔付的管理一直是保险企业的关注点。赔付中的"异常值"（即超大额赔付）是赔付额上升的主要驱动因素之一。美国利宝相互保险公司通过结合内部、第三方和社交媒体数据进行早期异常值检测，用 1.4 亿个数据点构建了预测模型，其中既包括客户的个人数据（健康状况、人口特征、雇主信息等），也包括集团的内部数据（过往的理赔信息和已经采取的医疗干预信息等），并基于模型及时采取干预措施，使平均索赔费用下降了 20%。同时，借助大数据手段，保险企业可以识别诈骗规律，显著提升反欺诈的准确性与及时性。

2. 大数据能够提高保险公司的差异化定价水平

对保费的定义基于对一个群体的风险判断，而大数据无疑为这样的风险判断带来了前所未有的创新。如安联保险澳大利亚公司通过分析客户的购物数据来预测驾驶风险。分析显示，饮用大量牛奶并食用大量红肉的客户具有较低的驾驶风险，而食用大量意大利面和米饭并在夜间开车和饮酒的客户则是高风险人群。

3. 大数据的应用可以实现精细化营销

以淘宝运费退货险为例，据相关保险公司统计，淘宝用户运费险索赔率在 50% 以上，但该产品为保险公司带来的利润只有 5% 左右，然而依然有众多保险公司有意愿提供该服务。实际上，客户购买运费险就意味着保险公司能够获得该客户的个人信息，包括手机号、家庭住址、银行账户信息及产品购买信息等，基于这些数据，保险公司能够最大限度地实现精准推送。

4. 大数据能够解决现有的风险管理问题

通过大数据分析可以解决现有的风险管理问题。例如，通过智能监控装置收集驾驶者的行车数据，通过社交媒体收集驾驶者的行为数据，通过医疗系统收集驾驶者的健康数据，以这些数据为出发点，对投保用户进行管理，有效控制风险。

二、大数据在互联网企业金融领域的应用

（一）阿里巴巴的大数据金融

阿里金融作为互联网金融业务的典型代表，它是阿里巴巴针对小微企业、个人创业者开发

的一种互联网化、批量化和数据化的微贷服务。目前，阿里金融包括针对 B2C 淘宝平台客户的"淘宝小贷"和针对 B2B 阿里巴巴平台客户的"阿里小贷"两款产品。其中，"淘宝小贷"主要解决淘宝商户临时性资金周转需求，一般多在商品旺季淘宝商家现金流无法支付大量订单时进行贷款；而"阿里小贷"是主要针对用款难的小微企业开发的金融产品。基于无抵押、无担保的产品设计，阿里金融主要通过信用评级和资金监控来实现对风险的控制，其目标在于将小微企业和个人的电商行为转为信用数据，依托大数据的支撑，构建商业信用库为小微企业和个人提供专属化、个性化的金融服务。

1. 阿里金融大数据平台的构建

阿里金融的整个业务流程都基于大数据平台和云计算技术。阿里巴巴在对分散在电子商务平台上长期积累的海量数据进行处理、整合、深度挖掘和提炼后，形成了对阿里巴巴有着巨大价值的信息，即阿里金融自身的大数据平台。

阿里巴巴的海量数据主要来源于以下几个方面：一是电商平台，即阿里巴巴 B2B 网上贸易平台、淘宝 B2C 以及支付宝支付平台，该部分数据包含交易情况、店铺与服务评价、物流数据、投诉纠纷、实时经营信息、相关资格认证信息等，这部分也是最主要的数据；二是贷款申请数据，客户提交贷款申请的同时所提供的企业相关信息同样可以作为大数据的一部分；三是其他外部数据，涵盖了如水电费、网络费用、税收、与客户在社交平台的互动数据、搜索引擎中的数据等。2013 年，阿里巴巴购入了新浪微博 18%的股份，获得了新浪微博平台积攒的社交数据，进一步完善了阿里自身的大数据类型。

基于上述数据来源，目前，阿里巴巴积攒的经过处理的海量数据已经超过 100PB，即相当于 104 857 600 GB。阿里巴巴自身构建的以买卖双方信息为核心的数据平台成为阿里金融快速发展的重要推动力，也成为阿里金融区别并领先于其他互联网金融企业的重要标志。

2. 基于大数据的信贷风险控制

阿里金融以海量的交易数据为基础，建立了完善的信用评价机制和风险控制体系。在信用评价机制方面，阿里巴巴的数据平台在引入客户的物流、资金流、信息流等数据后，通过网络数据模型对客户的信用状况进行综合评估，辅以交叉检验技术及在线视频技术，面对面地对客户的基本状况进行了解，参考各个渠道的信用记录，出具信用评级报告，整个过程无纸化，迅速便捷、高效率。随后，系统基于对客户及商家的资信状况、运营情况等的分析进行后台处理，核定出授信额度，该过程包括系统核定和人工审批，随后生成电子合同。

在风险控制体系方面，阿里金融从贷前、贷中、贷后三个阶段实行多阶段风险预警和掌控。贷前，对商家进行严格的资格审查；贷中，通过支付宝和阿里云对现金流变化和交易变化实时监控，一旦发现可疑问题，系统将会自动发出警告；贷后，阿里金融同样有催收等管理机制，并且对违约的客户，阿里巴巴将关闭其在淘宝平台的网店，另外，阿里巴巴还在官网上设置了"欠货企业曝光"，如此就使客户的违约成本加大，从而降低了违约风险。数据显示，阿里小贷的整体不良贷款率在 0.9%左右，这证明了阿里金融的风险控制体系运行有效。

3. 基于大数据的阿里信贷市场表现

依赖大数据平台，阿里金融根据小微企业和个体创业者的具体情况提供了有针对性、专属性的信用贷款。借助于大数据平台，"阿里小贷"和"淘宝小贷"以日计算利息，随借随还，充分满足了小微企业短、快、急的融资需求。由于阿里金融主要是利用大数据平台本身和数据模型对小微企业和个体创业者进行信用评级，一切信用评级活动在网上进行，因而也为阿里金融业务的开展节省了大量人力、物力，降低了阿里的信贷成本。

（二）腾讯公司的大数据金融

腾讯发展互联网金融的特色是以支付为基础，融合社交优势，其定位是搭建互联网金融时代的新型基础设施，以"连接力"服务产业链各参与方。例如，基于用户、社交特色以及大数据积累，腾讯可以通过微信钱包、朋友圈、公众号和好友推荐等社交传播渠道推广财通产品，使金融产品接触用户的速度迅速提升。

腾讯体系内每天都有大笔交易发生，数亿张银行卡与用户账户绑定，在微信、QQ两大平台上累积了大量数据，具备云计算能力，所以可以将很多高价值数据向合作伙伴分享，并且可以基于用户洞察、产品创新以及风控协同，联手金融机构打造更多的明星产品。

（三）京东的大数据金融

京东是目前我国国内最大的自营性电商企业，2015年第二季度末，京东在中国自营电商市场的占有率达到了54.3%。京东商城属于综合类买卖中间商，同时开放了部分平台模式的产品销售渠道，形成了"自营+平台"的混合模式。

1. 业务体系布局：电商+互联网金融

京东集团的业务体系布局是"电商+互联网金融"。京东集团旗下设有京东商城、京东金融、拍拍网、京东智能、O2O及海外事业部，形成了零售和金融两大业务线，以及物流、云计算和支付三大基础支撑体系，其主营业务为电子商务。除了电子商务外，京东主要经营互联网金融业务。自2013年10月独立运营以来，京东金融已经拿到小贷、支付、保理、基金销售、征信和互联网保险等多张牌照。京东的业务布局目前正逐渐由零售业务延伸到上游的生产环节，聚焦于智能硬件产品与部件，并与国内多家知名厂商展开了生产合作，如富士康、海信、科龙等。

2. 风险控制模式：大数据分析+实时监控

京东的风险控制模式的主要创新做法如下。

（1）大数据模型分析。一是数据征信模型。京东的大数据征信模型主要使用天平模型和浮标模型。其中，天平模型对不同行业的商家制定了更加统一、公平的准入标准，并且可以定期测量、跟踪商家经营状况的变化；浮标模型通过预测店铺的季节性销售对资金的需求，提前发现商家需求，及时修正贷款额度，并能预测店铺的生命周期，提高贷后预警的可靠性。二是供应商评级。京东在分析以往产业链数据的基础上，将提取出的定性和定量信息输入模型，对应进行A～E五个级别的评级，再根据评级结果决定供货商可以获得的融资额度。三是用户评分。目前，京东的大数据征信模型体系已经完成了超过1亿数量的用户评分，该体系从身份特征画像、个人用户评估、履约历史评价、关系网络评估、网络行为偏好及信用风险预测六个维度刻画用户，为风险评估提供更多有价值的参考信息。

（2）实时监控。随着供应商在京东的采购情况、入库情况等信息的变动，模型会对融资额度进行动态调整，如"云仓京融"通过数据化和模型化的方法进行风险管理，精准地测算额度和利率。首先京东拥有大量SKU（库存量单位）数据，可以获得产品的价格曲线、生命周期等信息，从而快速地形成一个准确的价值评估。另外，京东体系内也有很多关于毛利、利润、采购差价的数据，京东可以基于这些数据做出商品的折扣预测以及几个月后商品价格走势的预测，实现质押率的自动化。其次，与京东合作的仓储系统按照其研发的监控系统发出的指令，就可以轻松实现控货，避免了人员现场监管的"重监管"模式的不便。最后，京东通过是"云仓京融"探索出的全新的动态置换模型可以自动抓取供应商重新补进来的 SKU，生成一张新的质押清单，做到质押清单的无缝替换，让质押的货物流动起来。

（四）百度的大数据金融

百度金融最具竞争力的优势是技术，即云计算、大数据、人工智能，其定位是要用技术撬动传统金融，提升效率，将大数据和人工智能的基因植入百度金融的业务之中，并重点关注身份识别认证、大数据风控、智能投顾、量化投资、金融云和智能获客这六大方向。

2015 年 12 月，百度宣布架构调整，组建了金融服务事业群组，其中包括消费金融、钱包支付和互联网证券。到目前为止，百度的金融业务已覆盖众多领域，从支付、消费信贷、征信到基金、证券、保险、银行，再到众筹，其业务覆盖范围甚至超过了腾讯。2016 年 7 月，百度宣布在西安正式成立西安百金互联网金融资产交易中心（以下简称百金交），这是百度用技术改变金融，在金融领域布局的又一着重棋。百金交以技术为底层结构，改善了金融资产的交易机制，扩大了可交易资产的范围，如利用人工智能和区块链技术为大数据资产等进行资产确权。相信依托于百度云计算能力，百金交一定可以评估出更科学的风险定价模式。

一直以来，百度在人工智能、大数据以及云计算等领域都有着业界公认的深厚储备，其在金融科技领域的发力，为人工智能技术找到了一个极具行业价值的应用领域。从技术角度来看，百度金融拥有世界领先的人脸识别技术，在亮度充足的光线条件下，"百度大脑"就能够成功检测用户身份。同时，百度还拥有全球领先的语音识别、图像识别技术，将这些技术运用于金融业务的身份识别领域，能够有效降低光线昏暗、声音嘈杂等环境因素对识别精度的影响，大幅提升识别率，防范欺诈事件的发生。此外，百度的"智能投顾"还可以通过整合百度全平台的海量数据，生成金融知识图谱、用户画像及资产画像，这不仅能提升资产配置的科学性和匹配精准度，还能有效追踪、控制风险。在量化投资这样的专业领域，百度也可以打通网民搜索行为数据、全网财经新闻数据之间斩界限、制定专业研报等数据，建立丰富的量化投资策略，输出专业的策略咨询服务。

（五）苏宁云商的大数据金融

在互联网时代背景下，类金融模式也跟随时代脚步发展出了新的内涵。所谓类金融模式，是指非金融企业如同银行一样，以较低的成本甚至无成本的方式吸纳、占用各方资金，通过循环滚动的方式长期使用，最终利用这些资金实现自身扩张和利润最大化的营运模式。因此该定义包含两个关键点：第一，无成本或低成本吸纳、占用资金；第二，通过合理使用这些资金获得资金收益。苏宁云商在净营运资本、现金周转期、净现金需求等方面都符合类金融模式的特征，因此可以证实苏宁云商是在沿用类金融模式。

1. 苏宁云商类金融模式的资金来源

（1）占用供应商资金。苏宁云商虽然正在向互联网转型，但其零售业的本质并没有发生变化，因此对供应商资金的占用仍然是其类金融模式中资金的主要来源。

（2）苏宁云台。苏宁云商新的业务模式——云商模式的内涵为"线上电子商务+线下实体电商+线上线下零售服务商"，而苏宁云台正是其云商模式中的"线上线下零售服务商"。从类金融模式的角度出发，苏宁云商通过苏宁云台可以无成本地获得大量资金，具体来说，有以下两种方式。

第一，占用商家保证金。和其他电商平台一样，苏宁云台也要向入驻商户收取一定的费用，这些费用包括服务保证金、佣金、平台年费、订单交易支付手续费和消费者保障基金等。在这些费用中，商家的服务保证金是可以被苏宁云台无成本占用的，该服务保证金在商户进驻时交纳，在退店后的六个月至一年后退还。

第二，占用商家货款。与其他电商平台不同，苏宁云台没有账期，因此其占用商家货款的方式与连锁实体门店占用供应商资金的方式有所不同。众所周知，网上购物的一般流程如下：消费者先在网上支付货款，此时货款进入平台账户，平台在收到货款后通知商家发货，商家再联系物流公司发货；消费者在收到货物并确认后，平台才会将货款转账给商户，此时商家才最终收到货款。苏宁云台所指的"没有账期"是指消费者确认收货后，平台向商家付款的时间一般不存在账期。尽管如此，但网购流程中的每个节点都会延长付款时间，特别是物流发货与消费者确认收货这两个节点。保守估计，从用户下单到经过物流再到最终确认收货，最少也需要3～4天的时间，此时苏宁云台便可以无成本占用商家货款3～4天。

2. 苏宁云商类金融模式资金收益

在类金融模式下，企业在以低成本获得大量资金后，要合理利用这些资金以使其产生最大收益。苏宁云商通过占用供应商资金、苏宁云台商家服务保证金、易付宝余额等获得资金后，主要通过以下几种方式获取资金收益。

（1）投资理财。苏宁云商在2014年董事会上分别讨论通过了投资银行理财产品和货币市场基金的议案，议案中明确指出，在保证日常资金需求和资金安全的前提下，使用不超过50亿元的自有资金投资银行理财产品、不超过30亿元的自有资金投资货币市场基金。

（2）投资房地产。早在2002年，苏宁云商便开始涉足房地产投资，并于2005年成立了专门的房地产公司——苏宁置业。苏宁云商的房地产投资主要集中在商业地产，从自建门店和自建物流基地开始，逐步进入到综合商业地产开发。围绕着线下"店商"的核心定位，苏宁云商加快了投资自建苏宁广场和苏宁生活广场的步伐，商业广场逐渐成为其线下实体连锁开放平台的核心组成部分。苏宁商业广场以家电零售为核心，通过其自有门店良好的消费体验吸引客流，然后吸引休闲娱乐等其他行业商家入驻，进而打造新型综合购物广场，其物业在满足自身需求后可以对外出租。此外，苏宁云商近年来也在加速推进自建物流基地，通过自建物流基地来完善其现代化物流网络布局，以期形成全国性仓储配送网络，而物流基地的建设也是其投资房地产的重要组成部分。

（3）苏宁云商的供应链金融。苏宁云商在其早期的供应链金融中仅仅扮演着中间人的角色，获取的收益也只是一定比例的手续费，而利润的主体部分还是被出资人——商业银行以利息的方式获取。为了获得更多的收益，苏宁云商试图改变传统供应链金融的运作模式，以取代银行的出资人地位。于是在2012年，苏宁云商注册成立"重庆苏宁小额贷款有限公司"（简称"苏宁小贷"），以帮助小微企业解决融资难的问题。通过设立苏宁小贷公司，苏宁云商的类金融模式便形成了一个闭环，即通过无偿占用供应商资金获得大量资金储备，之后再将储备的资金贷款给其供应商，以实现资金的充分利用，进而获取资金收益。

（4）苏宁云商的消费金融。面对消费金融的蓝海，特别是在各大电商平台纷纷成立消费金融业务线的背景下，苏宁云商于2015年设立了苏宁消费金融公司，开始着手布局其消费金融业务线。消费金融作为苏宁云商互联网战略的重要环节之一，其经营范围包括向境内金融机构借款、发放个人消费贷款、经批准发行金融债券、代理销售与消费贷款相关的保险产品、与消费金融相关的咨询代理业务等。苏宁云商开展消费金融业务，一方面可以继续扩大消费规模，加快存货周转周期，增加用户黏性；另一方面还可以减少信用卡消费的手续费，同时获得一定的消费分期手续费。此外，将资金分散贷款给供应商和消费者，有助于消费和供给均衡发展，打造一个良好的发展模式，同时也可以降低投资带来的风险。

第三节　大数据背景下的互联网金融监管

互联网金融的出现改变了金融机构及众多金融平台的服务手段，使其效率得到了很大的提高。但是互联网也有其脆弱性，如风险波及范围广、破坏性强。由于我国正处于互联网蓬勃发展初期，所以对互联网金融的约束性不强，因此对互联网金融进行监管极其重要。在金融自由化、网络化的背景下，互联网金融监管是指金融主管机构或金融监管执行机构为保护存款人或投资人的利益，维护金融体系的安全稳定，有效促进金融经济的发展，根据相关的金融法律法规对以互联网为技术支撑的金融活动所实施的监督管理。

互联网金融监管的目的在于以下几个方面。

（1）维护金融机构和第三方金融交易平台的公平、有效竞争。每个国家的金融监管当局都应该为互联网金融发展提供一个适度的竞争环境，这种良好适度的环境既可以保持金融机构和第三方金融交易平台的经营活力，同时又不至于引起它们经营失败而导致倒闭，从而产生经济震动。

（2）保护存款人和投资者的利益。加强互联网金融的监管可以使存款人与投资者感受到使用的便利与安全。面对日益频发的网络黑客攻击、网络诈骗等网络安全问题，互联网金融在信息技术层面上的监管应加大力度，从而保护存款人和投资者的利益。

（3）确保金融秩序的安全。互联网金融的兴起使本来就拥有庞大体系的金融业锦上添花，金融业各机构之间往往存在紧密的联系，因此，一家系统出了问题，很可能会引发连锁反应，导致一连串金融机构经营出现危机，从而引发金融风险。对于互联网金融的监管，其重要目标就是要维护国内金融体系的安全和稳定，保证金融秩序的安全。

（4）中央银行货币政策实施有效。中央银行是货币政策的实施主体，作为当今各国宏观调控的主要手段，货币政策的地位可见一斑。随着互联网金融的发展，支付工具的创新给基础货币的统计和定义带来了新挑战。因此，中央银行金融监管要有利于保证货币政策的顺利执行，增强对基础货币的管理能力。同时，在发行电子货币时，要保证金融业对中央银行进行及时反馈，确保调节手段及时准确地传递和实施。

一、互联网金融监管的基本原则

为了确保互联网金融监管的有效性，实现金融监管目标，维护金融系统的稳定，金融监管当局在监管的过程中应当坚持以下基本原则。

（一）依法监管原则

首先，国家金融监管机构要明确监管主体，要保证将互联网金融机构纳入其管理体系中；

其次，监管当局实施监管必须依法执行。只有这样才能使监管当局的管理具有权威性、强制性、严肃性和一贯性，从而保证监管高效有力。

（二）公平合理、适度竞争原则

竞争是检验互联网金融机构是否适应市场的有效机制。金融监管机构应当为互联网金融机构创造适度竞争的环境，在监管过程中，既要避免造成个别互联网金融机构高度垄断，又要防止出现过度竞争，所以，互联网金融的监管目标是要保证在金融市场上，为互联网金融机构提供一个公平、高效、有序、适度的竞争环境。

（三）自我约束与外部强制结合原则

外部强制监管是必须实施的，只有互联网金融机构与监管当局相互配合，才能保证监管达到预期效果。如果放松外部强制监管而使互联网金融机构自觉自律地进行自我约束，会造成互联网金融机构的风险经营行为与道德风险问题。因此，要把创造自我约束环境和外部强制监管良好地结合起来，对互联网监管机构进行正确引导，同时也要实施有序的外部强制监管，创造良好的金融监管环境。

（四）经济效益与安全稳健相匹配原则

互联网金融监管的中心目标是保证互联网金融机构安全稳健地经营，制定的金融政策与法律法规应以互联网金融业的安全稳健和风险防范为重心。同时，互联网金融的高速发展必然会带动经济发展，在讲求经济效益的同时，应当促进经济效益与风险防范相匹配。要敏锐洞察不断变化的市场环境，对监管内容、措施等进行及时调整。

（五）分类监督管理原则

分类监管意在将互联网金融机构分门别类、分别管理。互联网金融的兴起引发了金融业综合化趋势，这使传统的按业务标准分业监管的方法无法有效地实施。目前，我国互联网金融机构主要包括第三方支付平台、P2P平台、众筹平台等，它们虽然都属于互联网金融，但是由于运行模式和规律的差异，其监管应采取不同的措施办法，将"机构型监管"与"功能型监管"有机结合。

二、互联网金融的风险特征以及风险类型

（一）互联网金融的风险特征

1. 强"传染性"

互联网金融企业在应用互联网技术提供"开放、普惠、分享"的金融服务时，也应用大数据技术建立起共同联动信用网络，任何一个提供互联网金融服务的网络节点出现风险都有可能"传染"到以计算机网络为支持的整个金融系统。此外，互联网技术所具有的快速远程处理功能也使金融风险积聚的可能性增大。总之，互联网金融风险造成的预期损失、非预期损失和灾难性损失极易突破金融市场各业态的限制传播，突破金融消费人群、时间、地域的限制传播，传播性和感染性更强。

2. 高虚拟性

互联网金融的信息化与虚拟化特征使互联网金融风险的发生、分散和传播以互联网计算机和移动终端设备为介质，互联网金融风险的隐蔽性、预防和控制的难度相对于传统金融风险更大。

3. 强时效性

借助互联网信息技术，互联网金融业务的发生和办理突破了时间的限制，操作更加便捷，致使互联网金融的金融资源配置更加有效。互联网金融业务出现微小的非预期损失会借助互联网信息技术快速地放大、传播，并造成实际影响。

4. 超复杂性

一方面，互联网信息系统对完备性和可靠性要求较高，互联网信息系统的任何漏洞都会使互联网金融在提高金融服务的快捷性、普惠性的同时，增加因金融信息泄密、失密而造成损失的可能性。此外，互联网金融企业的金融信息挖掘、处理和传播导致借助互联网信息系统的节点增多，任何一个互联网节点受到攻击的可能性增大，都会增加金融风险出现的可能性。另一方面，互联网金融的出现使金融行业混业经营成为可能，互联网金融风险同时涉及银行、债券、基金等业务的可能性增加。

（二）互联网金融风险的主要类型

互联网金融在现阶段普遍发展，然而在其高速发展的环境中，仍然存在许多安全隐患。互联网金融活动表现方式为货币与数字化信息在网络间相互的传递与控制，交易的双方互不明确，透明度相对来说也较低。高科技所带来的虚拟性会放大金融风险，在这些金融风险中既包含了一些常规、传统的显性金融风险问题，同时也附加了由高科技所带来的很多隐性风险问题。显性问题主要包括网站遭受黑客侵袭、个人信息泄露与盗取、网络借贷行业在缺乏监管的情况下遭遇欺诈等。在隐性问题方面，主要突出在网络洗钱、"暗箱"操作业务、非法集资、吸收公众存款等。结合我国互联网金融发展特点，与传统金融相比，互联网金融风险主要包含以下5种风险。

1. 技术性风险

技术性风险可以分为内部风险与外部风险。在内部风险方面，由于互联网金融主要依托于技术，所以对软件和硬件的配置要求都很高，然而在实际操作中可能会因为网络或计算机的自身问题导致出错及故障；在外部风险方面，互联网金融交易过程中很可能会遭遇黑客、病毒等人为破坏手段的袭击，造成信息泄露、被篡改或被窃取等，所以在技术层面上存在的安全隐患不容忽视。

2. 虚拟性风险

互联网给予了用户一个全新开放的信息分享平台，然而其虚拟性特点也在交易与传递信息过程中给用户带来了难以辨别真伪的弊端，从而引发"道德风险"和"逆向选择"的问题。另外，互联网金融平台在从事金融活动时较多地承载资金周转功能，由于其虚拟性的限制，很难应对沉淀资金所带来的信用风险，进而不能实施有效担保和监管。

3. 操作风险

操作风险可能来源于互联网金融的安全系统，也可能是由于交易主体的操作失误造成的。安全系统的操作风险主要来源于系统内部设计缺陷及大数据在收集、整合、建模、分析和风险控制过程中的漏洞；交易主体的操作风险主要是客户对系统的操作规范不熟悉而导致无法正确地操作运用，从而给客户自身带来不必要的损失。操作风险如果没有良好的解决措施，最终会导致互联网企业的声誉风险。

4. 法律风险

法律风险的产生主要是由于现行的法律制度无法完全匹配对互联网金融的约束和管理。我国的互联网金融发展虽然目前处于起步阶段，但是发展的速度与规模与日俱增，若现行的传统金融法律无法满足互联网金融业务的监管需求，则会使一些互联网金融企业逃避相关法律监管，从而使互联网金融风险加剧。从制定立法角度来看，互联网金融本身涉及领域交叉繁杂，对交易主体的责、权、利的边界和金融行为的违法与否难以界定，这为互联网金融法律规章的制定增加了难度。

5. 长尾风险

所谓长尾，即只要存储和流通的渠道足够大，需求不旺或销量不佳的产品共同占据的市场份额就可以和那些数量不多的热卖品所占据的市场份额相匹敌甚至更大。互联网金融的产生拓展了交易可能性边界，使大量没有被传统金融覆盖的人群能享受到互联网金融的服务，因此也产生了与传统金融不同的风险特征，消费者因金融知识、风险识别方法的欠缺而受到的不公正待遇、互联网金融风险产生后对社会的负面影响、互联网金融的市场纪律失效等都是潜在的长尾风险。

三、互联网金融监管的必要性

2008 年国际金融危机和 2009 年欧洲债务危机以后，全球各国都加强了对金融的国内监管和国际合作，普遍认为"自由放任"的监管理念只适用于金融市场充分有效的理想场景，而我国互联网金融的发展还处于良莠不齐、野蛮生长的初级阶段，具有发展速度快、创新模式层出不穷、风险问题加速聚集、涉及消费者众多等特点，存在许多因交易成本大、信息不对称等造成市场非有效的因素，因此我国互联网金融明显不适于"自由放任"的监管理念。另外，互联网金融作为金融与互联网技术深度融合的产物，其金融的核心功能、风险、外部性是不变的。金融行业风险表现出的隐蔽性、突发性、"传染性"、外溢性特点使得一旦出现风险就会波及其他市场和整个金融体系。与传统金融相比，互联网金融风险的传播速度更快。我们不应因为互联网金融在我国还处于初级发展阶段，就任其野蛮生长，对其风险频发问题不管不顾，而应以监管促发展，在一定的底线思维和监管红线下，鼓励互联网金融创新发展。

此外，互联网金融对于我国经济的发展具有积极的作用，它改善了社会资金的配置效率，促进了金融业的良性竞争，增强了金融普惠性，为我国的金融改革提供了内在动力。互联网金融在我国的发展是值得肯定的，因此，为了保护消费者权益、控制风险、确保金融业安全稳定，促进我国互联网金融健康持续发展，对互联网金融进行监管是必不可少的。

（一）互联网金融中非专业消费者占比更大

经济理性人是有效市场的核心条件之一，如果金融市场处于充分有效的状态，那么市场就可以通过市场机制自我调节，国家就可以少监管，或者不监管。但是，由于互联网金融的普惠性特点使互联网金融覆盖的消费者数量急速扩大，与传统金融的精英客户相比，互联网金融的低门槛和便捷性使客户更加大众化、非专业化。例如，余额宝自从发行以来，发展速度惊人，截至 2018 年 12 月，余额宝的累计交易客户数量已超过六亿，规模已达到五千七百多亿元，如此庞大的规模和客户量使其成为国内最大的货币基金。但是，其低门槛、理财与支付的高灵活性以及易操作的特点，使一些以前没有理财渠道、没有经验或者资金量较少的客户也能轻松购买货币基金，如普通白领、学生、家庭主妇已经是余额宝常见的客户，并且随着互联网和计算机、智能手机在农村的逐渐普及，农民也纷纷开始参与到互联网金融里来，他们不再只局限于银行存款这一项金融活动，而是开始理财、投资，这在我国传统金融中是很难实现的。但是，互联网金融在扩大客户覆盖范围的同时，也使缺乏金融和风险专业知识的客户的比例大大提升。也就是说，非专业、非理性的客户的比例上升，客户并不都能做出最有利于自己的选择。

另外，就算个体行为理性，由于涉及消费者众多，并不能保证集体理性。仍以余额宝为例，其是第三方支付和货币基金的对接产品，投资者把钱转入余额宝，既投资了货币市场基金，在获得收益的同时，还能灵活提取和随时进行网上支付。货币市场基金的头寸期限一般较长，投资者要想赎回，需要在二级市场上将基金卖出变现，这一般需要付出一定的折扣为代价，而余额宝投资者可以随时赎回自己的资金，不需要任何资金成本，这就出现了期限不匹配和流动性转换的问题和风险。如果货币基金出现大幅波动，为了控制风险，投资者会快速赎回自己的资金，如果赎回的投资者规模巨大，货币基金就会遭到挤兑、受到重创，这从个体上来说是没有问题的，是完全理性的，而对于集体则是非理性的，因为这时，很有可能出现资金流动性紧缺风险。由此可见，金融监管是非常有必要的。

（二）我国大众对互联网金融还缺乏理性认识

互联网金融作为金融创新的新兴业态，其在我国的发展还处于初级阶段。虽然近两年互联网金融在我国发展速度迅猛，各种创新模式层出不穷，相关新闻报道不断，广泛引起了各界的关注和探索，但是我国大众对互联网金融这种新兴事物缺乏理性认识，受我国传统金融个人消费者和中小企业投融资渠道少的影响，一旦出现满足自己需求的投融资新模式，一些投资者很容易只关注其便捷性、高收益、低成本等优点，而忽视对其风险的理性认识分析，进而纷纷涉足，还有些人进行投资只是跟随互联网金融热的潮流，受他人和报道的影响。另外，目前我国大部分互联网金融从业机构还没有经历过风险的考验，所以面对互联网金融强劲的发展势头，一些企业富有创新意识和创新激情，但风险意识、消费者保护意识却非常差。对互联网金融这种新兴事物，放大优点、缩小或忽视风险的非理性认识将使金融消费者遭受损失的可能性增大。因此，我国应该通过相关法律、规定对互联网金融消费行为进行适当的监管限制，避免消费者由于认识不清遭受损失。

（三）我国的互联网金融风险事件频发

我国互联网金融发展速度惊人，创新模式、业务层出不穷，有些规模甚至已经处于国际领先水平。但是创新必然伴随着风险，我国互联网金融风险已经开始凸显，问题不断爆发。如我国的 P2P 网贷行业在 2014 年呈现爆炸式增长，但是在受到大众热捧和关注的同时，平台发展良莠不齐也导致风险事件频发。2014 年，平台"雷声"不断，延期兑付、坏账、欺诈、"跑路"、提现困难、倒闭等风险问题不只是小平台、新平台的"专利"，一些规模庞大的老平台也时有"触雷"，涉及人数之多及资金规模之大足以引起各界重视。截至 2018 年 12 月底，全国累计停业及问题平台数量达到 5 409 家，其中不乏一些老平台和大平台。从倒闭的平台看来，维权成功的概率很低，受害消费者得不到应有的赔偿，这正是由于 P2P 网贷行业无准入门槛、缺乏相应监管规则造成的。另外，黑客对平台网站的恶意攻击也是互联网金融不容忽视的风险，其危害是非常大的，可以导致投资者信息泄露、资金丢失，平台停止运营甚至倒闭，包括翼龙贷、人人贷、拍拍贷、新联在线等在内的我国八成以上的平台都曾遭受过黑客不同程度的攻击，并由此导致系统瘫痪、数据丢失或被恶意篡改、资金被洗劫一空等损失。信息和技术是互联网金融存在的根本，因此对信息和技术风险的防范是至关重要的。在目前我国互联网金融风险不断涌现的阶段，为了保护金融消费者、保障金融行业稳定发展，只凭市场自我调节和行业自律是不够的，金融监管政策的及时出台也是必不可少的。

第四节 大数据背景下对互联网金融监管的建议

建立健全互联网金融法律法规体系是互联网金融业健康发展的制度基础。现有《中华人民共和国商业银行法》《中华人民共和国证券法》《中华人民共和国保险法》等法律都是以传统金融业务为受体制定的，而互联网金融具有跨界性等特点，现阶段法律法规基本不适应互联网金融的发展，因此应在现有的法律法规的基础上进行有效的法律建设。

相比于传统金融，互联网金融仍处于发展阶段，并未成熟，但其涉及的领域较广，缺少直接对应的法律法规，使其难以成为体系，而且法规或管理办法的发布主体也呈现多样化趋势，从中央到地方，再到相关行业协会，都是法规或管理办法的发布主体，这也导致难以形成有效的、覆盖面广的法律体系。对于互联网金融的立法，应当对互联网金融机构的性质和经营范围加以明确，对应不同的业务类型设立相应的法律法规，对不合规的机构进行清理，建立相应的行业规则，设定门槛，维护整个行业的发展的同时要建立互联网金融业务准入标准和退出机制，按照标准对现有的互联网金融机构进行清理，对不符合标准、风险较高的平台要坚决予以关闭。此外，还要制定互联网金融行业规范，推动建立相关的互联网金融行业协会，制定行业规则、规范，共同引导互联网金融行业的健康发展。

一、完善互联网金融机构的风险防范机制

（一）加强对互联网金融机构的压力测试

对于互联网金融机构进行定期的压力测试，模拟发生一定的系统风险以查看互联网金融机构的应对机制，通过压力测试的办法揭示风险存在的可能性，由此来加强相关企业内部风险控制能力。同时要制定一套风险等级判定标准，依据企业压力测试的结果向消费者公布企业防御风险的等级，对于风险防御力低的企业还要有一定的惩戒机制。

（二）加强互联网金融机构信息披露

互联网金融由于具有长尾性，覆盖的群体较多，存在宣传误导等现象，因此需明确规定其资金投向和产品标的，完善信息披露机制。一方面，建立黑名单制度，尤其要加强对借款人信用、用户黑名单信息的披露。另一方面，披露企业相关信息，包括企业是否有明确制定的规则，日常运行是否按照规则进行，各项收费是否公开、透明，是否定期披露经营数据，与投资者资金相关的财务数据披露等。建立统一的信息披露平台，可提升信息披露的质量，及时了解企业的行为，实现有效率、低成本的监督，利用企业报送的数据进行统计、测算以监测企业的整体性情况，在这样开放的信息披露机制之下，平台进行违规经营的难度将显著增加，而监督方的负担将大大降低。

二、推进互联网金融信息技术安全建设

（一）政府加强顶层设计，提供政策支持

目前，我国的互联网金融信息技术建设水平比较落后，存在一定的安全风险，为了保障互联网金融的信息技术安全，防止由于信息泄露而引发系统性风险，政府应该加强顶层设计，推进对互联网核心技术的研发投入，推进使用设备的国产化，逐步替代外国设备，完善互联网金融信息安全的基础设施建设。政府还要制定关于互联网金融行业信息技术的安全标准，引导行业内机构及企业构建符合标准的平台，同时也便于消费者选择安全合规的机构并展开社会舆论监督，营造良好的生态环境，推动信息安全产业化，实现信息资源的有效利用，采取联合化的方式将风险控制到最低。

（二）互联网金融机构应加强信息技术安全建设

互联网金融机构要加大对信息技术安全建设的研发投入，不仅要在硬件水平上提高，还要在软件设施上加大创新力度，关注交易系统和数据系统，并不断升级更新，防范系统性信息技术风险。财时要加强并提高信息技术安全意识，层层修补平台的系统漏洞，针对具有潜在风险的业务进行归纳总结，在一定程度上限制漏洞较大的业务。互联网金融机构应当意识到信息技术的破坏性，提高安全保护意识，切实做好客户信息的保密工作，保障客户和自身的权益。另外，各机构还应当打破"信息孤岛"，实现信息共享，全面掌握金融系统中各个客户的具体情况，尽量避免客户在不同平台多次融资导致风险叠加。最后要加强网络安全管理，加大对专业金融人才的培育和引入力度。

三、加快互联网金融征信系统建设

（一）拓宽征信信息采集范围

目前，我国社会信用体系建设的核心是由中国人民银行征信中心负责建设、运行和维护的全国统一的企业和个人征信系统，该征信系统是我国重要的金融基础设施，推动着互联网金融征信的发展，对防范金融风险、改善金融生态环境有着重要意义。但就目前来看，委托贷款信息、证券与保险信用信息、P2P信息尚未完全纳入征信系统，公司债务信息尚未纳入征信系统，小额贷款公司、融资性担保公司、资产管理公司和融资租赁公司尚未全部接入征信系统，所以要加快互联网金融领域的征信系统建设，拓宽征信信息的采集范围，特别是要将P2P信息、公司债务信息纳入征信系统，将从事贷款和融资的互联网金融企业接入征信系统，从更加开放的角度调整征信系统的战略规划与布局，探索采集互联网金融领域的信贷信息，提供更加便捷的征信服务。

（二）建立互联网金融大数据征信

互联网金融与传统金融最大的不同就在于前者依托于互联网的发展，一定程度上降低了交易成本。在互联网与金融结合的过程中，产生了大量的数据，互联网金融大数据征信就是基于不同类型的数据对用户的行为习惯进行综合性分析，依据大数据建立针对该主体的模型，然后得到其信用特征，从而得到更加精确的信用评估结果。互联网金融大数据征信所用的数据除了

包括传统的金融数据外，还包括基于互联网产生的消费数据、生活数据和社交数据。这种大数据征信是按需进行的征信调查，在征得调查主体同意的前提下，根据所得数据建立相关模型，得出信用报告，供决策参考。

（三）完善互联网金融信用跟踪及反馈机制

互联网金融信用追踪是指对信用主体的信息进行重复采集，通过相关系统进行信用评估和查询，可随时追踪互联网金融主体信用信息的变化情况。同时，要健全失信联合惩戒机制，加大对失信主体的惩罚力度，通过公开披露、业内通报批评、强化行政监管性约束等惩戒措施，使社会、行业协会、政府三方合力对失信主体形成威慑。另外，要加快建立守信激励机制，对守信主体予以优惠措施并加大表彰和宣传的力度，鼓励守信行为。同时，还可以依托信用信息平台，实现信用奖惩联动机制，拉大失信主体和守信主体之间的反差，使守信激励机制和失信联合惩戒机制的作用进一步扩大化，让失信者无法生存，从而形成诚实守信的氛围和环境。

知识巩固：

1. 简述大数据的发展历程。

2. 简述大数据的特征。

3. 简述互联网金融监管的目的。

4. 简述互联网金融监管的原则。

案例讨论：

大数据征信体系揭秘

2015 年 1 月 28 日，蚂蚁金融服务集团（下称"蚂蚁金服"）旗下的芝麻信用首次测试个人征信系统，这也是 1 月 5 日中央银行发布允许 8 家机构进行个人征信业务准备工作的通知后，首家推出该系统的公司。

据《21 世纪经济报道》记者了解，在 1 月 5 日中央银行发布通知后，蚂蚁金服便迅速注册公司，组建团队，其骨干成员大部分为数据科学家，同时开始大规模招聘相关人员，芝麻信用总经理由从招商银行"挖"来的胡滔担任。

芝麻信用采取和支付宝钱包合作的方式，用户在支付宝钱包 8.5 版本"财富"栏中可看到这一功能，但目前只有参与测试的用户才能看到信用分数。相比传统意义上的中央银行征信报告，芝麻信用采用的形式更加简单——信用分。芝麻信用分最低为 350 分、最高为 950 分，分数越高代表信用程度越好，违约可能性越低。

芝麻信用测试版的推出意味着市场化的个人征信在中国正式起步，未来越来越多的机构将为每个人建立起一套信用档案，它将成为每个用户的一张名片。但就目前而言，无论对于用户还是征信机构，都将面临一个长期的认知和构建过程。如何采集个人信息、如何形成信用分数、如何使用个人信用、个人信用对用户意味着什么等问题都是全新的挑战。

资料来源：新浪科技 http://tech.sina.com.cn/i/2015-01-30/00599987919.shtml

讨论题：

对于支付宝设立的芝麻信用功能，你怎么看？可以通过查找资料进行小组讨论，并给出自己的观点。在你的生活中还有哪些和大数据有关的事情？请举例说明。

参 考 文 献

[1] 冯利英，李海霞. 大数据背景下互联网金融风险测度与监管[M]. 北京：经济管理出版社，2018.

[2] 罗焰. 金融学基础[M]. 北京：北京邮电大学出版社，2015.

[3] 王月溪，贺钢璇. 国际金融学[M]. 3 版. 大连：东北财经大学出版社，2018.

[4] 郭勤贵，程华，赵永新，等. 互联网金融原理与实务[M]. 北京：机械工业出版社，2017.

[5] 赵永新. 互联网金融理论与实务[M]. 北京：清华大学出版社，2017.

[6] 李媛媛，张晓芳，赵丽娜. 财政与金融[M]. 北京：中国商业出版社，2017.

[7] 张士军，葛春凤. 金融学基础[M]. 北京：教育科学出版社，2016.

[8] 王东坡. 财政与金融[M]. 北京：北京邮电大学出版社，2016.

[9] 薛桂芝. 财政与金融实用教程 [M]. 北京：中国传媒大学出版社，2015.

[10] 杜金富. 金融市场学[M]. 4 版. 大连：东北财经大学出版社，2014.

[11] 百度. https://www.baidu.com/

[12] 新浪财经. https://finance.sina.com.cn/

[13] 中国银行. http://www.boc.cn/

[14] 东方财富网. http://www.eastmoney.com/